高职院校课程思政优秀案例选编

主 编 孙常强 陈 凯
副主编 严洪广 袁道福 金萍女

中国教育出版传媒集团
高等教育出版社 · 北京

图书在版编目（CIP）数据

高职院校课程思政优秀案例选编 / 孙常强，陈凯主编；严洪广，袁道福，金萍女副主编．-- 北京：高等教育出版社，2025.9.　--ISBN 978-7-04-065510-0

Ⅰ. G711

中国国家版本馆 CIP 数据核字第 2025MT2223 号

GAOZHI YUANXIAO KECHENG SIZHENG YOUXIU ANLI XUANBIAN

策划编辑　周　睿　袁　畅　　责任编辑　陈　振　　封面设计　王　洋　　版式设计　李彩丽
责任绘图　邓　超　　责任校对　吕红颖　　责任印制　赵义民

出版发行　高等教育出版社
社　　址　北京市西城区德外大街4号
邮政编码　100120
印　　刷　北京印刷集团有限责任公司
开　　本　787mm×1092mm　1/16
印　　张　16.5
字　　数　310千字
购书热线　010-58581118
咨询电话　400-810-0598

网　　址　http://www.hep.edu.cn
　　　　　http://www.hep.com.cn
网上订购　http://www.hepmall.com.cn
　　　　　http://www.hepmall.com
　　　　　http://www.hepmall.cn

版　　次　2025年9月第1版
印　　次　2025年9月第1次印刷
定　　价　68.00元

本书如有缺页、倒页、脱页等质量问题，请到所购图书销售部门联系调换

物 料 号　65510-00

目录

1. 提质增效 科学仓储

——『仓储方案规划与设计』课程思政案例

一、课程基本信息

"仓储方案规划与设计"为浙江交通职业技术学院现代物流管理专业核心课程，属于岗位核心能力类课程，是浙江省职业教育课程思政示范课建设项目。

本课程的目标是全面贯彻党的教育方针，培育和践行社会主义核心价值观，落实立德树人根本任务，在"仓储作业管理"等前修课程专业知识基础上，进一步促进学生仓储规划与运营核心素养的发展，培养学生仓储区域规划、仓储设备配置、仓储方案优化分析等综合职业能力，培养具有社会责任、提质增效、绿色物流等意识，能够在职场中进行有效沟通的高素质技术技能人才。

学生通过本课程的学习，能够从事仓储规划、仓储运营等多种物流运营岗位工作，能够增强分析问题与解决问题的能力，提升仓储运营岗位职业能力、职业道德素养，具备解决实际问题的综合职业能力。

二、课程教学目标

党的二十大报告指出："教育是国之大计、党之大计。培养什么人、怎样培养人、为谁培养人是教育的根本问题。育人的根本在于立德。" 学校遵循 "立德树人，德技并修"的质量方针，坚持"依托交通、服务社会"的特色办学理念。课程教学目标就是要全面贯彻党的教育方针，落实立德树人根本任务，培养德智体美劳全面发展的社会主义建设者和接班人，使学生树立正确的社会价值观，培养责任感，为其职业发展、终身学习和服务社会奠定基础。

基于物流资历架构与专业人才培养目标，本课程着力培养学生分析问题与解决问题的能力，提升其职业素养，使其具备解决实际问题的综合职业能力，能够胜任仓储规划、运营等岗位。

（一）素养目标

- 全面贯彻党的教育方针，培育和践行社会主义核心价值观，落实立德树人根本任务。
- 培养具有科学仓储理念，具备仓储规划与运营核心能力及素养，能有效沟通的高素质技能人才。

● 通过学习达到“职业素养提升、仓储规划思维培育、职业创新与发展、社会责任担当”四项学科核心素养的发展目标。

● 满足国家发展战略对物流人才培养的要求，增强学生的职业自豪感和责任感。

● 培养安全意识、质量意识、效率意识等；培养善于合作、乐于探究、勇于创新的个人素养。

● 提升爱岗敬业、吃苦耐劳、严谨规范的职业素养；培养守时诚信、严谨踏实的工作作风和精益求精的工匠精神。

● 培养全局观念、可持续发展理念、信息素养和管理创新思维。

（二）知识目标

● 掌握商品数据整理方法，熟悉商品品种数目、商品重合度、商品计量单位、外形尺寸、订货单位、订货频率、订单响应时间、订单拆零情况以及分析方法，熟练掌握 EIQ 分析方法；掌握确定仓库规划设计吞吐、库存及周转能力目标的知识与方法。

● 掌握确定仓库功能区的方法，并熟悉绘制仓库内外物流动线及功能区布置图的技巧与要求，并在一定程度上了解智慧仓功能区合理规划的知识与方法。

● 熟练掌握根据各种因素与条件，确定托盘、货架、搬运设备、智慧仓设备及自动分拣设备类型及数量的知识与方法。

● 掌握根据仓库分区的初步布局结果以及设备选型结果进行主要功能区及次要功能区的空间布局设计，并计算各功能区面积，输出仓库布局 CAD 图的知识与方法。

● 熟练掌握结合商品分类要求以及商品及货位的实际情况进行商品编码、货位编码的方法，以及选择合适的存储策略进行商品货位分配的知识与方法。

● 掌握仓库布局优化与设备优化原则，以及制定布局优化与设备优化方案的方法。

（三）技能目标

● 能够对商品数据进行整理和分析，确定仓库存储货位数、拣选点数及相关仓储规划。

● 能够根据销售数据、出入库数据预测仓库吞吐能力、库存能力及库存周转情况。

● 能够综合考虑商品类型及其操作要求、辅助功能需求等因素，确定仓库功能区，根据仓库及物流园区约束条件、作业流程等设计合适的仓库内外物流动线，并绘制出仓库内外物流动线及功能区布置图。

• 能够根据商品特性、堆垛或存储要求、各环节作业量、库存及周转分析等结果，确定托盘及周转箱的类型及数量、货架类型及数量、搬运设备类型及数量，并能制定仓储设备成本预算。

• 能够根据仓库分区的初步布局结果以及设备选型结果，结合仓库的整体情况，进行主要功能区域及次要功能区域的空间布局，并计算出各功能区面积，输出仓库布局 CAD 图。

• 能够综合考虑商品分类要求，对商品进行物理属性、关联度等分析，确定商品分类原则，将商品进行分类；能够根据商品及货位的实际情况，选择合适的编码方法，完成商品编码、货位编码；能够选择合适的存储策略，根据商品分类结果进行商品货位分配。

• 能够通过查看现有仓库布局、作业流程、客户业务需求变化，应用 EIQ、ABC 和商品周转率等分析方法，确定物流中心布局优化的需求制定布局优化方案。

• 能够根据设备维修记录表、新业务需求、现有设备适用性情况等，分析设备升级优化需求，并根据设备升级优化需求分析结果，综合考虑设备优化原则，制定相应的设备升级优化方案，进行物流设备的经济分析，确定最终采购方案。

三、课程教学内容

根据高等职业教育专科“仓储方案规划与设计”课程目标，确定课程结构与学时安排。

本课程注重工作过程系统化，采用行动导向教学策略进行课程设计，以学生为主体，以启发式教学和项目教学法为基础，采用五星教学法，让学生在实际的工作情境中以行动为导向开展学习，教师组织、指导、促进学生学会建构行动体系，帮助学生整合知识、技能、素养、工具、方法，鼓励学生学习协调各种能力，促进学习的迁移。

本课程总计 48 课时，分 6 个项目 16 个学习任务，具体的学习任务如表 1–1 所示：

表 1-1 课程教学内容

模块	学习任务
项目一：仓库需求分析	任务 1：商品基本情况分析
	任务 2：订单分析
	任务 3：仓库能力目标分析
项目二：仓库分区规划	任务 1：仓库功能区与动线规划
	任务 2：智慧仓分区规划
项目三：仓储设施设备配置	任务 1：托盘货架选型
	任务 2：搬运设备选型
	任务 3：智慧仓设备选型
	任务 4：自动分拣设备选型
项目四：仓库布局规划	任务 1：区域空间布局
	任务 2：区域面积测算
项目五：仓库货位设计	任务 1：商品分类
	任务 2：商品编码与货位编码
	任务 3：商品货位分配
项目六：仓储规划优化升级	任务 1：仓库布局优化
	任务 2：仓库设备优化

课程教学内容按照仓配园区生产实际和仓配园区规划与运营岗位需求进行项目化设计（如图 1-1 所示），培育学生“物料分析—数据分析—流程分析—功能区布局—设备配置—仓库布局规划—货位设计—方案评估优化—仓储运营”全逻辑结构过程的仓储规划思维，发展在仓储方案规划与运营工作中解决实际问题的综合能力。课程教学内容中融入物流管理“1+X”技能规范，注重学生的职业体验。

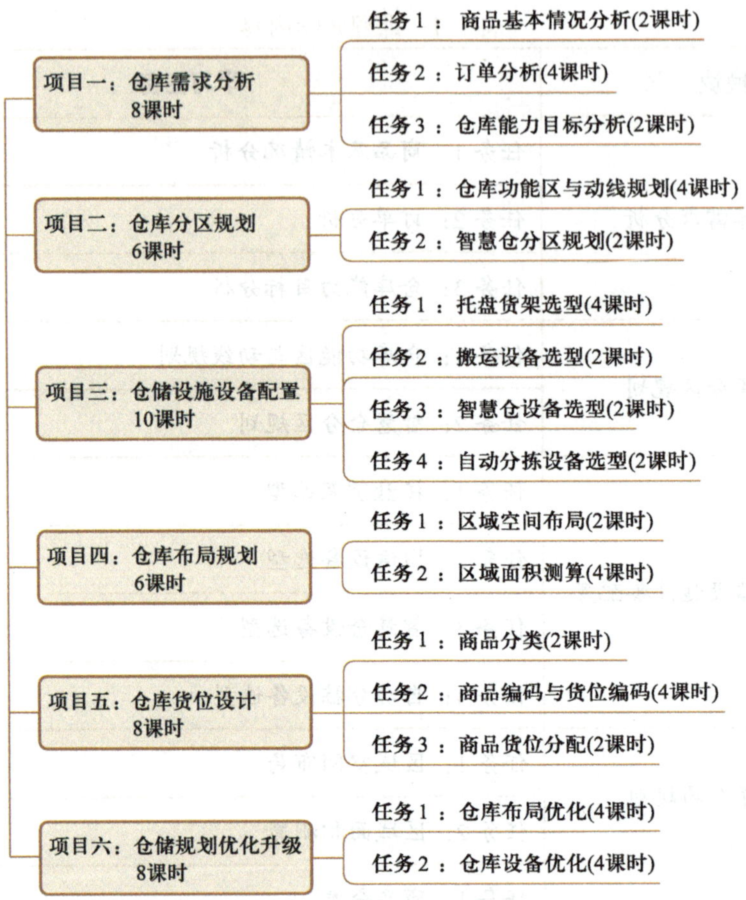

图 1-1　教学内容设计

四、课程思政整体教学设计思路

（一）课程思政整体设计理念

党的二十大报告提出，要“统筹职业教育、高等教育、继续教育协同创新，推进职普融通、产教融合、科教融汇，优化职业教育类型定位。”为此，教学内容面向仓储型企业的工作实际，收集相关行业标准和相关规范，并将现代物流管理专业“1+X”涉及的相关内容纳入教学中，确保课程思政元素具有产教融合的特征以及精准的职业定位。

本课程根据现代物流管理专业人才培养方案，基于物流治理架构，通过与典型物流企业的专家多次访谈论证确定仓储配送规划设计的能力单元，对能力单元进行学习任务分析，进而设计本课程的学习任务及其知识点、技能点、素养点。

本课程注重工作过程系统化，采用行动导向教学策略进行课程设计，以学生为主体，帮助学生整合仓储方案规划设计的知识、技能、素养、工具、方法，鼓励学生学习协调各种能力、促进学习迁移，使学生具备良好的职业道德、仓储配送规划设计能力和可持续发展能力。

本课程以“提质增效，科学仓储”为课程思政主线，结合党的二十大精神，把育人目标有机地融入课程教学中，在教学内容安排上重点突出以下关键要素。

规范秩序。健全课堂教学管理制度，育人为本；注重师德仪表，做到守时自律，严格考勤制度；正确引导学生如何做人，让其感悟自觉遵章守纪、规范自身行为的重要性。

时政热点。结合时事热点引导学生树立正确的价值观；在物流设施设备教学中，融入“一带一路”倡议、行业“十四五”发展规划等政策文件精神，使学生及时了解国家政策及行业发展方向；在仓储技术教学中，融入5G和物联网技术对物流的促进作用，激发其创新意识、职业自豪感和责任感。

政策、法律、法规。介绍国家政策、法律、法规，开阔学生政治视野。观看纪录片、视频新闻等，加深对“一带一路”、智慧物流、自由贸易区的理解。开展仓库分区及设施设备配置教学时，融入物流法律规范与标准，提升法律意识和规则意识。

价值观。讨论物流新闻报道，学习物流行业劳模精神，强化社会主义核心价值观，使学生认识到物流行业精神蕴含在普通工作中，平凡的人也能做出不平凡的事，以及物流企业从业人员素质要求的重要性，提升学生的思想政治素质。

工匠精神。在物流设施设备配置教学中，走进物流企业，分享行业视频，感受作业流程、工作技巧；与身边的榜样交流，培养团队合作、吃苦耐劳、持之以恒、精益求精、不断创新的工匠精神。

（二）课程思政整体设计框架

课程按照仓配园区生产实际、仓配园区规划与运营岗位需求进行模块化设计，课程思政整体设计框架如表1–2所示：

表 1-2　课程思政整体设计框架

项目	教学内容概述	课程思政育人目标	教学方法
项目一 仓库需求分析	任务 1：商品基本情况分析 任务 2：订单分析 任务 3：仓库能力目标分析 以任务导入，对物流仓储企业历年数据进行整理、筛选，对商品品种数目、商品重合度、商品计量单位、外形尺寸等进行分析。对物流仓储企业的阶段性订单数据进行整理、筛选，对订单 EN、EQ、IQ、IK 进行分析，确定存储货位大小、货位数量、拣选方式、拣选点数。对物流仓储企业的阶段性销售数据、出入库数据进行分析，确定仓库规划，设计吞吐、库存及周转能力目标	树立职业理想，培养职业自豪感；增强文化自信。围绕视频“云集体婚礼”进行课堂讨论，树立学生职业理想，培养职业自豪感；通过视频案例“九州通接替武汉红十字会管理捐献物资”让学生领悟掌握科学的仓储管理手段和方法的重要性，培养学生的职业自豪感，同时要爱岗敬业	翻转课堂、实地连线、头脑风暴。采用“任务描述→知识准备→知识测验→重难点讲评→任务实施→展示汇报→能力拓展（课后拓展）”的形式组织线上线下混合式教学
项目二 仓库分区规划	任务 1：仓库功能区与动线规划 任务 2：智慧仓分区规划 通过对商品类型分析，综合考虑仓储作业环节操作要求以及辅助功能需求，确定仓储功能区；结合仓库布局以及园区的约束条件、作业流程等因素，设计合适的物流动线，并绘制出物流动线及仓库分区布置图	培养学生可持续发展观；增强全局意识、安全意识、规范意识。观看“危险品仓库爆炸”的视频并展开讨论，培养学生安全意识；课后，通过视频资源“探秘‘大国粮仓’——原来中央储备粮库长这样”，引导学生思考“中央储备粮库”的意义，激发学生创新意识和爱国热情	案例分析、小组讨论、演示教学、翻转课堂。采用“任务描述→知识准备→知识测验→重难点讲评→任务实施→展示汇报→能力拓展（课后拓展）”的形式，组织线上线下混合式教学。通过规划模拟软件的演练，对仓库功能区、物流动线工作任务进行模拟操作

续表

项目	教学内容概述	课程思政育人目标	教学方法
项目三 仓储设施设备配置	任务1：托盘货架选型 任务2：搬运设备选型 任务3：智慧仓设备选型 任务4：自动分拣设备选型 根据仓储操作要求及仓库功能区布局，选择集装单元化设施（托盘和或周转箱）类型，并根据仓储运营基础数据计算集装单元化设施的数量。根据仓库的基本条件及参数、商品特性、存储要求等，确定货架类型，并计算货架参数及数量。根据商品特性、各环节搬运要求，综合考虑投资成本，确定搬运设备类型，并根据仓储运营相关数据计算搬运设备的数量	培养吃苦耐劳的精神；激发创新意识和爱国热情；增强合作、安全、绿色物流意识；提高职业规范化、标准化；提升降本增效、服务意识。通过视频案例“乐橘共享智能托盘，助力绿色物流”，让学生认识共享托盘可以提高资源利用率，节约社会资源，降低企业成本，实现绿色环保，从而增强成本意识与绿色物流意识。通过文本案例“2020年我国自动化立体仓库市场规模超320亿元”，培养学生的职业自豪感	演讲汇报、课堂讨论、案例分析、过程性评价。采用“任务描述→知识准备→知识测验→重难点讲评→任务实施→展示汇报→能力拓展（课后拓展）”的形式，组织线上线下混合式教学。通过对规划模拟软件的演练，对仓库设施设备选型工作任务进行模拟操作
项目四 仓库布局规划	任务1：区域空间布局 任务2：区域面积测算 通过案例分析，运用云平台软件，结合仓库整体情况，通过仓库尺寸、出入库作业情况，确定仓库主要功能区域及次要功能区域的空间布局。运用云平台软件，根据功能区域布局以及仓库尺寸及设施设备参数、商品ABC分类结果及出入库作业情况，测算出各区域面积，并进行绘制	培养爱岗敬业精神；培养精益求精的工匠精神；培养严谨细致的工作作风；培养团队合作精神。在区域空间布局任务讲授中，通过视频案例“自动化立体仓库”，培养职业自豪感以及社会责任感。在区域面积测算教学中，通过规范标准案例引导，培养操作规范化、标准化的职业道德；在仓储规划软件操作训练时，讲解获奖学生认真仔细，努力拼搏的精神，培养吃苦耐劳的职业素养，精益求精的工匠精神，同时也培养学生严谨细致的工作作风和团队合作意识	翻转课堂、课堂讨论、课前拓展、任务汇报。采用“任务描述→知识准备→知识测验→重难点讲评→任务实施→展示汇报→能力拓展（课后拓展）”的形式组织线上线下混合式教学。通过规划模拟软件演练，对仓库区域布局工作任务进行模拟操作

续表

项目	教学内容概述	课程思政育人目标	教学方法
项目五 仓库货位设计	任务1：商品分类 任务2：商品编码与货位编码 任务3：商品货位分配 根据商品分类要求，对商品进行物理属性、关联度等分析，确定商品分类原则，将商品进行分类，掌握商品ABC分析法。根据案例相关数据和限制条件，设计存储区、拆零拣选区货位编码原则，进行货位编码。运用云平台软件，按照大区域编码规则、排数编码规则、层数编码规则以及列数编码规则进行货位编码，选择合适的存储策略，进行商品货位分配	增强安全意识；培养职业素养——规范化、标准化、降本增效。通过视频案例“商品货位编码”，让学生了解科学管理的重要性，遵循确保商品安全，力求节约仓容的原则，从而培养学生职业道德及成本意识、全局观念	翻转课堂、课堂讨论、案例分析。采用“任务描述→知识准备→知识测验→重难点讲评→任务实施→展示汇报→能力拓展（课后拓展）”的形式组织线上线下混合式教学。通过规划模拟软件的演练，对仓库货位设计工作任务进行模拟操作
项目六 仓储规划优化升级	任务1：仓库布局优化 任务2：仓库设备优化 通过ABC、EIQ等工具分析仓库运营数据，遵循仓库布局规划原则，针对当前布局上存在的问题，对商品、货架、功能区三个方面进行优化，并提出相应优化方案，选择最优方案。通过物流新业务需求、现用设备适用情况等调研，分析设备升级优化需求，综合考虑设备优化原则，制定出相应的设备升级优化方案，并通过物流设备的经济分析，确定最终采购方案	（1）培养职业道德——降本增效意识、全局观念；（2）培养爱国意识、强国意识、创新意识。通过案例分析，对仓储规划优化方案的对比，让学生懂得项目制定的严谨性与科学性，培养学生严谨细致的工作作风，提升其成本意识、全局观念；通过视频案例“京东上海亚洲一号无人仓”，推动学生积极思考探索仓储技术的未来之路	翻转课堂、案例教学、过程性评价、视频教学。采用“任务描述→知识准备→知识测验→重难点讲评→任务实施→展示汇报→能力拓展（课后拓展）”的形式组织线上线下混合式教学

五、课程思政教学策略

（一）课程教学模式

实施“多师协同”，企业指导老师在仓储场景、设备配置等教学环节参与教学活动。授课时采用主辅讲协同负责制，分工合作，协同完成教学的组织、实施与评价。

1. 贯穿两条主线

通过课前与课中以物流园区单品类仓库规划设计为一条主线，课后以物流园区多品类仓库规划设计为另一条主线的 6 个教学任务，由简单到复杂，由单一到综合，实现能力培养递进。

2. 融入课程思政

“十四五”期间，产业链与供应链融合将推进现代物流业提质增效，故设计以“提质增效，科学仓储”为课程思政主线，将党的二十大报告中的新思想、新观点、新论断，以及国家政策、价值观、法律法规、工匠精神、职业规范、时政热点融入教学任务中，正确引导学生如何做人，激发学生的创新意识、职业自豪感和责任感；强化对社会主义核心价值观的认识和理解，培养学生团队合作、吃苦耐劳、精益求精、不断创新的工匠精神。

3. 融合 5R 教学模式

采用基于线上线下混合式教学模式的“5R”或“5 真”教学设计［即 Real case（真实案例）、Real mission（真实任务）、Real job（真实岗位）、Real scene（真实场景）、Real operation（真实运营）］相融合，此种设计极大地拓展了学习空间，调动了学生的学习积极性，有利于解决教学重点和难点问题。

4. 运用三种技术

一是利用智慧教学平台及 APP，学生进行线上自主学习，教师进行线上备课与教学，开展远程指导与咨询，记录学生学习行为等；二是利用云平台仓储规划设计软件，全天候可反复实训操作；三是利用 AR/VR 技术，开展仓储沉浸式教学。

5. 采用多元教学方法

采用行动导向任务驱动教学，激发学生学习热情，培养学生解决实际问题的能力；

采用案例教学和分组情境教学，以职业角色增强学生责任感，提升安全责任意识；采用课前自主学习、课中研析、课后拓展的项目化线上线下混合式教学，实现“二结合二融合”（任务驱动与翻转课堂相结合，线上与线下相结合；做、学相融合，知识目标、技能目标与思政目标相融合）。

（二）课程教学资源

1. 项目化教学新形态教材

（1）主要教材

“十三五”职业教育国家规划教材《仓储管理实务（第 4 版）》。

（2）配套教材

校本活页式实训教材：由课程组与企业专家共同编写，指导云平台仓储规划软件具体操作，配有软件模拟相关动画等信息化资源，是项目实施过程的教学指导书。

配套实训报告：由课程组根据智慧教学平台任务编写，是项目实施成果的书面报告。如图 1–2 所示。

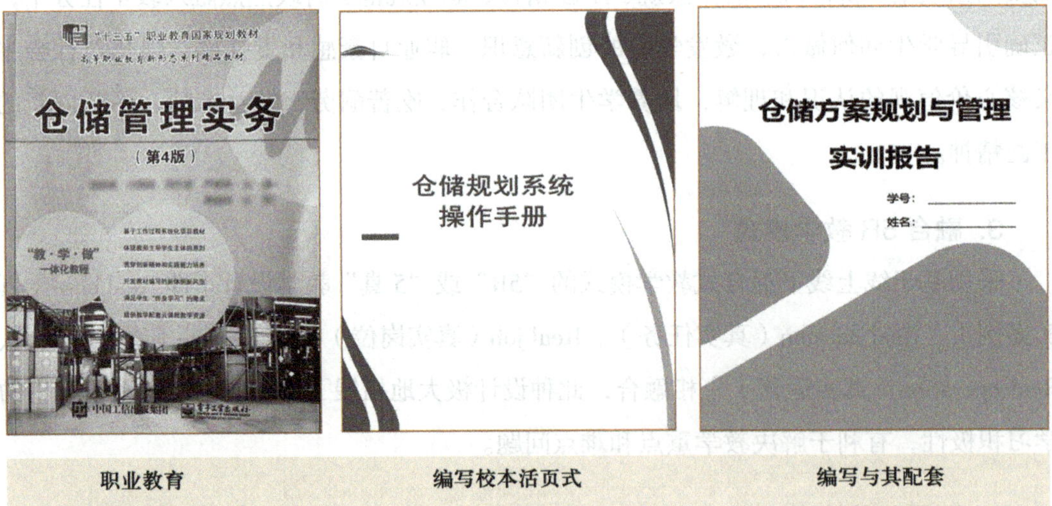

图 1–2　教材选用

2. 分工协作教学团队

课程组建了一支包括“教学名师、教坛新秀、技术能手、企业专家”等在内的专兼职结合的结构化教学团队，双师比例达 83.3%，兼具“理虚实三重教学能力”（仓储规划讲授能力、虚拟仿真演示能力和仓储运营实际操作能力），分工协作开展项目化任务教学。课程负责人曾获得或指导学生获各级竞赛一等奖 6 项，主编“十三五”“十四五”职业教育国家规划教材 2 部，主审教材 2 部。

3. 教学环境

（1）产教融合校企合作生产性实训基地

校外项目教学环境主要有“产教融合、校企合作”共建的生产性实训基地——智慧仓实训基地。基地拥有商超仓储、AGV 智慧仓、自动分拣输送带、仓储设施设备等设备与教学场地，为本课程的项目化教学提供了一流的硬件设施。

（2）校内教学场地

校内项目教学环境主要有物流管理理实一体化实训基地。基地有供 48 位学生使用的智慧教室和仓储仿真实训设备。

教学环境如图 1-3 所示。

(a)

(b)

(c)

(d)

(e)

(f)

(g)

图 1-3　教学环境

4. 数字资源

（1）信息化教学软环境

云平台仓储规划虚拟仿真软件：用于开展仓储规划仿真模拟操作，提高学生对仓配园区仓储规划操作熟练度。

仓储 VR 虚拟仿真：用于仓储场景体验，提高学生对仓库园区的整体认识。

（2）数字化教学资源

课程组在教学平台上建设“仓储方案规划与设计”课程，以仓配园区单品类仓储规划项目和多品类仓储规划项目为教学任务双主线，共有 12 项实验实训、209 个教学资源，以及 20 余种企业实际案例，可实现线上课前任务发布、课中任务实施、课后任务拓展，记录教学全过程，统计学习数据，并对数据进行评价分析。

“仓储方案规划与设计”教学平台中每个任务（或模块）都把课程思政素材（视频、文本等）以讨论、思考、汇报等形式融入，教师可在课前、课中或课后进行使用，并对学生的表现进行评价。

（三）课程教学评价

由于本课程应用性较强，评价方式可分为多种，如图 1–4 所示。在评价过程中注重职业能力和实践能力的考核，注重对学生动手能力和在实践中分析问题、解决问题能力的考核，将过程性评价与终结性评价相结合，综合评价学生的能力，对在学习和应用上有创新的学生给予特别鼓励。

六、课程思政教学实施过程

下面以仓库分区规划、仓储设施设备配置两个项目的任务为例来介绍教学实施过程。

（一）教学安排

根据对物流中心运营管理类岗位群的调研分析以及对学生入职岗位及晋升岗位的情况调查，列出了岗位的典型工作活动和任务，确立了活动和任务的职业能力和素质要求，将仓配园区仓储方案规划与设计分解成仓库需求分析、仓库分区规划、仓储设施设备配置、仓库布局规划、仓库货位设计及仓储规划优化升级等教学活动。下面以

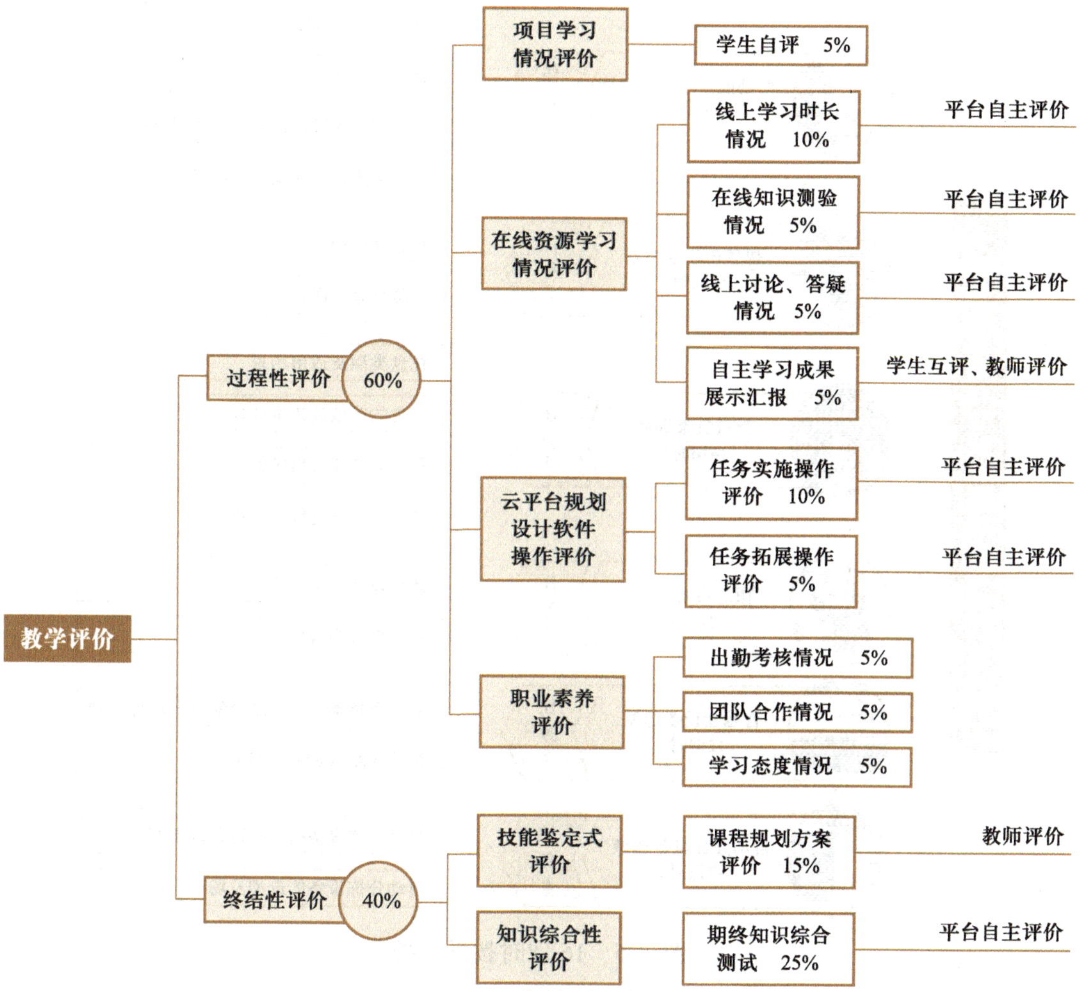

图 1-4　教学评价分布图

完成仓库分区规划、仓储设施设备配置两个项目的任务为载体，设计了六个教学任务，教学过程对接岗位工作过程，教学内容源于岗位工作任务，如图 1-5 所示。

（二）任务设计

本项目的六个任务在课前探究、课中研析、课后拓展三个阶段，按照“探(学)、展、评、测、析、施、展、结、拓”九步骤实施于各教学环节，如图 1-6 所示。教学活动将职业文化的熏陶、思政素质的培养与教学内容进行有效融合；采用任务驱动、情景再现、角色互换、新知应用(任务拓展)等学习方法，利用仓储规划设计云软件进行线上训练，培养学生职业素养和专业技能，突破教学重点和难点；遵循学生的认知规律和职业成长规律，从任务实施到任务拓展，设计由简单到复杂，由单一到综合，实现能力递进。

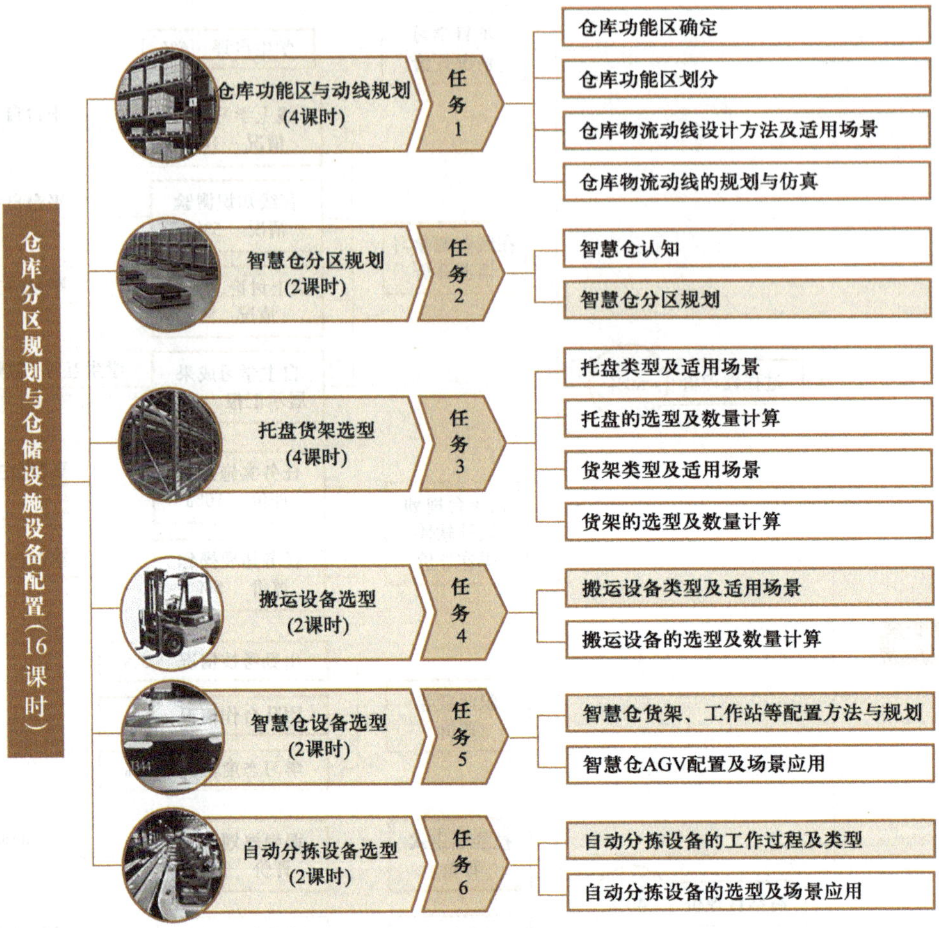

图 1-5　16 课时教学安排

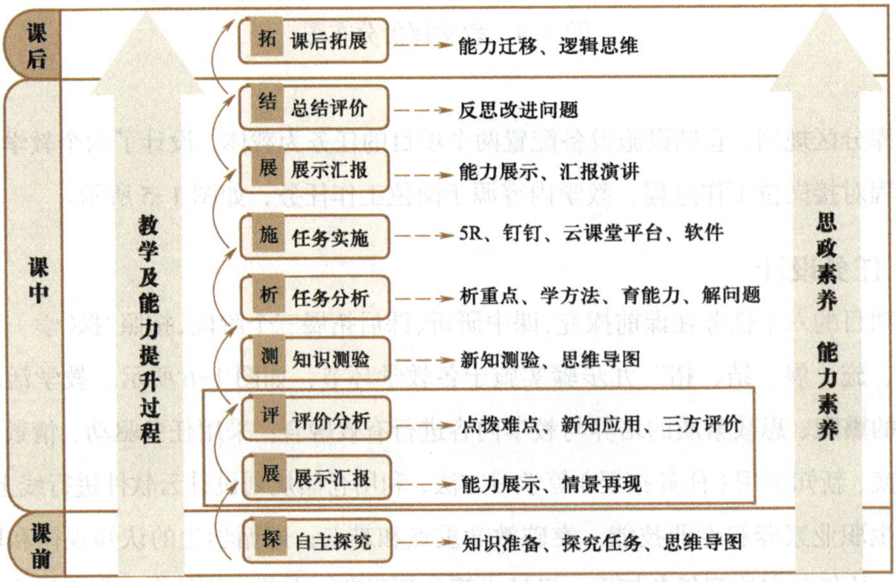

图 1-6　教学整体实施过程

1. 探（学）——自主探究（自主学习）

教师通过教学平台，开放自主学习的新“知识准备”教学内容，导入教学任务（课前任务）以及上一次教学的课外拓展。学生接受任务并进行自主学习，完成思维导图和课外拓展任务，小组讨论完成课外拓展成果汇报准备。师生互动，解惑答疑。教师收集教学过程中的问题，聚焦教学难点，有针对性地调整教学策略。

2. 展——前期成果展示

学生在完成前一次教学的课外拓展任务训练后，召开成果汇报会，以小组为单位，通过情景模拟、PPT 展示、演示讲解等方式，展示本组完成的作品，相互观察、体验、交流，巩固知识，反思自己，改进作品，提高质量。

3. 评——评价分析

在各小组课外拓展成果展示后，进行三方评价（教师、同学、自己），培养公正的价值观。结合教师或企业导师点评，共同评出最优小组，前一教学任务以此结束。

4. 测——知识测验

教师发布知识测验，随堂检测学生课前自主学习新教学任务的情况，收集学生对新教学任务相关知识的掌握程度，以便有针对性地进行知识重难点讲授。

5. 析——任务分析

教师公布知识测验及课前思维导图、课前任务完成情况，通过数据分析总结作业中容易出现的问题。讲授重难点知识，导入任务，通过动画、视频演示，问题讲解等方式解析任务，分析职业新技术、新规范，使学生明确任务重点内容。通过问题引导、互动游戏、直播投屏等师生互动方式来解决疑难问题。

6. 施——任务实施

通过教师对任务的分析，学生明确任务的重难点操作之后，登录远程云课程仓储规划设计软件或本地软件，按小组内分工合作完成课堂任务（或个人完成）。教师巡回指导，有针对性地开展帮扶，突破教学难点。

通过六项任务训练，渗透仓储企业文化、职业素养培育，不仅能提高学生的专业技能，持续养成良好的职业习惯，还能培养学生坚持不懈、精益求精的工匠精神和热爱劳动、珍惜劳动成果的意识，并在规划设计过程中提高职场安全意识。

7. 展——本期成果展示

学生在完成任务训练后，召开成果汇报会，以小组为单位，通过情景模拟、PPT 展示、演示讲解等方式，展示本组完成的作品，相互观察、体验、交流，巩固知识，反思自己，改进作品，提高质量。

8. 结——总结评价

各小组开展三方评价，培养公正的价值观。教师或企业导师点评指导，共同评出最优小组。最后对本任务的实施过程及知识重难点进行总结。

9. 拓——课后拓展（任务拓展）

教师布置课后任务，进行任务拓展训练，学生进一步对课堂任务实施进行能力迁移，巩固课上所学内容，培养创新意识，拓展思维。

七、课程思政教学案例

案例一　安全防范，规范至上——仓库功能区规划

（一）教学任务

本次课主要针对仓库分区规划项目进行设计，根据该项目前期数据分析结果，结合商品在物流中心仓储操作要求，考虑仓库条件、出入库流程等因素，学习如何选择合适的功能区并确定其位置，重点训练学生能够根据企业需求对仓库进行功能区划分及位置确定。

（二）课程思政教学设计

根据物流管理职业技能等级标准和仓储运营管理的岗位能力要求，明确本次课的教学目标，以完成“仓库分区规划”为目标，2 学时的教学内容采用线上线下混合式教学，将教学过程分为课前准备、课中导创、课后拓展。

课前学生通过智慧教学平台领取课前学习任务书，通过 VR 模拟仿真实训软件，对仓库各功能区进行认知。

课中利用真实案例、任务驱动以及相关视频帮助学生理解理论知识，用仿真软件反复训练操作，并通过教师示范演练，保证学生掌握仓库各功能区的规划要点。

课后通过设置拓展游戏帮助学生巩固所学内容，完成云平台的任务拓展，并自主学习下次教学任务的理论知识。

（三）教学目标

1. 知识目标（“1+X”技能要求）

● 了解仓储空间布局的类型。

● 熟悉仓储功能区的内容。

2. 技能目标

● 能够根据企业需求，综合考虑商品类型及其操作要求、辅助功能需求等因素，确定仓库功能区。

3. 思政目标

● 培养爱国创新精神和职业自豪感。

● 培养学生安全意识及规范标准意识。

（四）教学方法

线上线下混合教学，分组讨论法、引导法等。

（五）教学实施

1. 课前

通过教学平台及 VR 仿真系统对学生进行仓库功能区认知学习的引导，通过仓库功能区安全性视频观看进行思政导入，准备思考课中讨论。

教师活动：① 通过教学平台，发布课前测试及学习任务，推送教学资料。② 引导学生通过 VR 实训仿真系统进行仓库分区认知学习。

学生活动：① 自主学习知识储备模块内容。② 登录 VR 实训仿真系统进行仓库分区模块的认知学习。③ 完成课前测试。

2. 课中

（1）创设情境

任务导入（7 分钟）：课前回顾，对课前任务及测试完成的情况进行分析，了解学生对本任务自主学习的情况。

教师活动：① 组织学生签到。② 根据课前分区认知环节的内容设置互动游戏问答，了解学生自主学习情况。③ 分析学生课前测试错题，同时引出本次教学任务。

学生活动：① 登录平台进行签到。② 分小组进行游戏抢答。③ 仔细聆听，主动思考，明确任务。

头脑风暴（10 分钟）：以“假设你是规划组组长，如何梳理仓库分区规划应遵循的原则并对规划小组成员进行培训？”为题进行研讨。

教师活动：① 组织学生讨论仓库分区的原则。② 引导学生了解各功能区应用场景。③ 巡回指导，及时答疑。

学生活动：① 分组查找资料。② 小组成员相互讨论和自我理解，讨论任务中的功能区应用场景。

思政点睛：通过头脑风暴活动，培养学生的职业岗位体验感及团队意识。

（2）明确任务

任务分析（8 分钟）：根据任务内容分析基于商超仓储配送服务的仓库分区规划原则。

教师活动：① 结合头脑风暴提出的问题进行仓库分区规划原则的讲解。② 结合思政案例“天津危险品仓库爆炸”，培养学生规范标准及安全意识。

学生活动：① 听取老师对本任务内容的分析讲解。② 参与交流互动，提出问题。

（3）执行任务

突破难点（15 分钟）：根据企业需求确定仓库各功能区是本节课的难点，根据任务案例的要求，从货品分类、出入库流程、存储需求等方面具体分析企业整体需求，确定其需要的功能区。

教师活动：① 结合任务内容，从商超服务背景的仓库需求分析其所需的功能区。② 根据仓库的出入库等作业流程确定各功能区位置。

学生活动：① 听取老师对本任务内容的分析讲解。② 回答相关知识点的问题。

思政融入：结合思政案例“天津危险品仓库爆炸”，培养学生规范标准及安全意识。

任务实施（25 分钟）：通过平台仿真软件进行仓库分区规划的仿真训练，强调仓库分区规划的规范意识与安全意识。

教师活动：① 教师演示讲解功能区域布置规划的步骤。② 进行分组任务细节差异化布置，引导学生操作。

学生活动：① 认真观察，主动思考。② 通过仓储规划软件进行具体的分区任务操作练习，完成分区规划平面图。

成果展示（10 分钟）：对仓储规划软件的练习结果进行展示和汇报，再次融入分区规划的合理性、规范性原则。

教师活动：① 组织各组进行展示汇报。② 针对各组汇报进行针对性提问，了解学生学习效果。

学生活动：① 上台进行成果讲解与展示，说明其规划的依据。② 认真聆听，分析比较，公正评分。

思政点睛：“天津危险品仓库爆炸”案例让学生意识到规范的重要性，安全的重要性，教师在规划仿真训练过程中一直强调规范化、标准化。

（4）任务评价

总结评价（5 分钟）：通过本次课程教学，学生学会了仓库分区的规划方法，掌握了各类型仓库功能区布局要求。总结评价后，布置课后任务。

教师活动：① 对学生分组汇报进行总结。② 强调结合职业技能要求，熟练掌握仓库分区规划的步骤和流程。③ 布置课后拓展任务。

学生活动：① 仔细聆听，记录课后作业。② 学生登录教学平台查看作业。

思政点睛：团队讨论汇报仓库分区规划原则，小组评价每人的表现及发言情况，重点评价完成的任务有没有体现规范性与安全性。云课程平台仿真软件对仓库分区规划训练结果进行正确自动判分。

3. 课后

课后拓展：课后组织学生对个人起居室进行平面分区图绘制并标注起居动线，帮助学生了解动线的重要性。

教师活动：① 引导学生绘制起居室平面图和动线。② 利用云平台、钉钉群等与学生及时交流，答疑解惑。

学生活动：① 绘制起居室平面图和动线。② 通过电脑、手机及时与导师交流。

思政总结：① “天津危险品仓库爆炸”案例视频与仓库分区规划原则有直接的相关性，学生能深感规划的规范标准及安全意识的重要性。② 由于 VR 仿真系统设备有限，认知练习设置在课前由学生自主进行，学生认知练习效果受学生自学能力影响较大，直接影响到课中教学难点的内容导入，后期在课前 VR 环节实施过程中需要加强组织，增设任务，保障教学效果，让学生更好地提高职业自豪感。③ 针对学生在仿真软件操作时产生的空间感、规划能力不足等问题，对个别学生进行单独辅导，并考虑在后续课程中增加企业实践教学环节。

案例二 成本控制，高效管理——物流动线规划

（一）教学任务

本次课主要针对仓库分区规划项目进行设计，根据该项目前期功能区分区设置情况，结合商品在物流中心仓储作业要求，通过物流动线设计原则、内外动线类型与特点、物流动线设计分析等内容的学习，学会如何根据物流中心的需求选择物流动线。

（二）课程思政教学设计

根据“1+X”考证和仓储运营管理的岗位能力要求进行教学设计，以完成“物流内外动线设计”为目标，2 学时的教学内容采用线上线下混合式教学，将教学过程分为课前准备、课中导创、课后拓展。

课前利用游戏任务导入课程前置内容，使学生产生兴趣，引导学生树立提高效率的意识。

课中结合真实案例采用任务驱动的形式帮助学生理解理论知识，利用仓储规划设计云软件进行线上训练，培养学生进行物流动线设计的职业技能，以及在设计中做好成本控制及高效管理的方法。

课后通过设置课后测试，促使学生巩固所学内容，完成教学平台的拓展任务，并自主学习下次教学任务的理论知识，强化学生成本控制与高效管理的意识。

（三）教学目标

1. 知识目标

- 物流内外动线类型与特点。
- 物流内外动线设计原则。

2. 技能目标（“1+X”技能要求）

- 根据企业需求选择合适物流动线。
- 能对仓库的物流动线进行规划与分析，提出区域布局规划要求。

3. 思政目标

• 培养学生成本控制及高效管理意识。

• 培养学生团队合作、乐于探究、勇于创新的个人素养。

• 通过游戏教学，引导学生通过对个人生活场景进行动线改造，亲历实际的劳动过程，运用所学知识解决实际问题。

（四）教学方法

线上线下混合教学，游戏引导法、讨论思考、任务驱动等。

（五）教学实施

1. 课前

导入动线认知游戏，就近取材，提升学生的认知及动手能力。

教师活动：① 通过教学平台发布课前游戏任务，并在云平台发布知识储备模块相关内容。② 查看学生线上学习和课前导入游戏完成情况，及时指导答疑。③ 引导学生对个人生活场景进行动线改造。

学生活动：① 登录平台，查看游戏任务与知识储备模块的内容。② 完成导入游戏、绘制家居动线图并上传云课程平台。

2. 课中

（1）创设情境

结合任务案例设置情景：某物流公司拟在 a 园区建设仓库，该仓库计划为所在区域的商超提供仓储配送服务。根据前期对配送需求的调研，确定该仓储配送中心基于商品 ABC 分类进行仓库布局。

根据该项目前期数据分析结果，结合商品仓储操作要求，确定该仓库所需的功能区域并对确定的功能区域进行布局。请思考 a 园区如何进行分区规划及物流内外动线管理？

汇报解析（15 分钟）：动线认知游戏讲解，促使学生了解动线对于提升效率的重要性，培养学生的效率意识。

教师活动：① 发布工作任务，组织学生讨论物流动线与各功能区之间的关系。② 播放案例视频，引导学生思考物流动线的类型和特点。

学生活动：① 完成相应问题的讨论。② 仔细观看视频并理解本节课的学习目标。

思政点睛：强调物流动线的设计对于企业提升效率的重要性。

（2）明确任务

任务分析（5 分钟）：结合案例，具体从物流动线的设计原则、物流动线的类型及特点进行分析。

教师活动：① 结合任务内容讲授物流内外动线的设计原则和分类特点。② 介绍案例。

学生活动：① 听取老师对本任务内容进行分析讲解。② 回答相关知识点的问题。

（3）执行任务

任务实施（20 分钟）：通过平台仿真软件进行仓库物流动线规划的仿真训练。

教师活动：① 教师演示讲解物流内外动线规划的操作步骤。② 进行分组任务细节差异化布置，引导学生操作。

学生活动：① 认真观察，主动思考。② 通过仓储规划软件进行具体的物流动线设计和任务操作练习。

新知识应用与汇报（30 分钟）：结合仓储运营岗位能力要求，学习通过物流动线规划验证布局的合理性。

教师活动：① 利用案例组织学生头脑风暴：如何通过物流动线验证仓库布局的合理性。② 点评学生分组汇报情况。

学生活动：① 利用案例进行头脑风暴：考虑如何通过物流动线验证仓库布局的合理性。② 分组汇报完成结果及情况。

思政点睛：通过对物流动线设计的合理性问题进行探讨，使学生认识到动线设计的合理性关系到企业成本控制与高效管理。

（4）任务评价

总结评价（10 分钟）：本次课程教学，学生学会了仓库物流动线的规划方法，并能将新知识运用到实际场景。总结评价后，布置课后任务。

教师活动：① 根据学生完成的情况进行点评，布置课后拓展任务，强调运用新知的注意事项。② 强调结合职业技能要求，熟练掌握仓库分区及动线规划的步骤和流程，为后续仓库布局的学习打好基础。

学生活动：① 各组总结汇报情况。② 小组互评、自评，总结在整个任务实施环节中的问题。

3. 课后

任务拓展：课后完成拓展任务，在平台观看思政视频“亚洲京东一号”智慧仓，完成课后测试题，并通过线上师生交流进一步巩固物流动线规划知识。

教师活动：① 登录平台批阅课后测试题，并在讨论区查看学生课后讨论内容。② 利用云平台、交流群等与学生及时交流，答疑解惑。

学生活动：① 登录平台提交作业，并在讨论区留言。② 通过电脑、手机及时与老师交流。③ 如个别小组在课堂中无法完成拓展任务，可利用网络社交媒体联系导师，在课后完成任务。

思政总结：① 课前导入游戏，学生踊跃参与，在设置后续课程教学内容时将结合学生情况考虑更多地安排相关教学活动，调动学生学习积极性。② 针对学生在仿真软件操作时产生的空间感不足、规划能力不足等问题，进行个别学生的单独辅导，并考虑在后续课程中增加企业实践教学环节，提高其职业体验感。③ 结合平时生活细节，潜移默化引导学生在动线设计中强化成本控制、高效管理的理念。

八、课程思政创新与反思

（一）教学效果

1. 采用多种策略，完成知识学习目标

通过任务驱动、案例教学、情景模拟、分组教学、小组合作等多种教学方法与活动，让学生逐步掌握知识，理解内涵，培养学生主动思考、分析问题和解决问题的能力，形成生生互动、师生互动的良好教学生态。通过 6 个任务的知识测试与实践操作，80 分以上的学生占到 89% 以上，圆满完成知识学习目标，教学满意度提升。

2. 实施多项举措，训练学生能力

利用教学平台、网络会议 APP 等技术资源，让学生进行全过程线上模拟，及时纠正操作错误，模拟职场工作过程，有效解决教学重难点问题；引入企业真实任务，按照工作过程组织教学、操作演示和实施指导，增强学生职业体验，提高岗位胜任力。综合以上多项举措，圆满实现能力训练目标。

3. 融入课程思政，提升学生素质

课程思政贯穿于教学全过程，以“提质增效、科学仓储”为思政主线，培养学生严谨细致的工作作风、精益求精的工匠精神，形成良好的服务意识、全局意识，提升综合素质。

（二）创新与特色

1. 实施双线任务，巧妙融入课程思政

以单品类、多品类仓库规划的真实任务为两条主线，培育“提质增效、科学仓储”的服务意识、大局意识，引导学生践行精益求精的工匠精神，增强团队合作意识和沟通能力，有效实现德技并修。

2. 创新“5R”教学模式，凸显“做中学”理念

团队自创“5R”教学模式相融合，将岗位真实工作任务转化为教学任务。通过真实场景，还原物流园区真实运营工作，通过成果汇报教会学生从不同角度分析和解决问题，学会技能，强化职业素养，让学生在“做中学、学中做”，以学促做、知行合一。

3. “校企”合作协同育人，提升师生创新意识

创新教学团队，构建校内外教师队伍，优势互补、协同合作完成教学活动，提升教学质量。引入智慧仓分区及设备选型、自动分拣设备选型等行业新知识、新技术、新规范和新标准，技能训练更加贴近社会需求，培育学生创新意识，提升学生职业综合能力。

（三）反思与改进

1. 存在的主要问题

个别学生做数学类计算速度较慢，理解能力偏弱，影响整体任务实施速度。

因仓库现场环境较为特殊，学生缺乏吃苦耐劳精神，岗位认同感不强。

课程云平台未能自动采集学生所有学习数据，不能全面实现学生学习与技能画像。

2. 改进措施

在课前学习阶段，增加设施设备数量计算方面的学习资料，提高学生计算能力。

在培养学生树立正确的劳动观念、提升劳动能力、养成热爱劳动的习惯和良好的品质方面，还有进一步提高的空间。

建议对教学平台进行升级改造，全面采集学生各方面数据，利用大数据技术分析每个学生成长过程，全面客观反映学生达成的效果。

案例编写人：浙江交通职业技术学院方照琪、王茜、程文、张蕊、王晓漪，杭州联华华商集团有限公司孙飞，上海韵达运乾物流科技有限公司杭州转运场孟凡旭，浙江汤氏供应链管理有限公司丁华。

2. 思政铸魂　车行天下

——『汽车营销技术』课程思政案例

一、课程基本信息

“汽车营销技术”是我校省特色专业、省高校“十三五”优势专业——汽车技术服务与营销的核心课程，汽车运用与其他专业的选修课程。课程以培养“善营销、会服务”的特色职业技能，能担当起民族复兴大任、服务交通强国的德智体美劳全面发展的社会主义建设者和接班人为目标。2021 年本课程作为浙江省高等学校课程思政示范课程项目立项建设。

本课程的主要任务是培养学生从事汽车营销相关工作的技能。课程的主要内容包括汽车销售认知、顾客接待、需求分析、新车展示和新车交易。

通过本课程的教学，使学生掌握汽车整车销售方面的专业知识与技能，培养学生从事汽车营销工作岗位的职业能力。本课程的前续课程有“市场营销概论”“计算机应用基础”及“汽车构造”等。后续课程有“汽车服务技能综合实训”“毕业综合实践”等。

二、课程教学目标

在思政理念下，课程素养、知识、能力三个维度的教学目标体系如下。

（一）素养目标

- 具有小组团结、协作能力。
- 具有良好的心理素质和克服困难的能力。
- 能够从个案中找到共性，总结规律，举一反三，销售不同类型车辆。
- 培养知行合一、细心耐心的品格，树立爱岗敬业、专注执着、文明友善、无私奉献的职业素质。
- 了解国情民情，树立家国情怀，坚定政治立场，增强对中国特色社会主义“四个自信”的感受。
- 了解中华优秀传统文化，树立并践行以守法诚信经营为核心的社会主义核心价值观；树立以礼待客，讲诚信，重仁义，和为贵，守法纪的商业价值观；树立辛勤劳动、诚实劳动、创造性劳动的观念。

（二）知识目标

- 理解市场及市场营销的定义。
- 熟悉商务礼仪知识。
- 熟悉展厅销售的流程及相关技巧。
- 理解顾客满意相关理论。
- 熟悉价格谈判及新车交易的相关知识。
- 熟悉营销活动的相关法律法规。

（三）能力目标

- 达到自信熟练地运用商务礼仪从事汽车销售及商务活动。
- 做到能独立地接待顾客，建立亲和关系。
- 具备有效收集顾客信息、分析顾客需求的能力。
- 做到能根据顾客需求为其推荐新车。
- 能为顾客完成新车交易业务。
- 具有较好的销售表达与销售沟通能力。

三、课程思政整体教学设计思路

（一）课程思政整体设计理念

本课程依据汽车技术服务与营销专业人才培养方案设置，根据岗位职业能力要求，同时吸收国家级赛事项目及评价标准制定本课程标准。

本课程从学生能力本位出发，根据工作过程系统化设计理念进行课程设计。通过与汽车销售服务企业的专家多次访谈论证形成课程的能力单元，对能力单元进行学习任务分析，进而设计本课程的学习任务和知识点、技能点、素养点。

课程采用行动导向教学策略，设计以学生为主体，教师组织、指导、促进学生建构职业能力的教学行动体系，旨在培养学生具有从事汽车营销岗位职业工作的能力，帮助学生整合汽车营销工作所需要的知识、素养、方法与技巧，鼓励学生学习协调各种能力、促进学习迁移，使学生具备良好的职业道德、专业技能及可持续发展能力。

本课程以“爱岗敬业，诚信守法”为课程思政主线，把育人目标有机地融入课程教学。经调研，并结合专业剖析课程“德”的内涵，确定以劳模精神为课程思政培养重点，为培育“最美交通人”贡献力量。深入剖析劳模精神内涵，以“守法诚信”为核心，培养政治立场坚定、爱国爱民的家国情怀，进行社会主义核心价值观塑造，培养艰苦奋斗、甘于奉献的劳动精神，爱岗敬业、专注创新的工匠精神和诚信为本、仁民爱物的商业精神，形成如图 2-1 所示的 4 个方面育人方向。

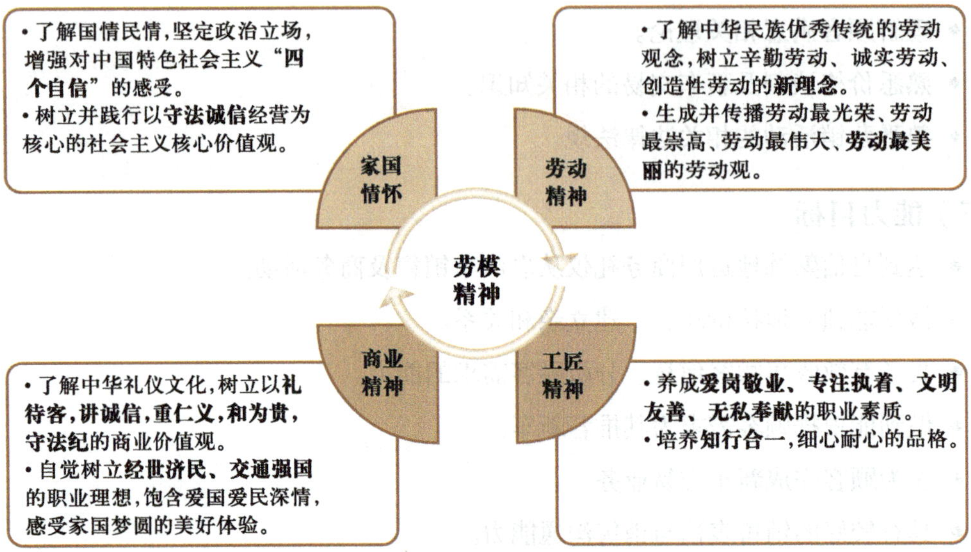

图 2-1　课程思政育人目标图

本课程以公民层面社会主义核心价值观为主线，思政目标可以概括为 4 句话、16 个字，即“爱国爱岗、敬业创新、诚信守法、友善礼客”。对于汽车销售岗位而言，“诚信守法”是基础，是为人之根本，也是本课程思政育人的核心目标。

（二）课程思政整体设计框架

课程从内容与形式两个角度规划思政融入点。一方面树立课程全过程思政理念，课堂中随时融入思政内容；同时，进行课程思政总体设计，形成了“一二三四”模式（如图 2-2 所示），实现课程育人目标。

一条实操演练主线。作为服务类课程，实操教学以模拟演练为主。模拟演练以小组为单位实施教学，在团队学习中融入团队合作、知行合一等元素，磨炼学生的意志品格。

二个情景元素。在课程图片、音视频资源中融入各种思政元素，达到环境育人的目的。

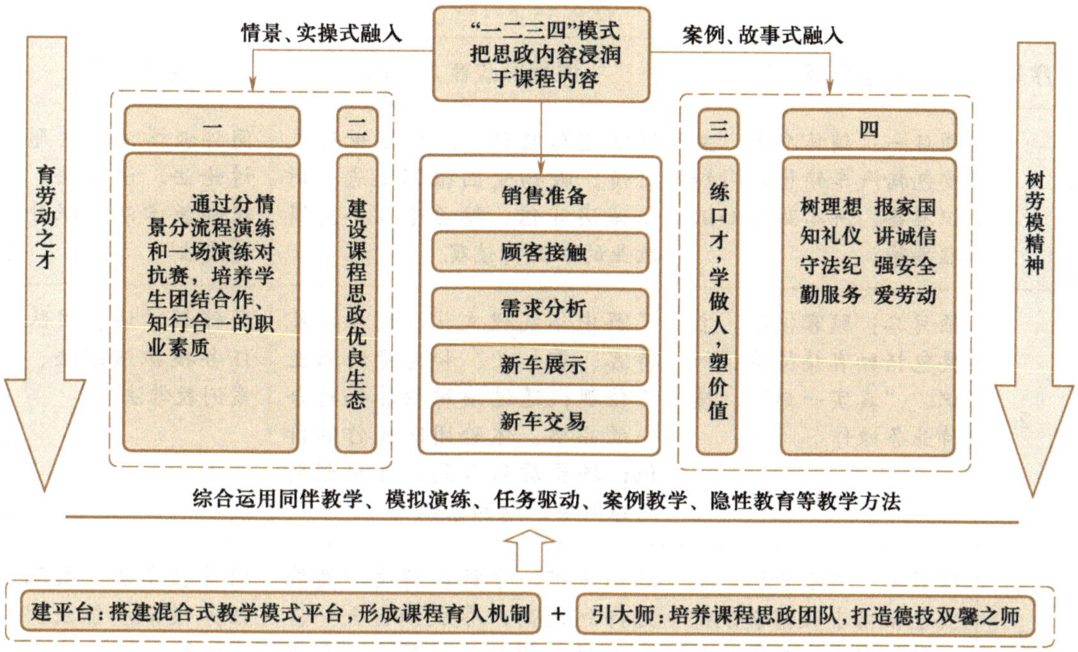

图 2-2　课程思政总体设计图

三分钟早会。模仿 4 S 店早会制度，结合销售沟通表达能力训练，在课前布置学生准备一个关于品牌、国学经典等方面的故事，上课时学生进行三分钟主题演讲，老师点评。通过这种方式融入家国情怀、“四个自信”、价值塑造等方面的育人元素，培养学生思想道德品质。

四个案例。在销售准备项目中，通过销售顾问励志故事（企业导师进课堂），融入爱岗敬业、经世济民等元素，培养学生职业操守。

在顾客接触环节，通过礼待顾客获订单案例，融入平等、友善育人元素，对学生进行价值观的塑造。

在试乘试驾环节，通过一起试驾事故案例视频，融入人文素质元素，增强学生安全意识，养成自觉遵纪守法的习惯。

在售后服务环节，通过优质服务赢得回头客案例，融入职业素质元素，培养学生创新精神、服务意识和劳动精神。

具体各单元从教学内容概述、课程思政育人目标、教学方法等方面进行设计，如表 2-1 所示。

表 2-1 课程分项目思政设计

序号	教学内容概述	课程思政育人目标	教学方法
1	项目一：销售准备。主要包括汽车销售顾问知识准备、汽车商品知识准备等	增强道路自信，激发经世济民之情，激扬爱国报国之志；树立诚实守信、精益专注、爱岗敬业的职业价值观	同伴教学法、主题讨论法、讲授法、双师教学法、课外访谈法
2	项目二：顾客接触。主要包括顾客接待流程知识、“真实一刻”、接待业务操作	了解中华礼仪文化，树立以礼待客、重仁义、和为贵的商业价值观；通过演练培养知行合一的品格，体验团队合作的价值；培养厉行节约，运用创新思维解决问题的意识	同伴教学法、团队任务模拟演练法、案例教学法
3	项目三：需求分析。主要包括需求及需求分析知识、需求分析流程与技能操作	正确认识、分析和解决问题能力得到提高；养成知行合一、细心耐心的品格；塑造以人为本的商业价值观	同伴教学法、团队任务模拟演练法、案例教学法
4	项目四：新车展示。主要包括六方位绕车介绍、FAB介绍法、竞品对比、异议处理、试乘试驾业务	进一步理解并恪守守法诚信经营价值观；树立起安全意识；进一步养成知行合一、细心耐心的品格；进一步增强制度自信、文化自信	同伴教学法、团队任务模拟演练法、案例教学法
5	项目五：新车交易。主要包括报价与成交、价格谈判与抗拒处理、交车业务、顾客跟进与服务	深刻理解并恪守守法诚信经营价值观；牢固树立安全意识；基本养成知行合一、细心耐心的职业素质；培养出良好的服务意识，能践行重仁义、和为贵的商业价值观	同伴教学法、团队任务模拟演练法、案例教学法

（三）课程思政教学策略

1. 课程教学模式

结合学情分析，课程以“汽车新车销售”工作流程为载体，采用“双主体、多元化”的人才培养模式，通过“逆向教学设计”，运用“里程碑”式的管理方法，借助“互联网 +”多资源平台，层层推进教学任务，以第二课堂拓展教学空间，思政融合贯穿于课程，落实于专业技能实践，如图 2-3 所示。

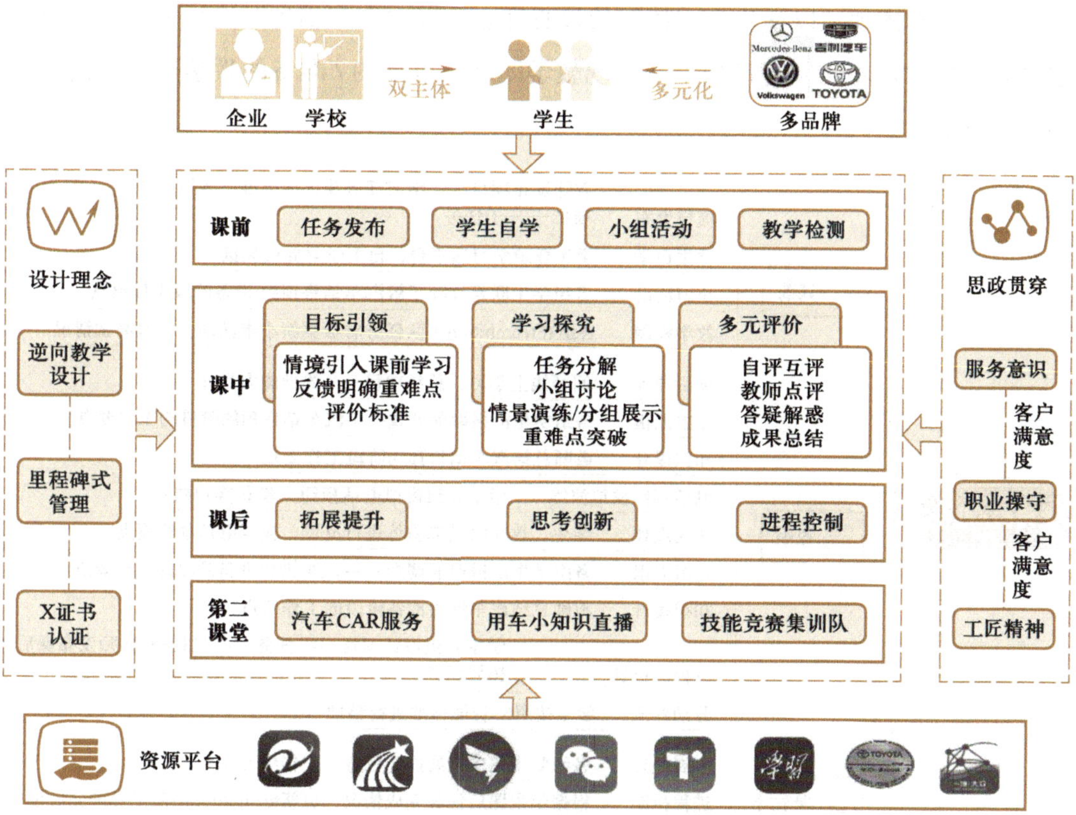

图 2-3 课程教学设计理念和策略

课程整体教学实施过程以汽车展厅销售流程为主线，以企业真实案例为任务驱动，将“双主体、多元化”“逆向教学设计”“互联网 +”教学、“里程碑”式评价等教学策略贯穿始终，以客户满意度为切入点，全过程融入课程思政，教学实施过程如图 2-4 所示。

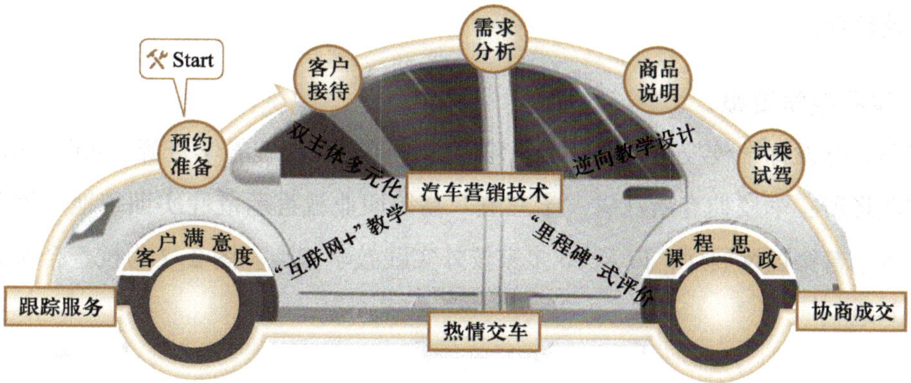

图 2-4 教学实施过程

课堂教学体现“以学生为主体”的核心理念，以“汽车销售”流程为任务主线，建立完整的“六步法”行动模型，实现教学闭环。以预约 / 准备的教学过程为例，如图 2-5 所示。

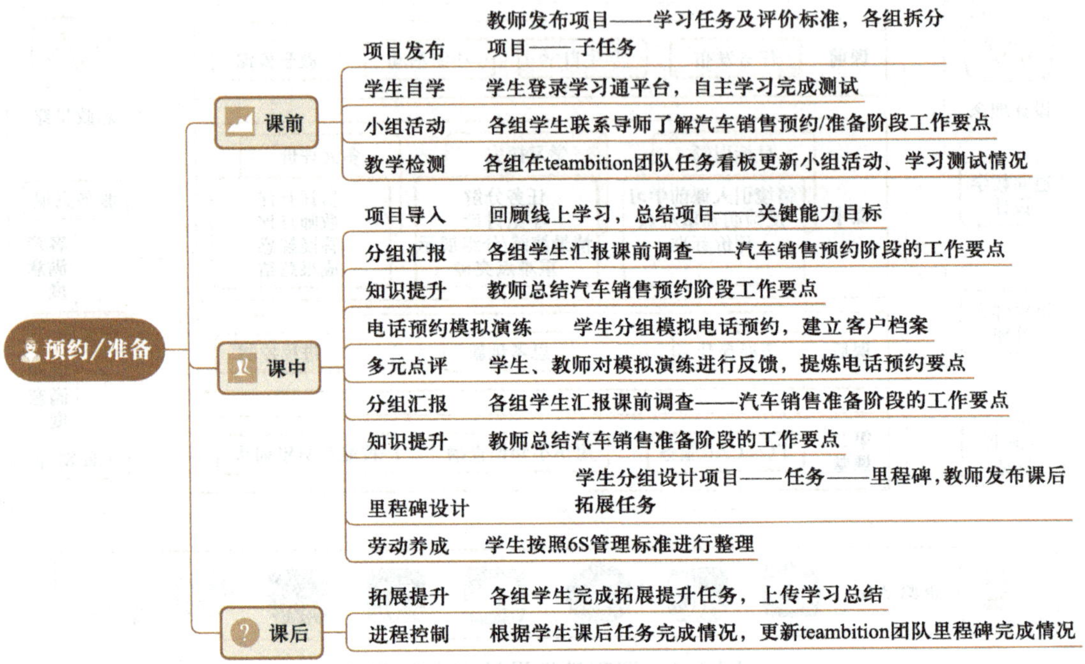

图 2-5　教学过程图

课程思政则以社会主义核心价值观为引领，实现全过程思政融入。在销售准备模块培养学生爱国爱岗的家国情怀，在接待过程中培养学生友善礼客及至臻完美的服务意识，在产品介绍和报价等环节中培养学生诚信守法的职业操守，在需求分析、试乘试驾和新车交付等环节中培养学生敬业创新、精益求精的工匠精神，实现润物细无声式的思政教育。

2. 课程教学资源

课程充分发挥学校校企合作优势，建设各种形式的课程教学资源。如图 2-6 所示。

实践场所：学校拥有浙江省“十三五”高等职业教育示范性实训基地、校企共建的丰田汽车营销训练展厅，以及 20 多家校外实践教学基地。图 2-7 为校企合作共建校内实训基地。

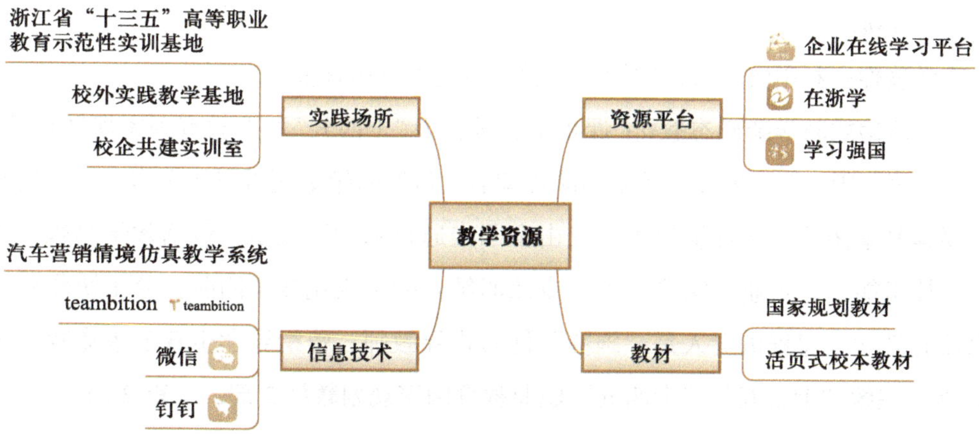

图 2-6　课程教学资源

图 2-7　校企合作共建校内实训基地

数字资源：教学团队参与建设了汽车技术服务与营销专业职业教育国家教学资源库子项目“汽车营销技术”课程，用于线上课前自学或作为课中的教学资源。同时，汽车营销技术课程还是浙江省职业教育在线精品课程，教学过程中注重信息技术的应用。

教学平台：利用智慧教学平台，进行任务发布，线上线下师生互动，记录教学全过程，统计学习数据及评价信息。与国际知名企业合作，利用企业培训平台适时更新教学内容，与企业一线接轨。

教学软件：利用汽车营销情境仿真教学系统进行仿真教学。

任务驱动式教学新形态教材：课程配套教材为“十四五”职业教育国家规划教材《汽车营销（第 3 版）》。另外，教学团队还编有《汽车营销案例教材》等多种学习资料。

课程教学团队：课程组建了一支由全国交通技术能手领衔，包括教学名师、教坛新秀、技术能手、企业专家等在内的专兼职结合的结构化教学团队，分工协作开展项目化任务教学。课程负责人是“国赛”优秀指导教师，曾指导学生获各级竞赛一等奖 10 余项，主编“十二五”“十四五”职业教育国家规划教材 2 部，主审 2 部。

3. 课程教学评价

课程以“改进结果评价，强化过程评价，探索增值评价，健全综合评价”为原则，兼顾过程考核的全面性与学生个体的差异性，探索建立基于学习成果的线上线下综合评价体系，如表 2–2 所示。

表 2–2 课程考核评价体系

评价指标	实施办法	评价性质	数据来源	占比
线下成绩（60%）	平时成绩：包括考勤、课堂测验、思政表现等	过程性、增值评价	学生、企业、教师	10%
	实操成绩：采用 PBL 分组演练任务的形式，对学生的技能进行综合评价	综合评价、增值评价		20%
	期末考试：通过期末综合性试卷进行总结性评价，试卷题数在 50 题以上，包括客观题与主观题，考试时间在 90 分钟以上	总结性	在线、教师	30%
线上成绩（40%）	线上成绩：以“视频观看时长”等成绩为计算依据，各项目占比如下：（1）视频观看占 35%，（2）测试占 15%，（3）作业成绩占 15%，（4）考试成绩占 20%，（5）论坛发帖占 10%，（6）笔记占 5%	过程性	在线	40%

四、课程思政教学案例

案例一　读国学经典，树诚信之德——FAB 介绍法

（一）教学任务

本次课主要针对在介绍车辆时所运用的话术进行设计。根据对该项目前期客户需求的分析与了解，结合商品的特色与卖点，编写商品配置及性能的 FAB 话术（F 代表 Feature，A 代表 Advantage，B 代表 Benefit），并能在实际工作中流畅地向客户表述，以激发客户的购买欲望，进一步推动销售升级。

（二）课程思政教学设计

通过思政三分钟等形式，帮助学生深刻理解诚信的内涵与价值，把握社会主义核心价值观的基本特征和要求，自觉在工作中践行诚信待客、诚信经营的品德。与思政有关的教学活动设计如表 2-3 所示。

表 2-3　FAB 介绍法的思政教学活动设计

主要环节	学生活动	教师活动	学习目标	时间
三分钟早会（思政三分钟）	学生上台分享“商鞅立木为信”的故事，重点理解孔子的“人而无信，不知其可也”的道德准则	点评	传播中华传统美德，理解诚信的价值	4 分钟
互动	抢答：谁知图片中车型是哪款车	点评	树立学生对中国汽车工业的自信	6 分钟
沉浸式交互	分组任务：设计红旗 H5 一卖点的 FAB 话术并派代表上台演练	巡查指导	培养学生团队合作精神，树立民族品牌自信	60 分钟
课堂小结（学习反馈）	结合守法诚信经营的经典语句，深入思考诚信之力	教师小结，评价学生的课堂表现	加深对诚信的认识	10 分钟

课堂教学以分组教学、理实一体的形式展开。

（三）教学目标

通过本任务的学习，实现以下教学目标：

素养目标：了解中华优秀传统文化，树立并践行社会主义核心价值观，引导学生树立诚信经营理念。

知识目标：熟悉展厅销售知识中的FAB介绍法。

能力目标：能根据顾客需求运用FAB介绍法为其推荐新车。

（四）教学方法

线上线下混合教学，讲授法、分组讨论法、引导法等。

（五）教学实施

按教学设计展开，具体包括课前、课中和课后三个环节。

1. 课前

通过在线教学平台进行思政导入，准备课中讨论与演练。

教师活动：① 通过智慧教学平台，发布课前测试及学习任务。② 结合本次课程内容推送思政教学资料，引导学生分组准备。

学生活动：① 自主学习本任务相关知识。② 指定小组接受思政任务，进行思政三分钟分享内容准备。③ 完成课前测试。

2. 课中

（1）任务导入（5分钟）

课前回顾，对课前任务及测试完成的情况进行分析，了解学生课前自主学习情况。

教师活动：① 组织学生签到。② 根据课前布置的学习任务随机进行测验，了解学生学习情况，并进行适当点评，同时引出本次课教学任务。

学生活动：① 登录平台进行签到。② 分小组进行抢答。③ 仔细聆听，主动思考，明确任务。

教学活动：思政三分钟。

根据本次课的内容，结合4S店早会工作场景创设思政三分钟，让学生分组进行国学经典故事的分享。本次课的国学经典故事如下。

春秋战国时，战争频繁，人心惶惶，为了取得民众信任，推进改革，商鞅立木为信，一诺千金。此举树立了威信，从而使变法成功，秦国渐渐强盛，最终统一了中国。诚信自古以来就是中华民族的传统美德，所谓的诚信就是以真诚之心行信义之事。

让事先领到思政任务的小组派代表上台讲解故事并分享体会，之后老师进行点评升华，把故事与今天的课程内容进行无缝对接，点明思政主题，对学生进行社会主义核心价值观的塑造。

教师活动：① 组织学生进行思政分享。② 引导学生思考并讨论故事里的思想内涵。③ 点评升华。

学生活动：① 思政分享小组上台分享，其他同学聆听后分小组进行讨论。② 一起唱读孔子的名言。③ 仔细聆听，主动思考，明确任务。

思政点睛：通过思政三分钟活动，对学生进行“诚信”教育，引导学生要以信为本，诚信经营。党的二十大报告明确提出，要“弘扬诚信文化，健全诚信建设长效机制”。“诚信”也是社会主义核心价值观的要求。本部分教学践行了社会主义核心价值观的要求。

（2）明确任务（8 分钟）

车辆配置或特性讲解对客户了解车辆、激发其购买欲望非常重要。本次任务就是通过学习与训练，掌握 FAB 介绍法的方法内涵，会编写 FAB 话术，能在客户面前运用 FAB 话术。

教师活动：① 结合学生课前学习的重难点进行知识的讲解。② 结合红旗、华为等国产品牌，培养学生支持国产品牌、爱我中华的家国情怀，增强民族自信心。

学生活动：① 听取老师对本任务内容进行分析讲解。② 参与交流互动，提出问题。

思政点睛：结合红旗、华为等国产品牌，培养学生支持国产品牌、爱我中华的家国情怀，增强民族自信心。

（3）执行任务

突破难点（12 分钟）：结合学生如何根据客户需求来运用 FAB 话术进行难点突破。

教师活动：① 案例讲解。② 视频观摩与分析。

学生活动：① 听取老师对本任务内容进行分析讲解。② 回答相关知识的问题。

任务实施（15 分钟）：分组编写任务案例中的配置 FAB 话术，各组进行 FAB 话术大比拼，选出最优的一组进行现场模拟演练。

教师活动：① 教师给出一组配置的FAB话术，现场进行示范演练。② 进行分组任务指导，引导学生操作。

学生活动：① 认真观察，主动思考。② 通过小组分工，模仿完成FAB话术的编写与模拟演练。

成果展示（30分钟）：对FAB话术编写结果进行展示和汇报，抽调代表小组进行现场模拟演练。

教师活动：① 组织各组进行展示汇报。② 针对各组汇报内容进行针对性提问，了解学生学习效果。

学生活动：① 组织学生上台进行成果讲解与展示，说明其编写的理由。② 认真聆听，分析比较，公平评分。

思政点睛：通过分组完成任务的形式培养学生团队合作精神，树立以客户需求为中心的理念。

（4）任务评价

总结评价（10分钟）：通过本次课程教学，学生学会了FAB话术的编写与表述，掌握了FAB话术的类型与特点。总结评价后，布置课后任务。

教师活动：① 对学生分组汇报进行总结。② 强调结合职业技能要求，熟练掌握和运用FAB介绍法。③ 布置课后拓展任务。

学生活动：① 仔细聆听，接受课后作业。② 学生登录云课程平台查看作业。

思政点睛：通过守法诚信经营的经典语句进一步强调“诚信”的价值。

3. 课后

课后布置FAB话术作业，同时让学生讨论如何把FAB话术运用到生活中，帮助学生了解FAB话术的普遍价值。

教师活动：① 引导学生讨论FAB话术的生活应用价值。② 利用学习通平台、微信群等与学生及时交流，答疑解惑。

学生活动：① 编写相关FAB话术。② 通过电脑、手机及时与导师交流。

案例二 以礼相待，诚则化心——展厅接待

（一）教学任务

本次课主要针对初次来店客户，通过模拟工作情景进行实操演练的形式，帮助学

生养成良好的工作前检查与准备，工作结束后进行 7S 整理等职业习惯；通过本次任务培养学生接待客户的能力，同时养成以礼待客的习惯，树立与人友善的价值观，并学会用礼仪与尊重来打动顾客。主要内容包括三个方面的职业能力：

一是迎接客户来店，能做到与客户通过初次接触达到互相认识的目的。

二是让客户自由参观后，能顺利引导客户进入洽谈区入座。

三是能做好洽谈区的应对，为客户提供入座及茶水服务。

（二）课程思政教学设计

通过思政三分钟等形式，帮助学生深刻理解礼仪的内涵与价值，塑造与人友善的社会主义核心价值观，自觉在工作中践行守礼、友善等美好品德。与思政有关的教学活动设计如表 2-4 所示。

表 2-4　展厅接待思政教学活动设计

主要环节	学生活动	教师活动	学习目标	时间
三分钟早会（思政三分钟）	学生上台分享“程门立雪”的故事。重点理解孔子的“不学礼，无以立”的中华传统礼仪美德，这也是销售的职业要求	点评	传播中华传统美德，理解礼仪的价值	4 分钟
任务导入	收集信息	发布信息	咨询与分析能力培养	6 分钟
小组讨论定方案	分组任务：根据给定的案例情景信息，设计演练剧本，制定演练方案	巡查指导	培养学生团队合作精神	15 分钟
模拟挑战	学生模拟演练	指导、点评	培养学生挑战精神	40 分钟
课堂小结（学习反馈）	结合守法诚信经营的经典语句，深入思考诚信的价值	总结、点评、提升	加深对礼仪的认识	15 分钟

课堂采取分组教学、理实一体的组织形式。

（三）教学目标

通过本任务的学习，实现以下教学目标：

素养目标：树立以礼待客的商业价值观，践行与人友善的社会主义核心价值观。

知识目标：熟悉展厅销售的接待流程及相关知识。

能力目标：做到能独立地接待顾客，建立亲和关系。

（四）教学方法

线上线下混合教学，采用讲授法、分组讨论法、引导法等。

（五）教学实施

按教学设计展开，具体包括课前、课中和课后三个环节。

1. 课前

通过智慧教学平台进行思政导入，准备课中讨论与演练。

教师活动：① 通过智慧教学平台，发布课前测试及学习任务。② 结合本次课程内容推送思政教学资料，引导学生分组准备。

学生活动：① 自主学习本任务相关知识。② 指定小组接受思政任务，进行思政三分钟分享内容准备。③ 完成课前测试。

2. 课中

（1）任务导入（5 分钟）

课前回顾，对课前任务及测试完成的情况进行分析，确定学生课前自主学习的情况。

教师活动：① 组织学生签到。② 根据课前布置的学习任务随机进行测验，了解学生学习情况，并进行适当点评，同时引出本次课教学任务。

学生活动：① 登录平台签到。② 分小组进行抢答。③ 仔细聆听，主动思考，明确任务。

教学活动：思政三分钟。

根据本次课的内容，结合 4S 店早会工作场景创设思政三分钟，让学生分组进行国学经典故事的分享。

本次课的国学经典故事是：宋代大学者杨时、游酢一同去拜见当时儒学大家程颐。恰巧程颐正在静坐，没有理会二人，杨、游二人既不敢惊动老师，也没有离开。程颐静坐结束，睁开眼睛时发现二人仍然站在雪中恭敬地等候，而此时天色已晚，外面的积雪已有一尺厚。程门立雪的故事，足以体现尊师重道。

程门立雪故事给我们的启示：① 礼的本质是对他人的尊重。为人要学会尊重别人，只有尊重别人才会让别人尊重自己。② 礼本身也体现个人的修养，是获得他人好感、建立亲和力的基本前提。

“不学礼，无以立”，简单的六个字却含义深刻。用白话文来说，孔子此语的意思是：做人要有礼，没有礼，怎么来做人啊！礼是作为一个健全人所必需的素质，一个人如果连这一点也不能做好，尽管道貌岸然，也只是个有缺陷的人。

教师活动：① 组织学生进行思政分享。② 引导学生思考并讨论故事里的思想内涵。③ 点评升华。

学生活动：① 思政分享小组上台分享，其他同学聆听后分小组进行讨论。② 一起朗读孔子的名言。③ 仔细聆听，主动思考，明确任务。

思政点睛：通过思政三分钟活动，传播中华传统美德故事，引导学生确立“友善”这一社会主义核心价值观。这部分内容引经据典，要向学生充分传达党的二十大报告中明确提出的“坚持和发展马克思主义，必须同中华优秀传统文化相结合”“必须坚定历史自信、文化自信”等内容。中华民族自古就是礼仪之邦，在礼仪文化上我们有充分的自信。

（2）明确任务（8 分钟）

本次任务就是通过学习与训练，使学生掌握展厅接待客户的流程与基本技巧，能够根据首次到店客户的基本情景，按六步工作法接待客户，并引导客户进入洽谈区。

教师活动：① 结合学生课前学习的重难点进行知识的讲解。② 发放接待工作页，对本次课工作任务做出分析。

学生活动：① 听取老师对本任务内容进行分析讲解。② 参与交流互动，提出问题。③ 根据工作页进行小组任务分工。

思政点睛：养成工作前做准备的职业习惯，能积极参与小组团队活动，服从团队统一安排（团队精神养成）。

（3）执行任务

突破难点（12 分钟）：结合学生如何应对初次来店客户的焦虑心理进行难点突破。

教师活动：① 案例讲解。② 视频观摩与分析。③ 老师示范演练。

学生活动：① 听取老师对本任务内容进行分析讲解。② 回答相关知识的问题。③ 在工作页上进行记录。

工作页撰写（15 分钟）：分组进行工作页的编写，集体讨论完成咨询、计划和决策等工作步骤，最终形成本小组的演练剧本。

教师活动：① 教师给出一个示范工作页及示范视频。② 进行分组任务指导，引导学生完成工作页。

学生活动：① 认真观察，主动思考。② 通过小组分工与合作完成工作页的撰写及审核。

实施任务（20 分钟）：按工作页上写好的剧本分组进行实际操作（模拟演练），完成各小组演练视频的拍摄并上传学习通平台。

教师活动：① 教师给出示范操作。② 指导学生操作及视频拍摄与上传。

学生活动：① 认真观察，主动思考。② 小组按分工进行操作。③ 拍摄视频并上传。

成果展示（15 分钟）：对演练结果进行展示和汇报，抽调代表小组进行现场模拟演练。

教师活动：① 组织各组进行展示汇报。② 针对各组汇报内容进行针对性提问，了解学生学习效果。

学生活动：① 各组代表上台进行成果讲解与展示。② 认真聆听，分析比较，公平评分。

思政点睛：通过分组完成任务的形式培养学生团队合作精神，树立以客户为中心的理念。

（4）任务评价

总结评价（10 分钟）：通过本次课程教学，学生学会了接待流程的工作过程与接待技巧。总结评价后，布置课后任务。

教师活动：① 对学生分组汇报进行总结。② 强调结合职业技能要求，接待时不可多谈车，特别是价格，要多关怀客户，引导客户进入洽谈区。③ 布置课后拓展任务。

学生活动：① 仔细聆听，接受课后作业。② 学生登录云课程平台查看作业。

思政点睛：通过案例说明建立亲和力、与客户友善的商业价值。

3. 课后

课后布置拓展作业，让学生在家里或生活中接待客人，体验接待的全过程。

教师活动：① 引导学生讨论接待的目的。② 利用教学平台、微信群等与学生及时交流，答疑解惑。

学生活动：① 在讨论区分享课后接待客人的全过程；② 通过电脑、手机及时与导师交流。

五、课程思政创新与反思

（一）教学成效

在课程实施过程中，通过观察学生的参与态度和上课状态，可以感知学生对课程比较感兴趣，对课程评价较好。课后通过调查与个别访谈，了解到学生对课程评价高。主要成效可总结如下：首先，采取线上线下教学相结合，课内课外相交互，形成课程全过程育人。其次，在课程视频、文档、资料等资源中，加入国产品牌、励志、爱国等图片，形成良好的思政育人生态，实现全资源要素育人。最后，引入课程思政与素质评价制度，素质评价不合格即课程不合格，这样能充分引起学生的重视。

（二）创新与特色

1. 思政元素充分体现了专业特色

课程以培养劳模精神为育人目标，以“守法诚信”的价值塑造为核心，树立起一个“诚信待人，专业对车”的销售顾问形象。围绕目标，充分挖掘课程内容中的思政元素，体现了专业人才培养特色。职业素质与思政合二为一，可以旗帜鲜明地进行显性课程思政，学生也更容易接受。

2. 结合职业真实场景设计融入点

引进职业场景中的早会制度，通过早会形式融入育人元素，以学生为主进行思政主题教育。实施中，针对课程的相关内容精选思政元素，根据国学经典、品牌故事等内容设计主题。在早会上，让学生以小组汇报的形式讲解故事，传播正能量。在培养学生表达能力的同时，培养学生职业素养、劳模精神，并进行价值塑造，切实让学生将思政内容内化于心。这样的融入形式，可以起到润物细无声的效果。

（三）反思与改进

1. 学生参与课程演练的积极性不高，素质教育易流于形式

从课程的实施过程来看，作为服务类工作过程系统化课程，服务过程采取学生演练模式来实施，刚开始学生有兴趣，但时间长了，学生易形成审美疲劳，加之学生学习的主观愿望不强，故易形成演练冷场的情况。同时，由于是演练，缺少真正的职业

环境，学生重视程度不够，时间久了易流于形式。

改进措施：通过深入了解学情，进一步采取更多样化的教学方法来激发学生的学习积极性。另外，模拟演练本身也需要不断改进，采取更多的信息化手段来辅助学生演练，从而达到预期的教学效果。

2. 课程思政还未形成体系

每门课程应能形成一个思政体系，从而对学生能起到明显的引导作用，让学生有一个系统的塑造或观念的形成。这方面还需进行深入挖掘，借鉴好的做法进一步完善。

3. 课程思政学习效果评价考核体系有待完善

课程思政内容大多是属于思想教育、价值观和行为习惯塑造等，这些内容不是通过一次课或某一堂课就能完成的，因此，相对职业能力而言，评价考核起来就比较困难。

后期我们将深入研究课程思政的评价内容、评价方法，形成一套行之有效的课程思政评价考核体系，以便于更好地考核评价学生在思政方面的学习效果。

案例编写人：浙江交通职业技术学院叶志斌、鲍婷婷、王芳、张晔、朱文维，浙江一汽汽车销售服务有限公司陈琳玲。

3.『岗课赛证』融通与课程思政同向同行

——『汽车电气设备检修』课程思政案例

一、课程基本信息

浙江交通职业技术学院汽车检测与维修技术专业是国家双高专业群建设专业、国家骨干高职院校建设重点专业、高等职业教育创新发展行动计划骨干专业、国家首批“1+X”证书制度试点专业、浙江省高校“十三五”优势专业。专业建设立足于为浙江汽车行业培养德技并修的新时代汽车工匠的目标，依托学校综合交通办学优势，与世界知名汽车品牌开展深度校企合作，实现融入课程思政的“岗课赛证”综合育人。2016年本专业省级教学团队积极响应国家号召，开展课程思政教学改革，在人才培养目标确立、培养方案和课程标准制定等环节融入思政，至今已培养了8届学生。

“汽车电气设备检修”课程是汽车检测与维修技术专业核心课程，是浙江省职业教育精品在线课程、浙江省课程思政示范课程，安排教学64课时。本课程以“汽车机械基础”“汽车电工电子基础”等先修课程为基础，同时为“汽车性能与检测技术”“汽车维修质量检验”等后续课程的学习打下基础。课程主要培养学生掌握汽车电气系统的组成、结构与工作原理，熟悉汽车电路的分析方法，具备对汽车电气设备系统常见故障的诊断与排除的能力。配套教材《汽车电气设备与维修》与时俱进，及时融入课程思政、企业新技术、新工艺，增加数字教学资源，2021年获全国优秀教材二等奖，2023年入选“十四五”职业教育国家规划教材。以校企合作编写的工作手册式教材《汽车电气设备检修》作为项目实施的指导书。

二、课程教学目标

本课程聚焦汽车机电维修岗位典型工作任务岗位要求，突出对汽车行业“电动化、智能化、网联化、共享化”的发展要求的适应性，确立了“通原理、精操作、勇担当”的课程教学目标。

（一）素养目标

- 通过国产实训设备、中国汽车史、汽车文化等教学，培养学生的品牌自信、家国情怀。
- 通过数字化学习平台和虚拟仿真软件开展诊断流程设计，启发学生敢为人先的数智创新意识。

• 通过企业实际工作故障案例、企业岗位实践、技能比赛等，养成学生精益求精的工匠精神。

（二）知识目标

• 懂得描述汽车电气系统的结构原理。
• 熟悉理解汽车电气系统维修的安全操作知识。
• 懂得描述汽车电气系统维修的检测维修方法。
• 学会总结汽车电气系统维修的常见故障案例。

（三）能力目标

• 能够判断汽车电气系统的工作性能。
• 能够拆检汽车电气系统的重要部件。
• 能够分析汽车电气系统的各类电路。
• 能够排除汽车电气系统的常见故障。

三、课程思政整体教学设计思路

（一）课程思政整体设计理念

本课程组建了由全国技术能手、全国交通技术能手、省高校优秀教师、省巾帼建功标兵等组成的“结构化双师型”课程教学团队，发挥团队名师工匠的引领作用，为学生树立良好的榜样。将党支部建在汽车检测与维修技术专业上，发挥党建和专业“双带头人”的纽带作用，创新“党建 + 课程”的模式，在带动课程团队、专业学生成长的同时，推动课程思政建设与党支部建设相结合，以高质量党建为引领，重视课程思政党性基因。依托与吉利汽车公司共建的产业学院和实训基地，为学生的思政教育提供丰富的思政案例、真实的项目实战资源，校企共同设计对接工作岗位的任务，增加了课程思政广度、深度和温度。突出以学生为中心，在教学过程中，灵活采用案例式、研讨式等教学方法，线上线下混合开展课程思政教学，培养敢为人先的数智创新意识、精益求精的工匠精神，激发学生品牌自信的家国情怀。如图 3-1 所示。

为解决学生生源多样、岗课不适、思政融入不深等问题，在精准分析学生的知识和技能基础、认知和实践能力、学习特点等基础上，对照专业育人目标，聚焦立德树人根本任务，重构教学内容。与吉利汽车公司共建高水平生产性产教融合实训基地和产业学院，校企共同设计对接汽车机电维修工作岗位的任务，将企业实际工作故障案例与全国职业院校技能大赛汽车故障检修赛项和“1+X”证书标准内容融合，进行碎片化、项目化改造，重组课程教学内容，重构课堂教学生态，推进课程内容与企业实际岗位能力要求相匹配，实现“岗课赛证”融通，践行“岗课赛证”融通与课程思政同向同行，如图 3-2 所示。

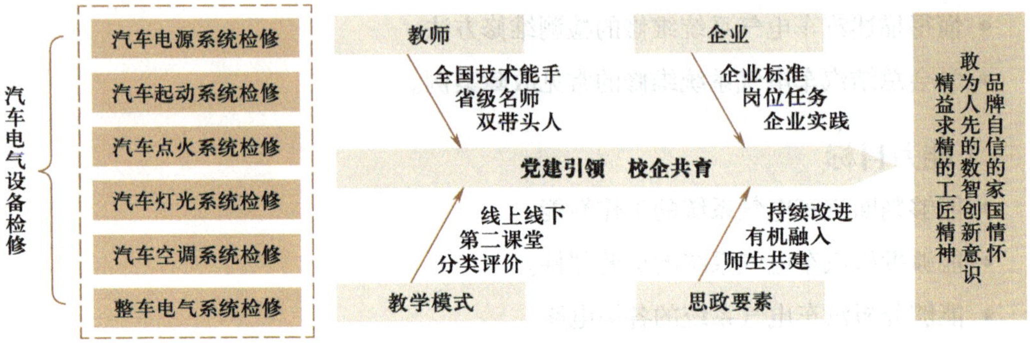

图 3-1　“党建引领、校企共育”的课程思政建设模式

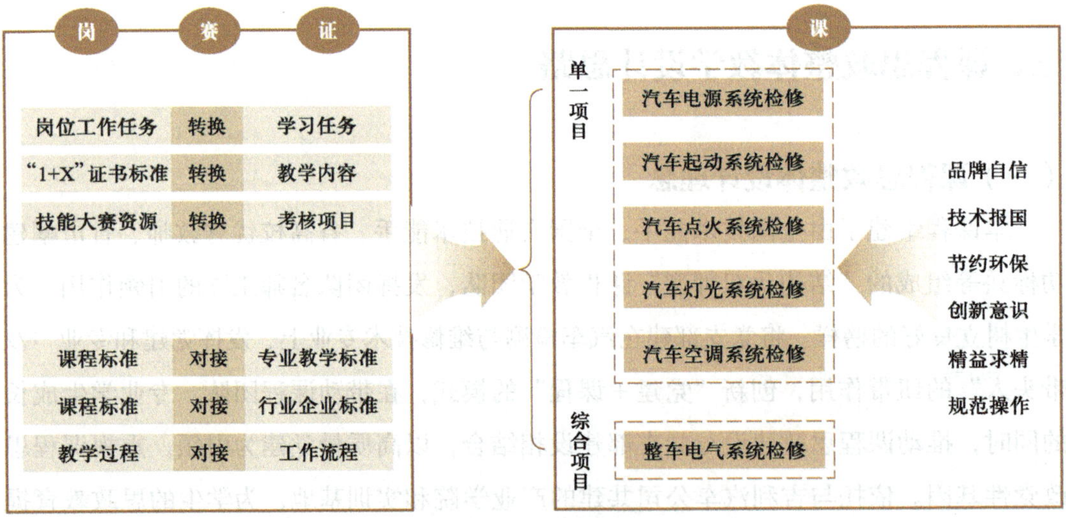

图 3-2　课程内容重组

牢牢把握数字浙江、数智杭州发展战略对职业教育数字化建设的新要求，结合新时代浙江精神的内涵和吉利汽车企业文化（奋斗者文化、问题文化、对标文化、合规文化），确定以培养“品牌自信的家国情怀、敢为人先的数智创新意识、精益求精的工匠精神”为主线，挖掘汽车电源系统检修、汽车起动系统检修、汽车点火系统检修、汽车灯光系统检修、汽车空调系统检修、整车电气系统检修六大模块所蕴含的思政元素，

结合“岗课赛证”融通的教学内容，设计吉利汽车历史、优秀毕业生案例、企业操作规范等内容，运用案例、互动、研讨等多元教学方法，重点提炼品牌自信、技术报国、节约环保、创新意识、精益求精、规范操作六大思政要素，全程融入、重点培育，构建完整的课程内容体系，实现了课程教学在价值塑造、知识传授与能力培养上相统一。

（二）课程思政教学策略

1. 课程教学模式

针对学生之间的差异化学情，进行分类分组学习，分 A 类和 B 类。A 类同学专业技能基础较好，有岗位实习经验或有参加技能比赛经历，每个小组至少安排 1 名 A 类同学作为教师助教并担任小组组长。B 类同学专业技能一般，缺少岗位实习经验和参加技能比赛经历。采用“课前自适应学习、课中理虚实一体化、课后企业岗位实践”教学模式，针对不同教学环节重点培育品牌自信、技术报国、节约环保、创新意识、精益求精、规范操作六大思政要素，精心设计融入内容，在课前、课中、课后三个教学环节全过程融入思政教育，以学生为中心开展多元评价，以评价结果为导向持续改进，实现价值塑造、知识传授和能力培养有机融合，构建了“全程融入、重点培育”课程思政有机融入模式，如图 3-3 所示。

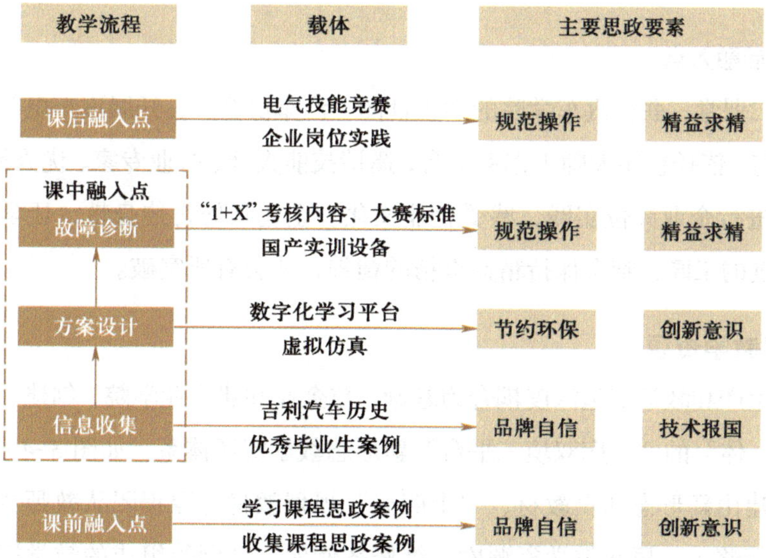

图 3-3 “全程融入、重点培育”课程思政有机融入模式

（1）课前融入点

课前自适应学习不同难度的分层任务，依托数字化学习平台，针对每个任务特点，

学习优秀校友案例、中国汽车名人事迹（如饶斌），以典型树德，传递有价值的知识，激发学生对国产汽车品牌的自信。在线上平台上发布汽车思政案例搜集整理任务工单，完成任务工单后共享成果，在锻炼学生信息检索能力的同时培养学生创新意识。

（2）课中融入点

信息收集。根据学习任务不同，此阶段主要学习电源、起动、点火等系统的技术知识，及时融入一键启动、自适应灯光等新技术。在教学过程中，结合国家战略、中国汽车行业发展史、吉利汽车文化、优秀毕业生的案例、时事热点等，引入企业实际工作故障案例，培养学生的品牌自信、技术报国的家国情怀。

方案设计。以小组研讨的形式进行故障案例探究，引导学生用鱼骨图分析法结合绘图软件不断优化诊断方案设计，并提交到线上数字化学习平台，激发学生的创新意识。通过虚拟仿真平台进行故障诊断以及发电机、起动机等拆装虚拟演练，在节约实训耗材的同时提高训练效果，培养学生节约环保理念。

故障诊断。利用智联实训助手进行角色分工，并实时记录实训数据。要求学生以员工的标准严格要求自己。按照“1+X”证书考核内容和技能竞赛标准进行台架实训和实车训练，教师对学生的表现做全方位指导与监督，通过教师评价、学生自评、小组互评、企业师傅评价等多元评价，促进学生养成规范操作、精益求精的工匠精神。

（3）课后融入点

开设第二课堂，联合汽车学院的学生社团“汽车协会”，开展汽车电气技能比赛，学生全员参与；依托技能大师工作室平台，邀请技能大师、行业专家、优秀校友进课堂；去吉利汽车进行企业岗位实践，感受企业文化。企业师傅言传身教，让学生体会到要成为技艺卓越的工匠，唯有保持精益求精的精神，才会有所突破。

2. 课程教学资源

以企业生产和教学实施深度耦合为基础，与企业共建产业学院，创建“产、学、研、训、创五位一体”的“一库双境三平台”新形态教学资源体系，如图 3-4 所示。

校企共建由新形态活页教材、“十四五”规划教材（课程团队教师主编，获全国优秀教材二等奖）、思政教学资源库、维修案例库、动画等组成的教学资源库，支撑学生个性化学习，创建“师生共建、成果导向、持续改进”的课程思政资源开发模式。学生通过收集汽车思政案例的线上任务参与课程思政资源库建设，增强学生作为教学主体的参与意识，激发学习兴趣。以学生为中心，构建师生共同体，师生共建课程思政资源。不断探索思政教育与最新时事热点、汽车行业发展、汽车企业需求相契合，结合教学目标达成度评价结果，以成果为导向动态优化思政教育内容，持续改进课程思政资源库。

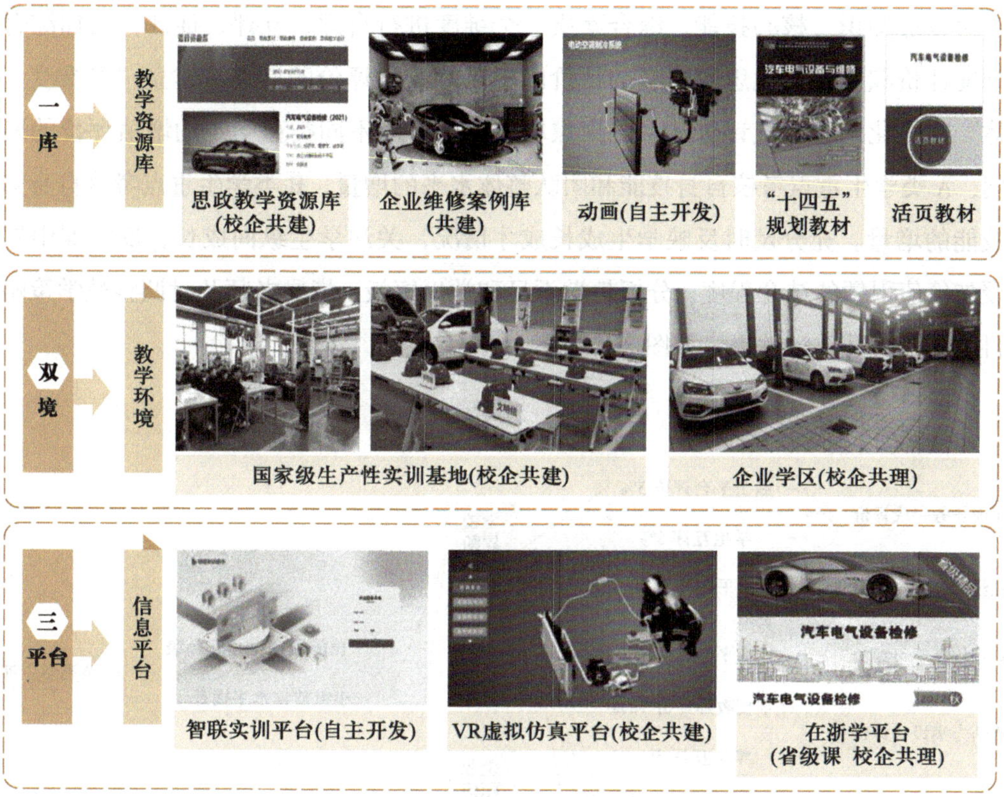

图 3-4 “一库双境三平台”新形态教学资源体系

校企共同打造国家级生产性实训基地和企业学区，助力工学动态交替，实现双境循环。在网络学习平台上建设省级职业教育在线精品课程和省级课程思政示范课程，联合 VR 虚拟仿真平台和智联实训平台实时记录学生全过程学习数据，助力突破教学重点和难点。

组建由全国技术能手、全国交通技术能手、省高校优秀教师、“1+X”证书省级专家等组成的“结构化双师型”课程教学团队，吸纳了汽车检测与维修技术专业党支部书记、全国党建工作样板党支部核心成员，课程教学团队与党建团队相融合，以党建做引领，共建课程资源、共同教研。团队老、中、青搭配，高级职称教师占比 75%，“双师型”教师占比 100%。配备助理教师，负责教学辅导、学生答疑等，持续服务课程建设。

3. 课程教学评价

建立“多维度、多主体”立体化课程考核评价体系。打破由任课教师一元评价主体决定考核结果的惯例，校内教师、学生、企业师傅三方评价主体依据评价标准，针对学生专业知识、核心技能、综合素质三个维度进行自评、互评、他评，增加综合素质维度评价权重，细化思政要素的评价内容以及量化评价的标准，建立“多维度、多主体”立体化课程考核评价体系。聚焦增值评价，对不同类型学生的增值评价的要求不同，A类学生重点考核自身技能和团队整体水平的增量，B类学生重点考核自身知识和技能的增量。充分及时反映学生成长成才情况，关注学生纵向成长，反映课中知识传授与价值引领的结合程度，分析教学不足和学生短板，指导老师及时调整教学策略，以科学评价提升教学效果。如图3-5所示。

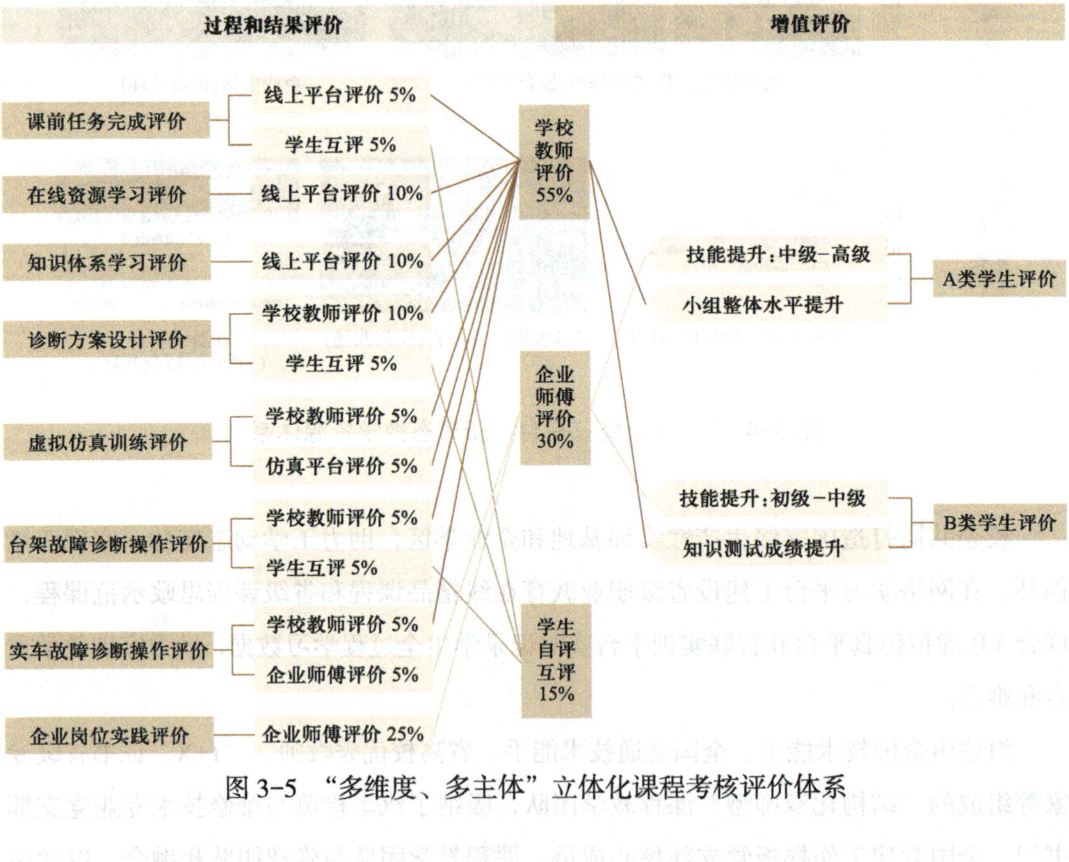

图3-5 “多维度、多主体”立体化课程考核评价体系

四、课程思政教学案例

案例　汽车空调系统检查

（一）教学任务

本次课内容选自项目五“汽车空调系统检修”的任务一：汽车空调系统检查。通过前期对汽车维修企业及车主的调查、走访，发现燃油车和电动车空调系统故障是汽车维修常见故障。作为来自中职汽车检测与维修技术专业的学生，掌握了燃油车空调的工作原理和使用方法，已经能够确认简单的空调故障。现在要让学生掌握电动汽车空调的结构和工作原理，清楚如何进行汽车空调系统的检查，学会使用空调的专检设备对空调管路的压力、制冷剂是否泄漏等做检查。

（二）课程思政教学设计

本次课内容对标空调制冷系统压力测试和泄漏检查等企业常见工作任务，教学过程中引入企业作业规范和标准。同时，结合中国技能大赛和空调舒适技术“1+X”证书考核标准，在教学内容中加入对热交换器的检查，引入“1+X”对学生在知识面、技能面和素养面的考核要求。在教学过程中引入汽车行业维修新技术、新规范，如空调直冷技术的运用，在课前、课中和课后全程融入品牌自信、工匠精神、创新意识等思政元素。

（三）教学目标

1. 素养目标

- 通过企业真实任务，增强学生的品牌自信。
- 强化空调检查作业的规范意识，培养学生精益求精的工匠精神。
- 增强学生创新意识、绿色维修意识。

2. 知识目标

- 知道电动汽车空调系统的结构和工作原理。
- 知道汽车空调系统的检查项目和仪器设备。
- 掌握汽车空调系统的检查方法和流程。

3. 技能目标

- 能利用 VR 虚拟仿真平台和网络学习平台进行自主探索学习。
- 能利用智联实训助手开展协作学习。
- 能正确进行汽车空调系统的检查。

（四）教学方法

任务驱动法、情境教学法、案例教学法。

（五）教学实施

1. 课前

发布燃油车和电动车的空调制冷不良故障案例，推送电动车空调结构和工作原理教学视频、汽车空调性能检查视频等教学资源。

教师活动：利用教学平台向学生推送学习视频，发布汽车空调检查课前工单和课前测试题。

学生活动：登录教学平台接收课前预习单，根据工单上的内容完成视频观看、资源搜集以及课前测试等内容。

思政点睛：学生课前收集吉利汽车空调新技术案例，培养学生品牌自信。

2. 课中

（1）创设情境

案例：“一辆国产知名品牌新型汽车出现了汽车空调制冷不良故障，4S 店员工根据经验判断是由于空调制冷剂不足导致。”电动汽车空调结构是怎样的？电动汽车空调是如何工作的？在 4S 店里汽车空调的检查项目有哪些？怎样做检测？

教师活动：通过空调制冷不良故障的案例引入，激发学生学习兴趣，并引导学生思考电动汽车空调的结构和汽车空调的检查项目，引出本次课程内容。借助 AR 技术讲解电动汽车空调结构与工作原理，融入直冷技术。

学生活动：结合案例，思考电动汽车空调的结构和工作原理、汽车空调系统需要做哪些检查，又如何检查，填写汽车空调系统检查工单。

思政点睛：讲解直冷技术在电动汽车的创新应用，融入勇于创新的思政元素。

（2）明确任务

完成汽车空调系统检查方案的制定并用 VR 虚拟仿真平台验证。

教师活动：引导学生学会查阅汽车维修技术手册，学习电动汽车空调的结构、汽车空调标准压力值。

学生活动：查阅汽车维修技术手册，利用教学平台资源，学习电动汽车空调原理、汽车空调系统检查内容，用 VR 虚拟仿真平台验证制定的方案可行性。

（3）执行任务

分组进行燃油车和电动车的实车操作。

教师活动：组织学生利用智联实训助手进行组内成员角色分配，分成四个角色：操作员、评价员、拍摄员和记录员，讲解相关操作要点，扫码的技巧、错误点的记录和拍摄的角度等。引入空调 O 型密封圈维修案例，重点讲解空调软管、接头、阀口等关键部位的检漏规范。

学生活动：按照制定的方案，操作员、评价员、拍摄员和记录员各司其职完成扫码操作、他评、上传视频和记录工单的任务。

思政点睛：通过空调 O 型密封圈维修案例，渗透精益求精的工匠精神。

（4）任务评价

开展汽车空调系统检查任务的小组讨论，分析学生实操综评成绩和个体能力增值。

教师活动：组织学生以小组为单位开展实操讨论。登录智联实训助手后台查看学生操作错误点并进行点评。查看学生汽车空调系统检查的综合分数和增值分数并点评。

学生活动：小组针对实操过程中的难点进行讨论。登录智联实训助手学生端查看个人分数。关注自身错误点并认真听取老师的讲解分析。

3. 课后

在吉利汽车维修企业参与企业岗位实践，进行汽车空调系统检查相关实践锻炼。

教师活动：组织学生参与企业岗位实践，指导学生开展汽车空调系统检查相关工作任务。

学生活动：积极参加企业汽车空调系统检查相关工作任务。

思政点睛：通过企业岗位实践，强化学生规范操作和精益求精的意识。

五、课程思政创新反思

（一）课程成效

1. 教学目标达成度高

课程教学效果好，提高了学生参与度。期末考试合格率达100%，学习任务完成率为100%。学生能够根据校内老师和企业导师的要求，按照“1+X”考核标准和行业标准，在完成汽车电气设备的维护、检修和排除故障的速度和规范性等方面均有明显提升。

2. “岗课赛证”延展成果丰硕

通过实施“线上＋线下”混合式教学，学生考证通过率上升，“1+X”证书通过率达100%。近三年学生参加全国职业院校技能大赛获全国一等奖2项。企业实践参与率100%，岗位适应能力提升，得到了企业高度认可。

3. 示范辐射效果显著

课程资源在省高等学校在线开放课程共享平台等平台上线，10期选课人数达5 226人，累计互动61 638次，累计访问900 352次，累计有80所省内外职业院校申请使用，包括浙江机电职业技术学院、杭州职业技术学院、陕西工业职业技术学院、阿克苏职业技术学院、浙江交通技师学院等院校，示范辐射效果显著。

（二）创新之处

1. 实施“党建＋课程思政”建设模式

组建“结构化双师型”课程教学团队，吸纳了全国党建工作样板党支部核心成员、思政教师，课程教学团队与党建团队相融合，以党建做引领，找准坐标和方向，共建思政课程资源，共同教研，提升团队思政能力。党支部建在专业上，将课程思政建设与教师党支部建设相结合，为课程思政建设提供坚强组织保证，有效解决好专业教育和思政教育“两张皮”问题，有力推动了党建与人才培养有机融合。

2. 课程思政有机融入，“岗课赛证”融通综合育人

课程内容对接维修企业汽车机电维修岗位需求，融合汽车运用与维修“1+X”职业技能等级证书模块和全国职业院校技能大赛汽车故障检修赛项规程，以岗定课、课证

融合和课赛融通，实现“岗课赛证”融通。培养学生专业技能的同时，有机融入培养“品牌自信的家国情怀、敢为人先的数智创新意识、精益求精的工匠精神”的主线，为浙江汽车行业培养德技并修的新时代汽车工匠。

3. 构建“双师协同、分类考核”增值评价模式

学校教师和企业师傅针对不同层次的学生进行分类施教，安排不同难度的学习任务和岗位任务。对不同层次的学生进行分类考核，注重增值评价，关注学生的纵向成长，做到因材施教。

（三）反思与改进

1. 支撑课程思政教学的资源体系需要进一步优化

汽车行业发展日新月异，需要与时俱进不断挖掘教学内容中的思政元素，找到融合更加紧密自然的知识点，应持续丰富课程思政资源库，配合资源库编写基于课程思政的立体化、活页式教材，实现课程与思政更有效地衔接。

2. 持续聚焦学生纵向成长，优化增值评价

要进一步探索更加精细化的增值评价，完善评价指标体系，深入研究影响学生纵向成长的关键因素，充分考虑学生个体差异，及时调整分组和教学策略等，促进全体学生个性化发展。

案例编写人：浙江交通职业技术学院陈哲、刘美灵、郭宏伟、詹远武、金洪卫。

4. 践行当代民航精神 锻造飞机维修工匠

——“航空机械技术”课程思政案例

一、课程基本信息

"航空机械技术"是飞机机电设备维修专业的一门专业核心课程。该课程旨在培养学生掌握工程力学的计算方法、常用机构的分析方法、航空传动的基本原理、航空零件的基本知识，并能将以上知识运用到航空器机构、传动及零件的维护工作中去。该课程是一门由基础理论课向专业课过渡的专业技术基础课程，在教学计划中起着承前启后的桥梁作用，是学习飞机维修专业课程和从事飞机维修工作的必备基础。

二、课程教学目标

（一）素养目标

- 养成独立思考的习惯，能对所学内容进行较为全面的比较、概括和阐述，培养严谨的思维能力。
- 培养热爱科学、实事求是的学风和创新意识、创新精神。
- 培养学生良好的人文素质、职业道德和沟通协调能力。
- 培养学生合作敬业精神和严谨规范的行业意识。
- 培养学生的学习兴趣，帮助学生树立自信心，养成良好的学习习惯。

（二）知识目标

- 掌握物体受力和力学分析计算方法。
- 掌握构件的强度和刚度概念。
- 掌握平面机构原理及常用机构分析方法。
- 掌握常用机械传动知识。
- 掌握常用航空材料及成型基础知识。
- 掌握常用航空紧固件知识。
- 掌握常用航空器其他零部件知识。
- 掌握航空器润滑与密封的知识。

（三）技能目标

- 能够进行物体受力分析和计算。

- 能够进行简单构件应力和变形的计算。
- 能够分析常见机构的原理和特点。
- 能够掌握常用传动方法、分析原理和特点。
- 能够列举常用航空材料和成型方法。
- 能够掌握航空紧固件知识，并正确运用。
- 能够掌握航空器其他常用零部件知识，分析特点。
- 能够掌握航空器密封和润滑原理，正确分类和选用。

三、课程思政整体教学设计思路

（一）课程思政整体设计理念

1. 从为谁培养人来看，确定课程定位要求

结合学校立足浙江、辐射长三角，聚焦高水平交通强省建设、服务交通强国战略的办学定位，“航空机械技术”作为飞机机电设备维修专业的必修课程，主要培养具有航空技术基础技能知识兼具综合发展素养，面向航空运输业发展需求的高素质航空器维修技术技能人才。

2. 从如何培养人来做，优化课程思政供给

以立德树人为根本任务，重点围绕“习近平新时代中国特色社会主义思想”“马克思主义哲学原理及方法论”和“当代民航精神”三个思政主题，以“坚定政治认同→掌握科学方法→培养职业素养”为逻辑主线，以“德技并修、全面发展”为核心思路，聚焦课程建设目标，整体统筹教学设计方案，将“伟大复兴的中国梦”“唯物辩证法”和“忠诚担当品格”等思政元素融入课程思政教学体系。

3. 从培养什么样的人来答，培育新型工匠人才

课程思政寓价值观引导于知识传授和能力培养之中，强化政治认同，教授科学方法，弘扬专业精神，着力培养具备较强的家国情怀和社会责任感、卓越的个人能力和严谨的工作态度，坚持不懈的工匠精神和踏实爱岗敬业奉献的工匠型航空器维修技术技能人才，为“交通强国”建设背景下的航空运输业发展提供有力的人才支撑。

（二）课程思政整体设计框架

课程思政整体设计框架如表 4-1 所示。

表 4-1　课程思政整体设计框架

单元	教学内容概述	课程思政育人目标	教学方法
第一章 概述	航空机械发展概况	培养学生具有爱国主义情怀	案例分析法： 播放《国产 C919 首飞成功》视频 小组讨论法： 讨论我国航空发展历程，激发学生民族自豪感和自信心
第二章 静力学 基础	物体的受力分析、平面力系求解	培养学生严谨科学的专业态度	案例分析法： 播放京剧《郭永怀》节选片段 小组讨论法： 讨论郭永怀先生用身体保护研究资料，为科学研究献出生命的事迹，激发学生的探索精神，培养学生严谨求实的科学态度
第三章 材料力学 基础	杆件的强度和刚度校核	培养学生安全意识	案例分析法： 引入“棱镜门”事件 小组讨论法： 讨论该事件对国际社会造成的危害，使学生认识到树立安全底线思维的重要性
第四章 平面连杆 机构	铰链四杆机构的演化	培养学生树立正确的世界观	项目驱动法： 学生以小组的形式完成铰链四杆机构的设计项目 案例分析法： 引入福岛核电站排污事件，让学生初步建立科学的思维方式，学会用联系的观点分析问题、认识问题，从客观事物的真实联系去处理问题
第五章 凸轮机构	凸轮机构从动件的常用运动规律	帮助掌握事物客观发展的规律	任务驱动法： 学生以小组为单位分析各种凸轮机构从动件的运动规律 案例分析法： 引入疫情防控案例，钟南山院士根据疫情的发展规律，指导防疫工作，有效地控制疫情蔓延。引导学生要尊重事物发展规律，按客观规律办事

续表

单元	教学内容概述	课程思政育人目标	教学方法
第六章 齿轮机构	渐开线标准齿轮的正确啮合条件	培养学生大局观意识	案例分析法： 引入“东海航空机长与乘务员互殴”事件 小组讨论法： 讨论该事件造成的恶劣影响，指出部分员工的行为举止会影响到整个航空公司，帮助学生树立全局意识
	齿轮的传动比恒定	提高学生对党的认识	案例分析法： 引入“火神山医院、雷神山医院”建成事件 问题导向法： 讨论“火神山医院、雷神山医院为什么能在这么短的时间内建成”，让学生认识到只有坚持党对一切工作的领导，才能高效地战胜疫情
	齿轮的五种失效形式	培养学生团结协作的工作作风	案例分析法： 播放《特纳里夫岛空难》视频 小组讨论法： 讨论该起空难事件发生的真实原因，得出为了保障航班正常运行，机务、运控、飞行、空管、地服等各部门都必须各司其职的结论，让学生认识到团结协作的重要性
第七章 轮系	周转轮系的组成	培养学生全心全意为人民服务的意识	案例分析法： 播放《人民的名义》节选视频 问题导向法： 以剧中人物角色为例，讨论“如何以人民为中心”，使学生认识到以人民为中心是新时代坚持和发展中国特色社会主义的根本立场

续表

单元	教学内容概述	课程思政育人目标	教学方法
第七章 轮系	定轴轮系和周转轮系的传动比计算	培养学生具体问题具体分析的能力	案例分析法： 播放《水浒传》中宋江三打祝家庄的片段视频 小组讨论法： 讨论第三战取得胜利的原因。引导学生在实际学习、生活、工作中要抓住矛盾的特殊性，初步掌握具体问题具体分析的方法，精准施策
第八章 带传动	带传动的主要失效形式	培养学生的家国情怀	案例分析法： 播放《山海情》节选视频 小组讨论法： 讨论视频中讲述的山海协作结对帮扶事迹，让学生认识到只有全国统筹，实现资源共享，各地协调发展经济，社会才能持续健康发展
	带传动的张紧装置	培养学生严格的规章意识	案例分析法： 引入桂林航空机长在飞行过程中邀请无关人士进入驾驶舱，并让其坐在正驾驶位置拍照事件 小组讨论法： 讨论该事件背后的原因，让学生意识到严格的规章制度是为了时刻保持“张紧”状态，防止思想松懈
第九章 键销连接	销连接与键连接	培养学生的文化自信	体验互动法： 体验榫卯连接之间的力，感受到中国古代建筑蕴含的智慧 演示讲授法： 展示浙江余姚河姆渡文化出土榫卯连接的部分实物图，讲解销、键连接在古代建筑、船舶、木车等领域的应用，让学生了解文化遗产，强化对民族文化生命力的认可，从而坚定文化自信，并激发文化传承信念

续表

单元	教学内容概述	课程思政育人目标	教学方法
第十章 轴和轴承	轴、轴承的作用	培养学生忠诚担当的政治品格	案例分析法： 播放《中国机长》节选视频 问题导向法： 以“危难当前，作为机务应该怎样做？”为问题导向，引导学生树立民航使命感，承担起保护人民生命安全的责任与使命
第十一章 航空紧固件	螺纹连接的拧紧与放松	培养学生敬业奉献的职业操守	案例分析法： 播放《BAC1-11 客机空难》视频 问题导向法： 以“为什么会发生这起事件？”为问题，得出规范维修的重要性，让学生认识到作为一名飞机维修专业的学生以及未来的机务工程师，必须树立起三个敬畏（敬畏生命、敬畏规章、敬畏职责）的意识 项目驱动法： 组织学生完成飞机风挡拆装项目，让学生认识到严格按工卡作业的重要性，始终牢记三个敬畏，秉持认真负责的工作态度

（三）课程思政教学策略

1. 课程教学模式

本课程一直注重深入、广泛挖掘课程知识点中的思政元素，并借助思政案例自觉推进课程思政与专业教育有机融合。主要融入点表现在：

一是树立“习近平新时代中国特色社会主义思想”的思想根基，在“传道”中融入。比如在介绍航空机械发展概况时，结合介绍国产大飞机 C919 的研制历程，让学生感悟中国梦的具体内涵；从杠杆强度大小关系飞机安全引申到总体国家安全观，等等。

二是夯实“马克思主义哲学原理及方法论”的认识基础，在“授业”时融入。通过介绍专业课程中相关原理、运动规律等，结合有关思政案例或热点事件，融入哲学原理和方法论的教育，使学生在理解航空机械知识的同时，借用科学方法，深化对世界的认识。例如以齿轮的互相配合，对应航空行业热点事件，让学生意识到整体和部分互相联系、密不可分，树立整体意识，培养全局观念，等等。

三是传承“当代民航精神”的职业素养，在“解惑”上融入。课程贯穿“大国工匠”“劳动模范”等先进事迹、感人故事的介绍，引导学生树立起航空报国信念，培养忠诚担当的政治品格、严谨科学的专业态度、团结协作的工作作风、敬业奉献的职业操守，肩负起机务人对飞行安全的神圣使命和社会责任。

本课程具体的思政体系如图 4-1 所示：

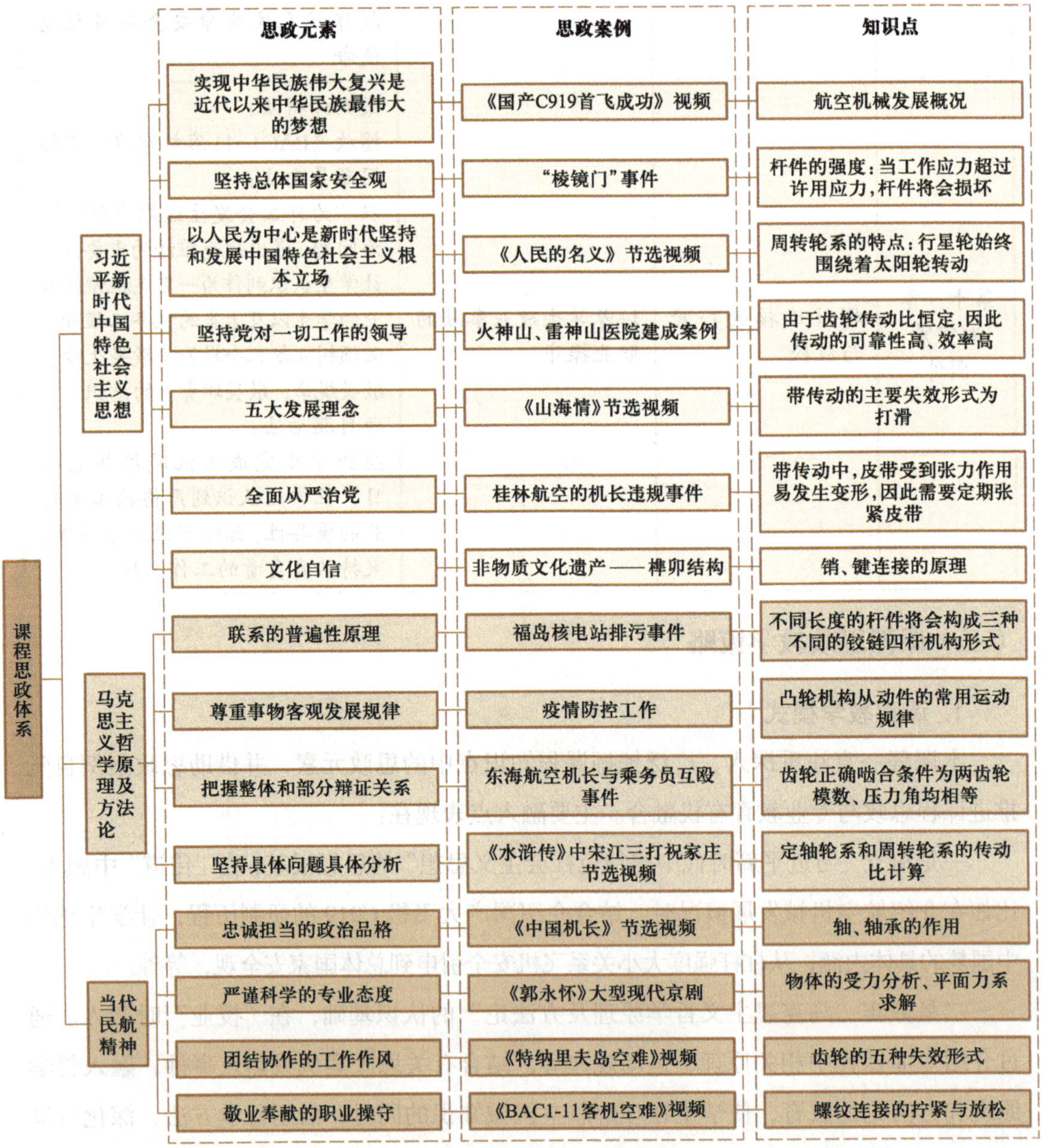

图 4-1 “航空机械技术”课程思政体系

2. 课程教学资源

（1）教学环境。学校具有中国民用航空局颁发的飞机维修培训机构资格，拥有航空机械实训室、模拟客舱维修实训场地、飞机结构维修实训室等，适合课程中航空机械相关实践项目的开展，如图 4-2 所示。

(a)

(b)

(c)

(d)

(e)

(f)

(g)

(h)

图 4-2　教学环境

（2）数字资源。团队参与建设了职业教育国家飞机机电设备维修专业教学资源库子项目“航空机械基础”课程，项目建设形成的资源可用于线上课前任务发布的自学资源和课中的教学资源。

（3）教学平台。智慧教学平台用于任务发布，线上线下师生互动，记录教学全过程，统计学习数据，对数据的评价分析。

3. 课程教学评价

从学生的学习态度、学习能力、职业道德、岗位技能等四个维度评价学生，注重过程性评价，突出能力考核。在考核方法上，注重全面考察学生的学习状况，激发学生的学习兴趣，激励学生学习热情，促进学生的可持续发展。

（1）注重对学生学习过程的评价

对学生学习过程的评价，包括参与讨论的积极态度、合作交流意识，以及独立思考的能力、创新思维能力等方面，如：是否积极主动地参与讨论和分析；是否敢于表达自己的想法并对自己的观点有充分的自信； 是否积极认真地参与模拟实践和应用实践；是否敢于尝试从不同角度思考问题，有独到的见解；能否理解他人的思路，并在与小组成员合作交流中得到启发与进步；是否有认真反思自己思考过程的意识。

（2）恰当评价学生的理论知识与实际应用技能

本课程强调对理论知识的应用，在评价学生学习效果时，要侧重实际应用能力的考查。通过对参与课堂讨论的质量、对新知识的接受和消化能力、学习迁移能力等诸方面的考察，并与基础理论知识考核结合，整体上评价学生的学习效果。实际应用能力与理论知识考核以 4 ：6 的比例给予最终评定。

（3）评价手段和形式要体现多样化

本课程考核分期末理论考核和平时实际应用技能考核，期末理论考核成绩按照理论教学中知识的预期成果要求用笔试方式进行考核，成绩占 60%；平时实际应用技能考核是通过对学生的综合课业、学习态度或综合素质表现反映出的能力水平与职业态度进行考核，考核与评价方案根据不同学习项目的能力目标，确定不同阶段的考核方式及分数权重，成绩占 40%。具体方案见表 4-2 所示。

表4-2　考核方案

序号	考核内容		考核标准	考核方式	分值
1	期末理论		卷面分值	理论考试	60
2	平时实际应用技能	综合课业	（1）各项目任务中子任务的完成情况； （2）各项目任务中专业词汇的掌握程度； （3）课后作业的完成情况； （4）课堂互动环节的表现情况	课堂互动 课后作业 课程大作业 学习总结	20
3		学习态度	（1）迟到、早退、旷课扣分标准； （2）课堂学习积极性； （3）遵守课堂纪律、服从课堂安排情况	学生的考勤	10
4		综合素质	（1）团队合作能力； （2）严谨规范的行业意识和责任心； （3）情感与价值观； （4）收集信息能力； （5）文字与语言表达能力	分组讨论情况 教师提问 小组报告	10

四、课程思政教学案例

案例　做永不松动的螺母——“航空紧固件防松”教学设计

（一）教学任务

依据飞机电子设备维修专业人才培养方案和“航空机械技术”课程标准，紧扣高等职业教育人才“学中做、做中学”的培养理念，融入多种信息化手段，创设教法与学法一体的课堂环境。在课前任务基础上，以问题为驱动，引导学生思考螺纹连接防松的原因与防松类型，通过结构认知、原理探究和实操练习，掌握螺纹连接的防松方法，达到预期的教学效果。

（二）课程思政教学设计

根据机务维修职业岗位能力和人才培养方案要求，本次课内容为专业必修课程“航空机械技术”中的“螺纹连接的防松”教学内容，以飞机维修典型工作项目为例，将螺纹连接的防松方法与行业实际维修项目相结合，以企业真实任务为引领，培养学生的动手能力和团结协作的能力，树立行业规范意识和安全意识，着重培养学生敬业奉献的精神和精益求精的工匠精神。

重点：理解螺纹连接防松的原因；掌握螺纹连接的三种防松类型，分别是摩擦防松、机械防松和永久防松。

难点：掌握螺纹连接的防松方法。

（三）教学目标

1. 知识目标

理解螺纹连接防松的原因；掌握螺纹连接的三种防松类型。

2. 能力目标

通过工作原理演示和实操练习，让学生掌握螺纹连接的防松方法。

3. 素养目标

培养学生敬业奉献的“螺丝钉”精神和工匠精神；树立起忠诚担当的责任意识和严谨科学的专业态度；让学生认识到规范维修的重要性；培养学生团结协作、刻苦耐劳的工作作风。

（四）教学方法

1. 任务驱动法

以学生为中心，依据“做中教、做中学”的教学模式，以工作过程为导向，根据学生的认知规律设计教学任务。在任务实施过程中，学生更具目标性地探索新知、训练技能。通过任务驱动，增加学生的成就感，激发学习积极性，提高自主学习的能力及与他人协作的能力。

2. 情境教学法

通过教师组织，创设虚拟工作情境，以企业真实项目为引领，模拟企业实际维修场景，让学生沉浸在情境中，帮助学生更好地理解教学重点、难点，培养学生的动手能力及行业规范意识。

3. 演示讲授法

在引导学生自己思考或操作后，教师针对存在的问题进行总结和分析。在实操练习环节，通过示范演示操作要点。

4. 合作探究法

以小组为单位实施任务，通过讨论研究、任务实施、展示汇报等学习活动，学习知识技能，锻炼团队协作能力，共同学习、共同进步。

（五）教学实施

1. 课前

教师活动：① 在教学平台发布相关图片、动画、视频、课件等课程资源。② 发布任务：实地观察飞机、发动机、起落架等飞机部件上的螺纹防松方式。

学生活动：① 查看课程资源，完成课前自学。② 以小组为单位完成任务，用手机拍摄学习过程及心得，上传至平台，各小组之间互相查看视频并评价。

2. 课中

（1）课程导入

教师活动：① 教师选取一个机务小组汇报课前学习心得。② 引出本次课内容：螺纹连接为什么要采取防松措施？螺纹连接的防松方法有哪些？

学生活动：① 机务小组汇报课前任务学习心得。② 思考问题。

（2）原理探究

教师活动：① 引导学生观看教学平台上的原理动画等相关资料。② 在原理动画的基础上，请一个机务小组讲解螺纹连接的防松类型，以及不同类型防松方法的区别。

学生活动：① 观看教学平台上的原理动画等相关资源，分组讨论螺纹连接的防松类型。② 机务小组讲解螺纹连接的防松类型，以及不同类型防松方法的区别。

（3）实操练习

教师活动：① 教师示范螺纹连接的典型防松方法。② 指导学生完成螺纹连接的典型防松方法训练。③ 创设模拟维修的工作环境，对学生进行角色分工，设工段长 1 名、工段成员 2 名、质量控制员 1 名，引导他们完成“风挡紧固件防松”项目。

学生活动：① 观看教师示范操作，记录操作关键点。② 按角色分工，以小组为单位完成“风挡紧固件防松”项目，同步填写工卡单和维修记录单。

（4）安全教育

教师活动：① 教师示范操作，记录操作关键点。② 审核学生填写的工卡单和维修记录单。

学生活动：① 观看视频，学习“螺丝钉精神”。② 学习机务劳模事迹，学习劳模爱岗敬业的奉献精神和精益求精的工匠精神，树立起忠诚担当的责任意识和严谨科学的专业态度。

3. 课后

教师活动：① 票选优秀任务完成报告。② 发布拓展任务：分辨出飞机、发动机、起落架等飞机部件上的螺纹连接类型。③ 开放本课程的教学资源库。

学生活动：① 提交“风挡紧固件防松”的项目完成报告，参加评优。② 完成课后拓展任务，并制作任务报告。③ 浏览课程资源库，查看更多专业知识。

五、课程思政创新与反思

1.“三融入、三协调、三联动”课程建设模式

融合了习近平新时代中国特色社会主义思想、马克思主义哲学、当代民航精神等思想理论主题；促进专业教师、思政教师、企业导师三类师资协调协同育人；实现本课程课堂内外、校园内外、网络上下三个育人场域的有机联动，构建融入、协调、联动的“三三三”课程建设模式，从而实现课程思政的育人目标。

2.“知—信—行—省”四阶教学策略

借鉴“航空器维修记录单”样式，课程思政教学形成“知—信—行—省”四阶教学策略。不仅学习知识还要接受价值观，不仅掌握技术还要产生理想信念，不仅要实践知识还要约束行为，不仅要学习反思还要自律自省。解决“无知和有知”“认知和情感”“认知和行为”“行为到习惯”四对矛盾。把握学生在课程学习中“明理、笃信、导行、常省”的变化，教学相长，以求让学生学以致用，达到知行合一的目标。

3.“时间—能力”二维评价矩阵

时间维度覆盖教育教学全过程，能力维度涵盖责任意识、时间意识、质量意识、沟通能力、学习能力和创新能力等六大关键点。运用动态量化、多维评价方法，在评

价体系中增加“综合素养”评价模块，通过校园、课堂、网络等多方面的客观评价体系，提升课程思政的教学实效。

案例编写人：浙江交通职业技术学院姚嫣菲、章正伟、王康、宁小波，山东太古飞机工程有限公司韩勇强。

5. 建设移动基站　培育智慧工匠

——『LTE全网建设技术』课程思政案例

一、课程基本信息

"LTE 全网建设技术"是浙江省职业教育首批课程思政示范课程，是浙江交通职业技术学院现代通信技术专业大学二年级下学期开设的理实一体化专业核心课程，根据现代通信技术专业人才培养目标和相关职业岗位（群）的能力要求而设置，共计 96 学时。先修课程为"数据通信技术""ICT 网络概论""移动通信技术"等，后续课程有"移动网络优化""通信工程项目实施"及"毕业综合实践"。

本课程围绕"夯实 5G 新基建，服务中国智造"这一主题，紧贴 5G 产业热点，对接 5G 移动网络规划与设计、硬件设备安装、软件调测、业务开通、网络维护及优化等典型工作任务，对标"1+X"职业技能等级 5G 移动网络运维标准，通过"理论授课 + 虚拟仿真 + 工程实践"相结合的授课形式，实现"学中做、做中学"的目标，在传授学生 5G 全网设备安装、数据配置、故障排查与信号优化的相关知识与技能的同时，培养学生沟通协调能力、独立分析与解决问题的能力，以及从事信息通信服务与智慧交通领域基站站点的巡检、开通、故障处理、日常维护以及抢修等工作所必需的创新精神、工匠精神、诚信精神、服务精神及合作精神，培养学生成为具有家国情怀、责任担当和可持续发展的高素质技术技能人才。

二、课程教学目标

整个课程以目标为导向，以任务为驱动，将 LTE 网络基本理论与实际设备的硬件结构和业务配置等实践内容相结合，经过学习本课程，学生能够运用 LTE 移动网络的相关理论体系指导实际工作，对移动通信全网部署等相关技能实现基本应用，关键是能够承担移动网络建设与运维中网络规划与设计、硬件设备安装、软件调测、业务开通、网络维护及优化等工作任务，鼓励取得华为 LTE 资格认证，具备较好的职业素养与发展基础。分类目标如下：

（一）素养目标

- 具有良好的劳动精神、精益求精的工匠精神和积极主动的工作态度。
- 具有良好的团队合作意识，主动与人合作、沟通和协商。
- 具有良好的职业素养，主动服务客户，安全规范操作。

（二）知识目标

- 掌握移动通信基本原理。
- 掌握移动网络架构及关键技术。
- 掌握移动网络设备日常操作维护流程。

（三）技能目标

- 能够根据要求进行网络规划与设计。
- 能根据实际需求完成移动网络（无线网、核心网、承载网）主要硬件设备安装、软件调测、业务开通、网络维护及优化。
- 能够完成 LTE 设备基本故障排查与处理。

三、课程教学内容

根据移动网络建设与运维岗位（群）技术复合性强、应用需求广、更新迭代快的特点，课程团队深入中国移动、华为等产业链相关企业调研，并依据国家高等职业学校通信技术专业教学标准、专业人才培养方案，将教学内容重构为螺旋递进的 6 大模块。其中模块 1 和模块 2 为线上教学模块，贯穿融合于各个模块的学习中；模块 3 至 5 是根据 5G 网络建设典型工作整合为“基站（四肢）→核心网（大脑）→承载网（神经）”三大内容上相互关联、难度上逐层递进的理实一体化项目，通过“行动导向、任务驱动”不断重复、深化，拓展模块 1 和模块 2 的核心知识点；模块 6 则是集成前期学习成果，以技能竞赛形式构建综合工程实践项目，如图 5-1 所示。

四、课程思政整体教学设计思路

（一）课程思政整体设计理念

1. 对接岗位能力，构建“1+1+N”课程思政体系

在数字中国的战略背景下，本课程对接华为“1+X” 5G 移动通信网络部署与运维职业技能等级标准以及华为 HCIA 职业资格认证，紧贴中国移动“移动网络建设与运维”岗位群，以“会安装、善配置、懂排障、能优化”工作能力培养为目标，以“传承红色通信精神、传播绿色通信理念、创新蓝色通信技术”渗透式

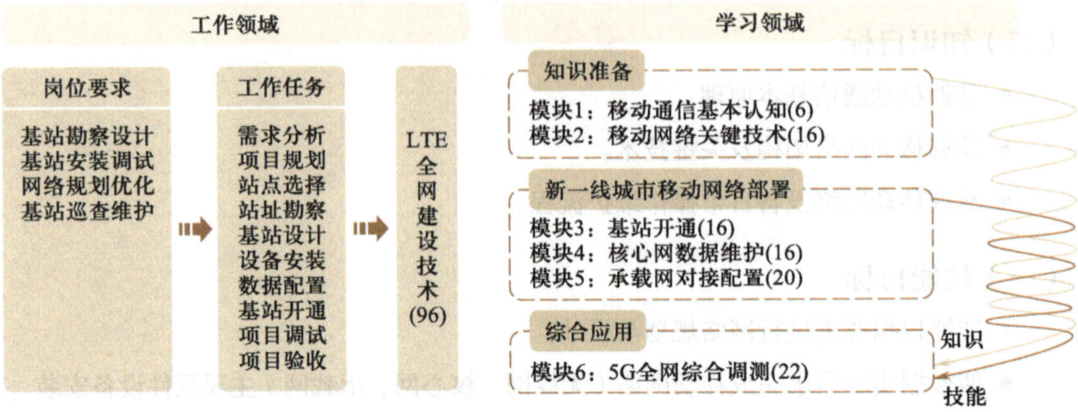

图 5-1 螺旋递进式重构教学内容

课程思政融入为途径，紧贴螺旋递进的 6 大教学模块设计与之对应的 6 大思政主题，从“史”“哲”“岗”“企”4 个维度深入挖掘每个教学任务中对应知识点和技能点所蕴含的 N 个思政元素，从而构建“1 模块、1 主题、N 思政元素”课程思政体系，如图 5-2 所示。

2. 对标行业需求，探索教学模块对应思政主题的具体实施路径

（1）创新精神

以“史”兴替培养敬业精神及创新思维：通过移动通信由弱到强的发展历程，引导学生树立文化自信，培养敬业精神，再由感及思地通过新旧技术优劣对比分析培养学生的创造性思维，如图 5-3 所示。

以“哲”学思想提升创新能力：在学生已经具备敬业精神及创新思维的基础上，进一步通过引导学生不断质疑与辩证地思考 LTE 各项关键技术是如何协调解决移动通信系统有限频率资源与无限用户容量需求之间的矛盾的，培养学生不断发现分析解决问题的创新能力。

（2）工匠精神

通过认知不同的基站设备，让学生了解不同的企业文化，通过引入疫情期间“基站应急通信保障”“华为在喜马拉雅山顶建基站”等典型案例，激发学生对岗位的认同感，然后遵循“基站信号从无到有，从有到优”知识逻辑，设计涵盖了“站址选择→基站设备安装→基站数据配置→基站故障排查→基站信号优化”完整工作流程的 5 个理实一体教学任务，旨在培养学生综合运用 LTE 网络架构基础知识标准规范完成建站任务的能力，从爱岗敬业、精益求精、卓越创新三个方面将工匠精神入脑入心，如图 5-4 所示。

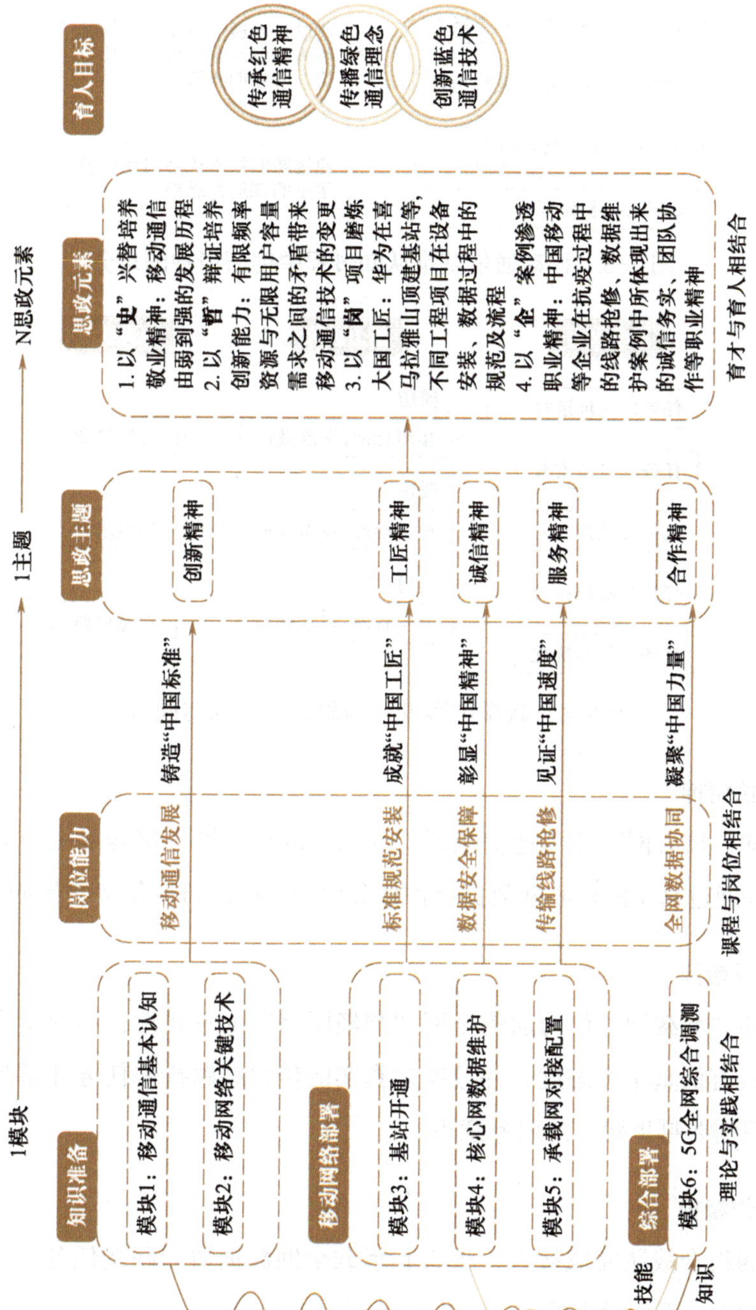

图 5-2 “1+1+N” 课程思政体系

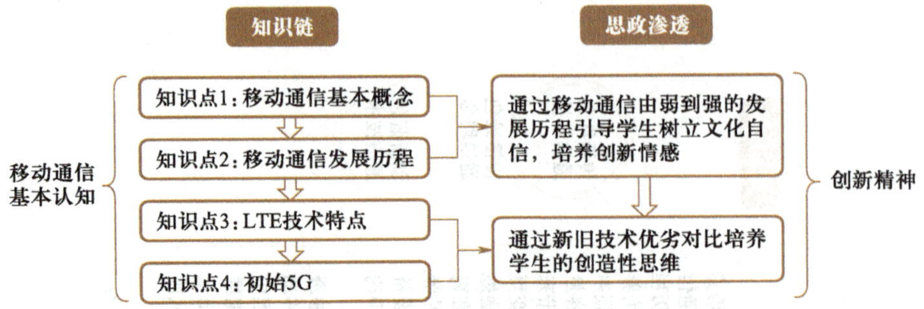

图 5-3　移动通信基本认知过程中创新精神的培养

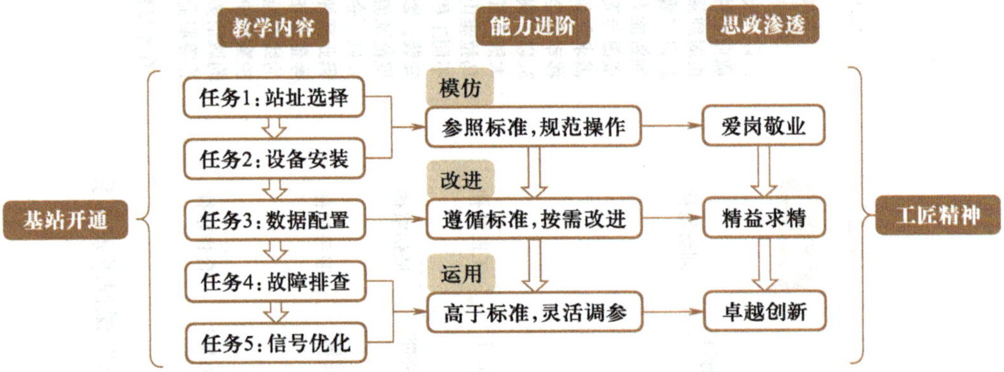

图 5-4　教学内容安排与思政主题同向同行

（3）诚信精神

通过认知“核心网”作为通信全网“大脑”的重要性，培养学生树立保障数据安全的意识，并通过真实的核心网数据维护任务引导学生践行诚信务实的职业精神。

（4）服务精神

通过认知“承载网”作为通信全网“神经网络”的重要性，引导学生面对简单但繁杂工作时具有认真工作态度，并且通过真实的传输线路抢修任务让学生树立“革命一块砖，哪里需要哪里搬”的服务意识。

（5）合作精神

通过强弱组合战队完成接入、核心和承载全网数据协同联调任务，考查学生综合应用知识的能力，强化学生的团队合作精神。

（二）课程思政整体设计框架

课程按照移动网络建设与运维岗位由接入侧—核心侧—承载网的工作流程进行模块化设计，以“知规划—会安装—懂配置—通排障—善优化”进阶式学习成果输出为目标，培养学生具有胜任移动通信全网规划、建设、运维与优化工作的综合能力。课程思政整体设计框架，如表5-1所示。

表5-1 课程思政整体设计框架

序号	教学内容概述	课程思政育人目标	教学方法
模块一 移动通信基本认知	党的二十大报告提出，要推进新型工业化，加快制造强国、质量强国、网络强国、数字中国建设。而5G网络建设是数字中国建设的重要基石。回首过去的10年，我国移动通信实现了从3G突破、4G同步到5G引领的跨越式发展，是新中国科技变革的缩影、科技创新的典范，更彰显了我国的科技自信。我国的移动通信工作者究竟是如何革故鼎新炼成中国5G标准的呢？ 任务1：移动通信基本概念 任务2：移动通信发展历程 任务3：LTE技术特点 任务4：初始5G	创新精神（以"史"兴替培养敬业精神及创新思维）： 通过移动通信由弱到强的发展历程，引导学生树立文化自信，培养敬业精神，再由感及思地通过新旧技术优劣对比分析，培养学生的创造性思维	案例教学法和问题链教学法为主
模块二 LTE关键技术	党的二十大报告提出，积极稳妥推进碳达峰碳中和，为了能如期实现2030年前碳达峰、2060年前碳中和这一"双碳"目标，移动通信网络需要在满足不断增长业务的前提下大幅度降低全网能耗。那么打造一张性能、节能双优的绿色移动通信网络需要从何下手呢？ 任务1：LTE总体架构 任务2：LTE无线帧结构 任务3：LTE无线协议结构 任务4：LTE关键技术	创新精神（以"哲"学思想提升创新能力）： 在上一模块学生已经具备敬业精神及创新思维的基础上，进一步通过引导学生不断质疑与辩证地思考LTE各项关键技术是如何协调解决移动通信系统有限频率资源与无限用户容量需求之间的矛盾的，借此来培养学生不断发现和分析解决问题的创新能力	问题链教学法为主

续表

序号	教学内容概述	课程思政育人目标	教学方法
模块三 基站开通	党的二十大报告聚焦民生关切，强调增进民生福祉，提高人民生活品质。5G基站建设作为重点民生工程项目也在加快推进，从高不可攀的珠峰到深不见底的地下矿井，从荒无人烟的戈壁滩到一望无垠的大海，5G正在“上珠峰”“下矿井”“入海港”“进工厂”……5G基站将万物互联，革新生产方式，改善人民生活。那么，建设并开通一个基站需要有哪些流程呢？ 任务1：站址选择 任务2：基站设备安装 任务3：基站数据配置 任务4：基站故障排查 任务5：基站信号优化	工匠精神（以“岗位”操作培养工匠精神）： 通过认知不同的基站设备，让学生了解不同的企业文化，通过引入疫情期间“基站应急通信保障”“华为在喜马拉雅山顶建基站”等典型案例，激发学生对岗位的认同感，再通过与实际工作相对接的“基站选址—设备安装—数据配置—故障排查—信号优化”5项教学任务，培养学生在真实工作中爱岗敬业、精益求精、卓越创新的工匠精神	问题链教学法和任务驱动教学法为主
模块四 核心网数据维护	党的二十大报告提出了构建现代化基础设施体系、加快建设制造强国、促进数字经济和实体经济深度融合等要求。随着5G技术的逐步成熟，5G技术将推动移动互联网、物联网、大数据、云计算、人工智能等关联领域裂变式发展，在制造业、农业、金融、教育、医疗、社交等垂直行业将赋予新应用。面对各垂直行业的差异化和碎片化的业务需求，5G的核心网需要进行哪些改变呢？ 任务1：设备安装 任务2：数据配置 任务3：故障排查	诚信精神： 通过认知“核心网”作为通信全网“大脑”的重要性，培养学生树立保障数据安全的意识，并通过真实的核心网数据维护任务，引导学生树立诚信务实的职业精神	问题链教学法和任务驱动教学法为主

续表

序号	教学内容概述	课程思政育人目标	教学方法
模块五 承载网数据调测	党的二十大报告指出，推动战略性新兴产业融合集群发展，构建新一代信息技术、人工智能、生物技术、新能源、新材料、高端装备、绿色环保等一批新的增长引擎。作为信息产业代表的移动通信技术产业，随着 LTE 网络的成熟和 5G 时代的到来，面临着各种机遇和挑战，承载网作为网络建设的重要部分，也将面临技术的升级换代，以便为网络提供更大的带宽、更短的时延、更灵活的配置。那么，移动承载网如何升级和改造来满足这个需求呢？ 任务 1：OTN 硬件系统结构 任务 2：点到点业务配置 任务 3：穿透业务数据及电交叉业务的配置流程及方法	服务精神： 通过认知“承载网”作为通信全网“神经网络”的重要性，引导学生在面对简单但繁杂工作时具有认真工作的态度，并且通过真实的传输线路抢修任务让学生树立“革命一块砖，哪里需要哪里搬”的服务意识	案例教学法和任务驱动教学法为主

五、课程思政教学策略

1. 课程教学模式

“岗证赛”三位一体驱动基于成果导向的反向教学设计思路，如图 5-5 所示，坚持教学目标与企业岗位能力对接，教学内容与职业认证对接，教学实践与技能大赛对接，以任务为载体，将理论与实操相结合，合理运用虚拟仿真软件及配套立体化教学资源（包括微课、动画、课件及习题库等），切实解决理论与实际严重脱节的问题；将线上与线下相结合，采用问题链教学法、任务驱动教学法、现场演示法等教学方法，通过小组竞赛、自主学习等途径，通过“多平台、多方法、多元化”的教学方式全面提高学生学习兴趣，保证学生学习效果；将教学与职业相结合，全程对接华为基站设备新工艺及华为设备安装新规范，企业导师与校内教师双师指导，保障教学内容的时效性，让学生“学有所用”，能够适应通信行业不断发展变化的需求；将知识与素养相结合，从“铸匠心、磨匠艺”两个层次培养学生爱岗敬业、卓越创新、严谨规范操作的工匠精神，以学生为中心，聚焦移动网络建设与运维岗位所必需的核心职业能力培养，以及华为职业资格认证和职业技能大赛水平的达成。

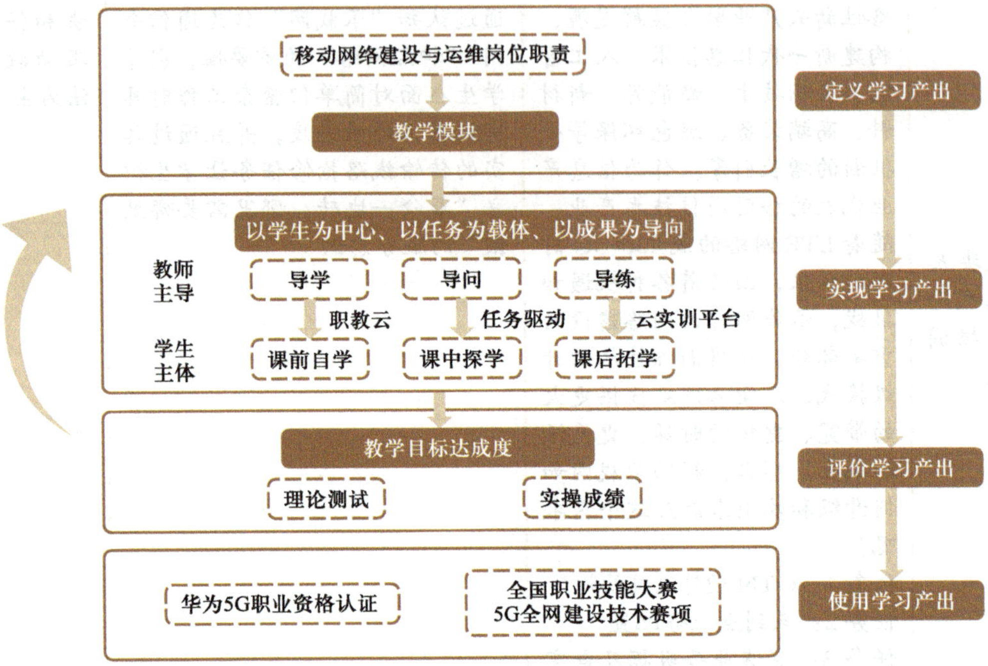

图 5-5 “岗证赛”三位一体驱动基于成果导向的反向教学设计

2. 课程教学资源

（1）教学团队

课程组建了一支由劳动模范引领，优秀教师、技术能手、省级工匠与“国赛”金牌指导教师共同组成的高水平专兼职结合的教学团队，共 9 人，其中校内专任教师 6 人、企业兼职教师 3 人，华为证书持证率超过 75%。团队成员按照对接岗位、对接认证、对接竞赛分工协作。

（2）实训条件

① 实训场地。课程教学环境由校企共建共享的国家级生产性实训基地、省级示范性实训基地、省级职业教育示范性虚拟仿真实训基地构成，以有效应对因实训环境与真实工作场景的差异性而导致的学生所学技能与实际工作岗位不对接的问题。

② 云实训仿真平台。基于“5G 站点工程建设”“VR 虚拟现实实训系统”“Pre-5G 全网仿真教学”和“5G 全网部署与优化”构建的可及可控“云实训平台”，如图 5-6 所示，

以有效应对因基站设备种类繁多且更新升级快、实际教学资源不足而导致的教学内容与行业新技术标准要求不同步的问题。

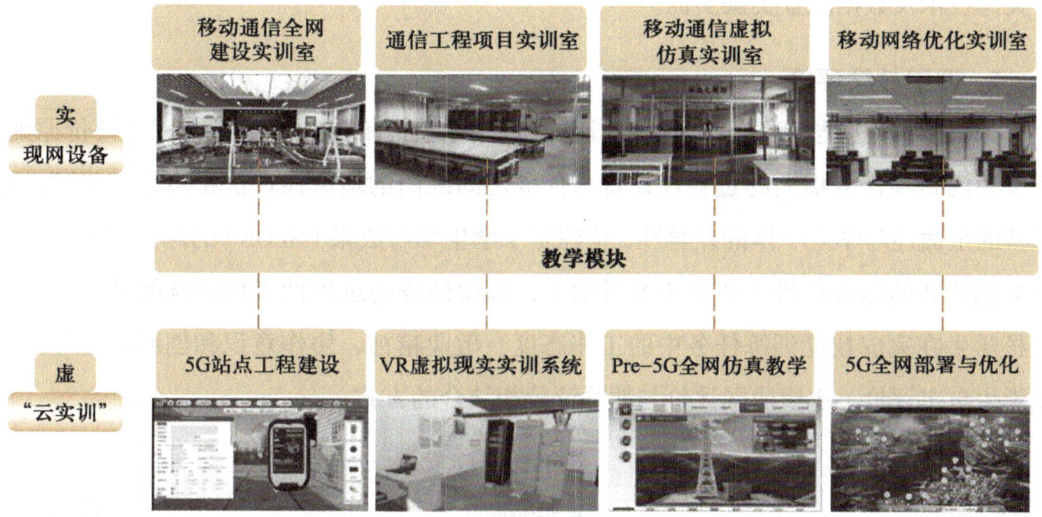

图 5-6 虚实结合的实操实训环境

（3）项目化教学新形态立体化教材

① 主体教材。选用职业教育国家规划教材，主要供学生全面系统地学习移动网络建设的相关理论知识，如图 5-7 所示。

② 配套教材。一是活页式工作手册，主要帮助学生梳理归纳基站开通的整体工作流程，强化理解各任务所对应的重难点；二是虚拟仿真平台实训指导书，配有虚拟仿真平台实训项目的同步操作视频，主要为学生课前自主学习练习基站数据配置提供实训指导，如图 5-7 所示。

职业教育国家规划教材　　活页式工作手册　　实训指导书

图 5-7 教材选用

③ 校企合作开发原创线上课程资源。基于职教云开发原创线上视频 66 条，自测题 300 多道以及 3D 动画等资源，主要是辅助学生学习理解移动通信基本认知、移动网络关键技术及数据配置实操实训。

3. 课程教学评价

课程以“改进结果评价，强化过程评价，探索增值评价，健全综合评价”为评价原则，将模块内每项任务横向的过程性评价与任务之间纵向的增值性评价相结合，兼顾过程考核的全面性与学生个体的差异性，构建基于学生学习成果（SLOS）的综合评价体系。例如模块 3 的综合评价（如图 5-8 所示），每项任务的过程性考核以技能考核为主，考核学生在完成技能训练任务中的工作态度、敬业精神、协作意识和创新能力等，采用学生自主评价、小组协同评价与教师评价相结合的方式。

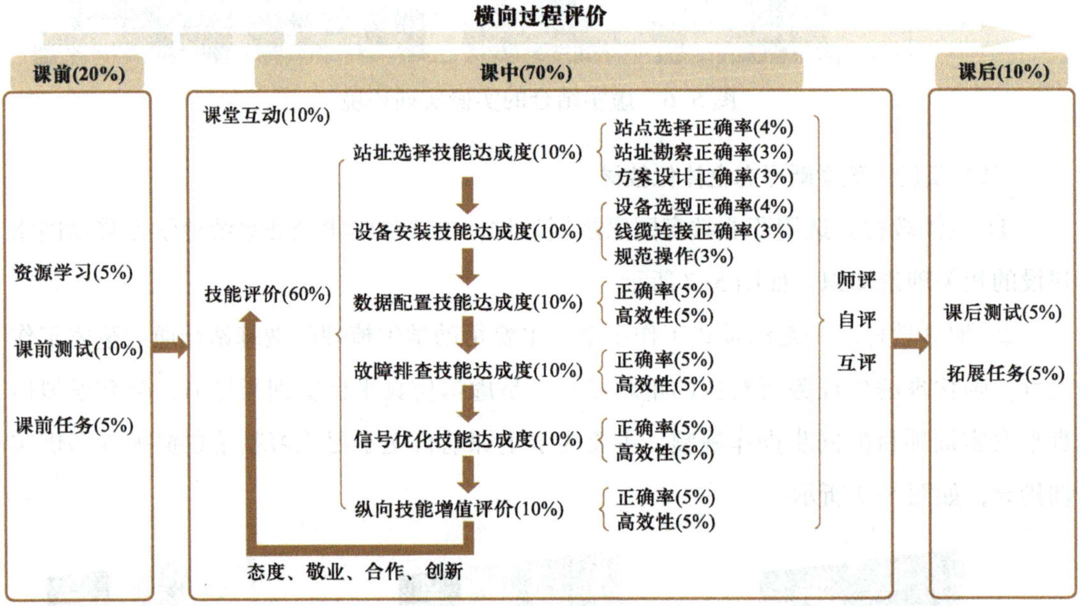

图 5-8　基于学生学习成果的综合评价体系

六、课程思政教学实施过程

（一）教学安排

本次案例选自“模块 3：基站开通”的“任务 2：设备安装”，共计 4 学时。模块“基站开通”遵循“基站信号从无到有，从有到优”逻辑设计，涵盖了“站址选择→设备安装→数据配置→故障排查→信号优化”完整工作流程的 5 个教学任务（如图 5-9 所示），旨在培养学生综合运用移动网络架构等基础知识标准规范地完成建站任务的能力，意在将“工匠精神”入脑入心。

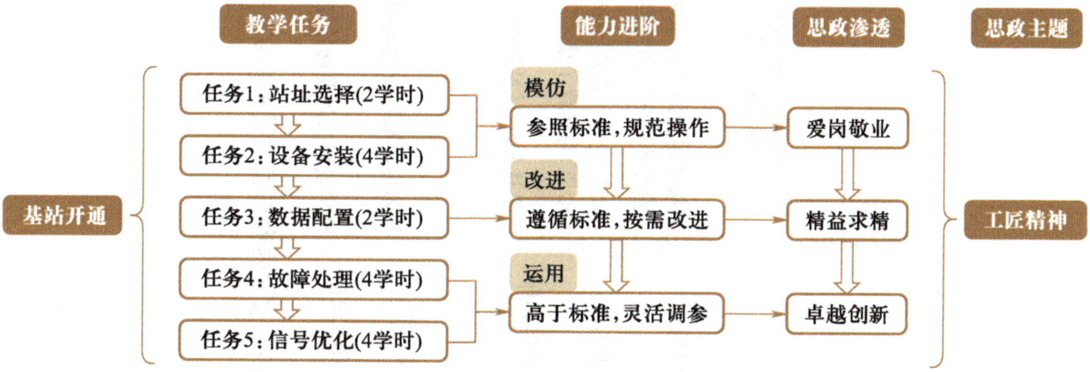

图 5-9　模块 3 的 16 学时教学安排

（二）任务设计

设备安装任务主要是培养学生能够参照华为标准安全规范地完成基站设备选型、安装及线缆连接的同时，理解并掌握基站主设备组成及各部分功能，教学团队从铸“匠”心、磨“匠”艺两个层次深度挖掘知识、技能与思政元素的契合点，以最终实现工匠精神培育的落地，如图 5-10 所示。

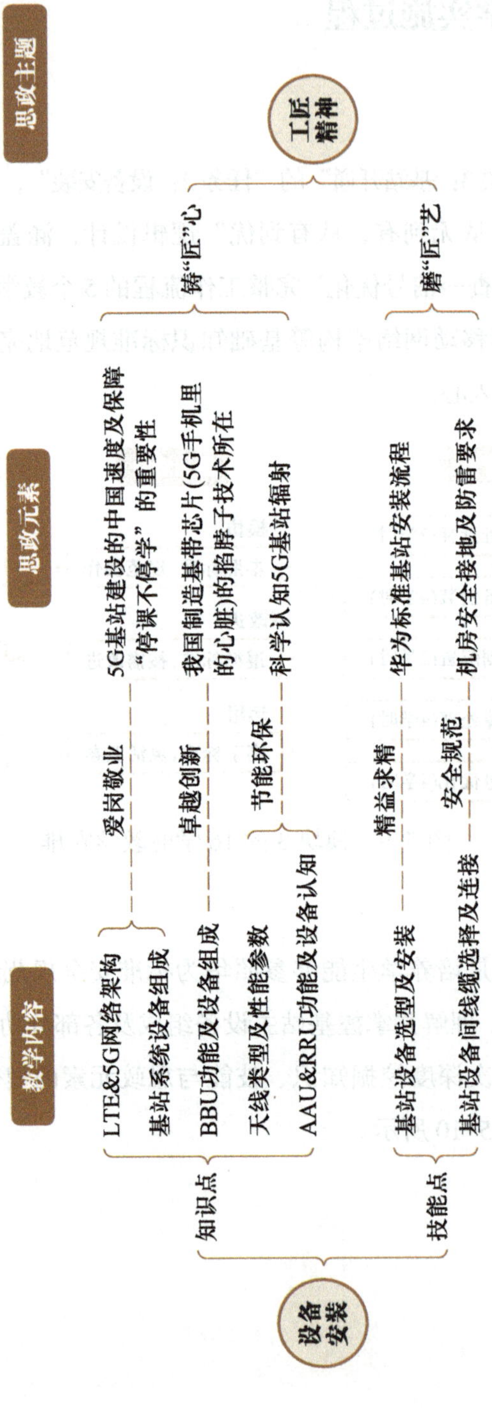

图 5-10 教学内容与思政元素高度契合

七、课程思政教学案例

案例一　设备安装（核心设备）

（一）教学任务

设备安装是基站开通的基本条件，本案例主要讲解基站系统核心设备的安装和实操，为后续“天馈系统连线”“数据配置”课程提供基础。

通过本次学习，培养学生正确安装基站设备的能力与根据实际需求合理配置基站设备的能力，引导学生树立爱岗敬业，严谨、标准、规范操作的劳动精神。

（二）课程思政教学设计

课前，通过个人和小组任务，引导学生通过自主探究、发掘身边存在的基站设备，对基站知识有初步的认知；课中，通过多媒体“无人公交”视频案例导入，引导学生理解移动通信流程及基站的作用，针对课程重点基站系统主要部件组成及功能，结合生活实际，加深学生对知识点的理解；在基站设备安装实操中，运用信息技术，虚实结合，有效加深和巩固学生对知识点的理解和把握，具体的教学流程如图 5-11 所示。

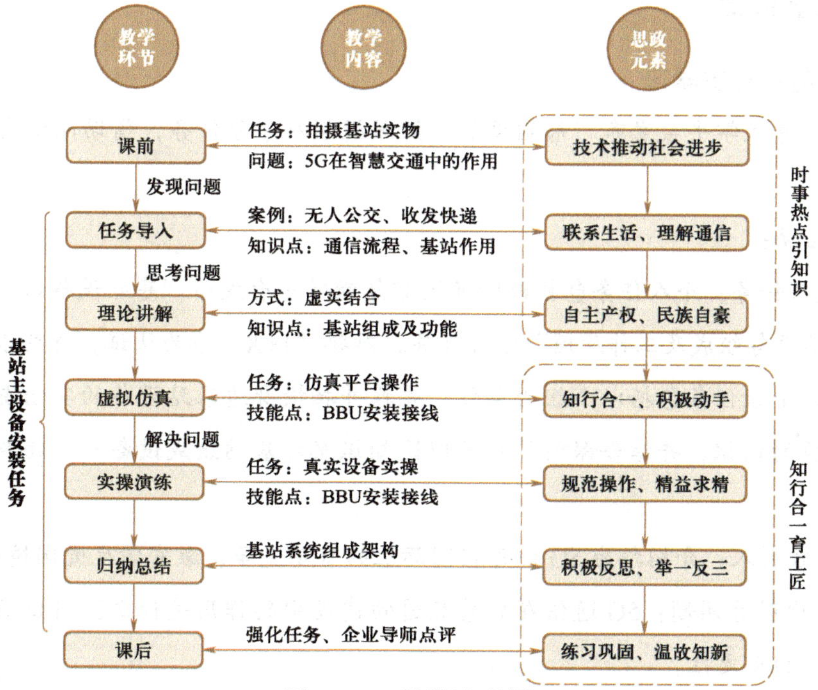

图 5-11　教学流程图

（三）教学目标

1. 知识目标

● 理解基站的作用。

● 掌握基站设备的组成及信号处理流程。

2. 技能目标

● 能够规范完成基站硬件系统的安装。

3. 思政目标

● 通过“寻找身边的基站”小组任务，培养学生团队协作精神并强化理论与实践结合意识。

● 通过“身边交通工具变化”话题讨论，引导学生感受科技进步，提高学生的民族自豪感，强化学生的科技兴国意识和刻苦奋斗的精神。

● 通过“不同场景下所需基站设备变化”的讨论，增强学生的探索精神。

（四）教学方法

问题链教学法、问题导向法、任务驱动法。

（五）教学实施

1. 课前：自主学习

借助智慧教学平台发布“基站设备”微课视频及学习任务，借助网络会议进行互动讨论。

教师活动：

① 发布任务：个人任务包括教师通过智慧教学平台发布“基站设备认知”微课视频及“基站设备组成及工作原理”学习任务，对接“1+X”华为认证，并要求完成相关试题测试。小组任务包括以小组为单位，寻找并拍摄身边基站设备的实物图，对基站设备有直观的认识，并结合课前学习的理论知识思考基站组成设备与实物照片中的对应关系。

② 思政引入：介绍华为5G设备在国际上的市场竞争，激发学生爱国情怀。

③ 提出引导问题：5G通信在智慧交通的建设中的作用是什么？引出基站在交通信号传输中的重要性。

学生活动：

① 自主学习：学生登录平台完成（理论知识）学习任务，对基站的组成及工作原理有初步认知，并对接华为认证试题自测学习效果。学生以小组为单位对照自测巩固理论知识的学习，完成实践任务，小组交流讨论。

② 互动讨论：教师与学生通过线上平台进行交流互动。

③ 调研思考：通过信息搜集、文献查阅等方式调研我国目前 5G 基站的建设情况。

2. 课中：突破重点，化解难点，掌握技能

任务导入（10 分钟）：借助视频分享平台获取和展示无人公交运行视频资源，引起 5G 通信技术在智慧交通领域的应用讨论。通过收发快递案例引入移动通信流程及基站在移动通信网络中的位置和作用等相关知识点。

教师活动：

① 发起课堂签到。

② 案例导入：通过播放无人公交运行视频引出身边交通工具变化的话题讨论，点明数据通信在智慧交通建设中的作用。

③ 概念引入：以生活中收发快递的案例引出移动通信流程。列出移动通信流程中的关键节点：无线终端、基站、核心网、高速传输网。布置任务，让学生将收发快递案例中的关键节点与移动通信节点进行对应。对任务进行评分。

④ 阐明概念：明确基站在移动通信网络中的位置及作用。

学生活动：

① 完成签到任务。

② 话题讨论：以小组为单位回顾我国交通工具的变迁，并讨论 5G 信息通信技术在智慧交通领域的应用。

③ 认真思考、积极动手：根据老师下达的任务，认真思考移动通信流程中的关键节点的作用，完成匹配任务。

④ 互动讨论：教师与学生在课堂进行交流互动，聆听教师讲解，化解疑问。

理论讲解（20 分钟）：讲解基站系统设备组成、基站设备的配置方式及基站主设备 BBU、AAU 功能。

教师活动：

① 课前任务展示：引导学生展示课前找到的基站实物图。

② 知识点讲解：利用职教云平台讲解基站主设备组成。

③ 对比归类：引导学生对比自己课前所拍摄的基站实物图，并说明它属于三种典型主设备配置的哪一种。

④ 虚实结合，讲解基站设备：借助虚拟仿真平台，结合实际设备，逐个讲解基站设备、BBU 设备结构及功能、AAU 设备，引导学生接触实物，熟悉设备实物。

学生活动：

① 展示基站实物图。

② 聆听老师讲解：了解基站主设备的组成。

③ 思考与互动：根据自己找到的实物图，思考属于哪种配置类型。积极发言，与老师互动。

④ 认真聆听、理解记忆：仔细聆听老师讲解基站设备系统，认识虚拟仿真平台、记忆相应单板功能、理解 AAU 与 RRU 的区别。

实操演练（25 分钟）：完成 ××× 地铁站 1 号线地铁 5G 基站设备安装。

教师活动：

① 划分小组，轮训实操：发布基站实物安装任务，以小组竞赛方式，轮流进行地铁基站设备安装。并通过直播软件，向其他小组展示操作过程。

② 分组指导，难点讲解：老师逐个进行小组指导，讲解光纤选型与接线，分析常见操作错误。

③ 小组轮训，轮训检查：老师安排下轮小组竞赛，提醒小组注意之前小组演示中的错误操作。

④ 归纳总结，辨明要点：归纳设备安装步骤，并指明安装时的注意要点，注意 BBU 单板及光模块的选型。

学生活动：

① 实操互评：领取老师下达的任务，根据 5G 基站设备安装任务单进行设备安装实操。小组间相互帮助排查操作过程中遇到的故障，并验收任务完成情况。

② 认真听讲：认真聆听老师讲解，反思错误，注意防静电安全操作。

③ 轮训实操：接替上一轮小组，以轮训方式完成实操练习。

④ 积极思考：认真思考老师的提问，开拓思维，积极发言。

归纳总结（5 分钟）。

教师活动：

① 引导学生发言，总结设备组成及安装步骤。

② 针对学生发言，总结本轮要点：借助思维导图，帮助学生梳理基站设备系统各组成部分之间的相互作用与联系。

③ 随堂测试、布置作业。

学生活动：

① 小组发言，总结体会。

② 聆听并记录知识要点。

③ 完成课堂作业。

3. 课后：技能提升

教师活动：

① 布置知识点，强化学习任务及测试。

② 发布小组实践任务。企业工程师：指导地铁 5G 设备安装实战任务。校内教师：引导学生抒发感想，并将学生的优秀案例收录工程案例库。

学生活动：

① 完成教学平台拓展学习。

② 跟随企业工程师完成岗位实战任务。交流实践心得。

思政总结：教学通过理论讲解、虚拟仿真、实操演练环节，构建了理实一体化学习流程，提升了学生对基站设备的认知和操作水平。教学内容与华为认证标准、国赛赛项、企业真实岗位项目对接。通过虚拟仿真平台，保证了实操实训环节的有效开展。

案例二　设备安装（天馈系统）

（一）教学任务

天馈系统是数据发送和接收的关键节点，是影响通信质量的关键保证，为整体基站系统的开通和运行提供了基础保障。

通过本次学习，培养学生熟悉天馈系统 AAU 设备安装规范，掌握天馈系统组成基础知识，能根据设备和接口类型选择正确线缆，完成天馈系统连线操作，引导学生树立严谨规范、细致专注的劳动精神。

（二）课程思政教学设计

课前，通过个人和小组任务，引导学生自主探究、发掘基站信号的变化，对天馈系统及天线系统知识有初步的认知；课中，通过多媒体“手机演变过程”视频案例导入，引导学生理解天线系统在信号收发中的作用。针对课程重难点天线性能参数、天馈系统线缆选择，采用讲授法和讨论法，并结合生活实际，加深学生对知识点的理解；在天馈系统安装与连线实操中，运用信息技术、虚实结合以及分组轮训的方式，有效加深和巩固学生对天馈系统的理解和项目实操能力。具体的教学流程如图 5-12 所示。

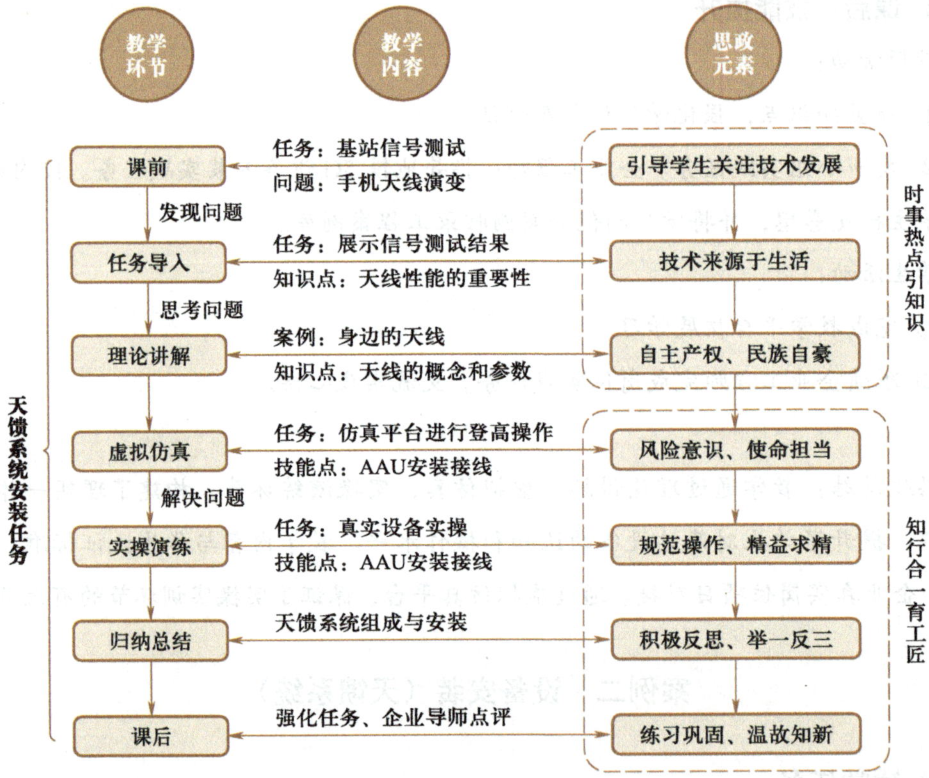

图 5-12　教学流程图

（三）教学目标

1. 素养目标

- 通过影响基站信号因素的检索任务，培养学生自主学习和终身学习意识。
- 通过安全服穿戴任务和登高操作规范的学习，增强学生的安全意识和严谨规范操作的职业意识。
- 通过天馈系统安装与连线的分组任务，培养学生团队合作精神。

2. 知识目标

- 认识 4G 和 5G 天馈系统的组成及区别。
- 掌握 5G 天馈系统 AAU 设备的安装规范及能力目标。
- 能够规范完成基站硬件系统的安装。

3. 技能目标

- 能正确穿戴登高安全防护装备。
- 能独立完成天馈系统真实设备连线。
- 能在 VR 系统上进行登高操作，完成天馈系统连线。

（四）教学方法

教学方法有：问题链教学法、问题导向法、任务驱动法。

（五）教学实施

1. 课前：自主学习“天馈系统”及天线基础知识

教师活动：

① 发布任务。个人任务：教师通过智慧教学平台发布“天馈系统”基础知识学习任务，安排相关试题测试。小组任务：以小组为单位，运用信号检测软件，测试周围不同地方接收基站信号的强弱，通过查阅相关资料，思考影响信号的因素。

② 评价分析：教师记录评价学生在线自主学习过程，分析学生试题自测结果，根据学生的自主学习情况调整教学策略。

③ 提出引导问题：手机天线是如何变化的？通过大哥大、小灵通、智能手机内置天线的变化，引出天线参数与天线形状之间的关系。

学生活动：

① 自主学习：学生登录智慧教学平台完成课前线上学习任务（理论知识），完成天馈系统及登高操作安全规范知识测试。学生以小组为单位对照自测巩固（理论知识）学习，完成实践任务，小组交流讨论。

② 互动讨论：教师与学生通过网络会议平台进行交流互动，讨论明确教学难点。

③ 调研思考：通过信息搜集、文献查阅等方式调研历年主流手机天线的变化。

2. 课中：突破重点，化解难点，掌握技能

任务导入（5 分钟）：基站信号强弱原因分析。

教师活动：

① 发起课堂签到。

② 课前任务展示：引导学生展示课前不同地点的 5G 信号强度测试结果，就 5G 基站信号强弱问题展开讨论。

③ 引导思考：引导学生逐步思考影响基站信号强度的因素，引出天线性能对基站信号的影响。

学生活动：

① 完成签到任务。

② 展示课前成果：以小组为单位展示所测基站信号强度结果。

③ 认真思考、积极讨论：踊跃发言，参与讨论，列举可能影响基站信号强度的因素，如距离、阻挡物、天线性能等。

理论讲解（25 分钟）：天线性能参数、天馈系统组成及线缆选择。

教师活动：

① 概念导入：引导学生观察身边天线种类，提出引导问题“天线在日常通信中的作用”。

② 概念阐述：阐述本段重点内容——天线性能参数，如天线增益、天线安装高度、天线安装方向与下倾角等。

③ 知识回顾，概念巩固：引导学生回顾基站系统的组成，并明确天馈系统在整个基站系统的作用。

④ 微课教学，互动讲解：讲解天馈系统组成要件，如天线、天线调节支架、抱杆、接地装置、基站主设备。

⑤ 线缆展示：展示生活和工作中常用的线缆类型、常用光纤类型、电缆类型。

⑥ 阐明概念：分析不同线缆的特点及应用场景。结合实物展示，讲解光纤接口的功能及区分、网线及馈线的使用场景。

⑦ 总结归纳：引导学生制作表格，进行知识点整理。

学生活动：

① 话题讨论：讨论日常生活中存在的天线类型，讨论天线的作用。

② 认真思考：思考天线不同参数的变化对信号的影响。

③ 积极发言：理解从基站 BBU 设备经过 AAU 所发生的变化，辨析 4G 和 5G 天馈系统的区别。

④ 认真聆听、互动讨论：认真学习微课内容，与老师在课堂进行交流互动，明确要点。

⑤ 认真观看：观察老师展示的不同类型的线缆。讨论交流常见光纤及电缆。

⑥ 仔细聆听：分辨不同线缆的用途，明确天馈系统的最佳馈线线型。

⑦ 聆听记录：使用表格进行知识点整理，将线缆类型及应用场景进行整理。

虚拟仿真（15 分钟）：通过虚拟仿真平台进行新一线城市的天馈系统安装。

教师活动：

① 设定场景，下发任务：对新一线城市通信网络进行 5G 升级。发放纸质任务书及操作规范要点，讲解任务要求。

② VR 仿真，分组活动：对学生进行分组，下发任务单，指导学生在虚拟仿真环境下完成登高及天馈系统连线，针对登高风险进行警示。

③ 点评总结，思政融入：总结 VR 仿真的要点，规避铁塔登高的作业风险，引出汶川地震中通信设施抢修的使命担当精神。

学生活动：

① 领取任务、积极思考：查看任务书及操作规范要点，认真思考任务流程。

② 分组练习：根据下发的任务单和课前微课视频，小组内部进行分工练习，记录小组得分。

③ 认真聆听，上传得分：聆听老师讲解，各小组组长将系统生成的分数上传至云平台。

实操演练（30 分钟）：通过 AAU 实物进行新一线城市的天馈系统安装与连线。

教师活动：

① 实操演练，小组竞赛：下发实操演练任务单，介绍实操设备，通过安装步骤拆分，引导学生完成天馈系统 AAU 设备安装任务。

② 小组点评，难点解析：对小组操作过程中的重难点进行解析，注意设备安装过程中的规范操作，鼓励学生在 AAU 下倾角调节中力争精益求精。

③ 巡回查看，分组指导：老师和企业工程师配合，分别指导天馈系统设备安装和连线，并巡回查看、指导各组完成情况。

学生活动：

① 分组练习：对照任务书及操作规范要点，认真观看老师示范操作。

② 仔细聆听：对照任务书及操作规范要点，认真观看教师及企业工程师讲解。

③ 交替练习：完成单项子项目后进行交替练习。聆听老师指导，及时纠正操作过程中的错误和不规范之处。操作完成后，整理物品、设备及线缆。

归纳总结（5 分钟）：天馈系统组成及线缆选择。

教师活动：

① 总结本次课的教学内容，强化重难点，以天馈系统安装与连线为目标，全面评估综合情况，重视操作规范，注重综合素养的培养。

② 布置课后作业，并解释说明课后拓展任务。

学生活动：

聆听并记录知识要点。

3. 课后：技能提升

教师活动：

① 布置知识点强化学习任务。

② 播放“北斗定位系统成功组网”视频，发布小组实践调研任务——GPS 天线功能。

③ 线上答疑，解答学生问题，对课后调研报告进行线上讨论与评价。

学生活动：

① 完成教学平台上的测试，解锁拓展学习资源。

② 观看视频，并以小组为单位完成调研报告，上传平台。

思政总结：天馈系统连线涉及登高存在一定危险性。本次课通过基于真实设备、VR 仿真进行场景化、可视化、实际化的教学分解展现，帮助学生将难以掌握和理解的重难点内容转变为形象直观的辨识认知，取得显著效果。

从实践中来到实践中去。课前，以小组实践调查为出发点，促使学生发现问题；课中，以实际工程案例引导学生针对发现的问题开展探究分析，并邀请企业技术能手现场演示教学，有效聚焦重难点；课后，回归小组实践任务，帮助学生进行知识技能拓展。整个教学过程以实践为主线，较好地帮助学生掌握天馈系统连线所涉及的知识、能力，尤其是安全操作规范，其中个体考核由系统自评，忽略学生在学习过程中的表现。

校企合作单位的技术能手现场演示教学，增强学生规范操作意识。以来自校企合作企业的实际工程案例为核心，让学生真实体验实际工程，帮助学生更好更快地熟悉实际岗位要求。

八、课程思政创新与反思

（一）教学效果

小组任务营造学习氛围：通过小组任务、小组技能竞赛、小组互评等，让学生相互监督共进，在锻炼学生的团队协作能力的同时寓教于乐。

问题导向激发学习兴趣：以学生为中心，以教师为主导，教学设计由浅入深，环环相扣，提高学生对教学内容的认知、理解及应用，从课前到课中到课后，始终采用问题链教学方式，促进积极互动，学生参与度高且课堂气氛活跃。

任务驱动强化技能输出：基于典型工作任务驱动，对接岗位需求生成学习任务，让所学知识和技术能应用于实际设备安装，并通过华为标准认证考核及全国职业院校技能大赛选拔，让学生产生效能感，激发主动学习的愿望，培养学生理论联系实际的能力。

虚实结合达成教学目标：依托在线虚拟仿真平台以及自主开发的实训资源和动画辅助学生学习，兼顾学生个体差异的同时，有效拓展实训时空，同时通过教师的现场示范有效突破重难点，达成教学目标。

思政渗透提升职业素养：结合 5G 热点时事，以兴趣带动价值构建；全新引入华为 5G 工程案例，全程使用中国自主知识产权的华为标准，全面采用 5S 管理实训现场，有效提升学生的团队精神、工匠精神、规范意识、安全意识以及服务意识。

（二）创新与特色

1.“三位一体”教学设计提升职业能力

本次课教学提出了“岗证赛”三位一体驱动成果导向的反向教学设计思路。“岗”“证”“赛”均为“课”的学习提供内容和途径，形成了“课程标准与行业标准对接”“教学内容与工作任务对接”“教学过程与工作过程对接”“教学评价与岗位要求对接”的“四对接”教学创新实践，激发了学生的学习兴趣，大大提高了学生的岗位适应性、团队协作能力和自主学习能力。

2.“三阶一体”教学模式强化技能培养

本次课教学构建了“导—助—促”三阶一体拓展实训时空的云实训教学模式。通过“任务单导学、资源助学、平台促学”的云实训教学模式，实现了全项目任务进阶，层层递进，易于竞争；全过程记录操作，面面俱到，便于分析；全时空在线实训，时时处处，宜于学习，保证了实训过程的“交互顺畅、过程留痕、评价即时”，如图 5-13 所示。

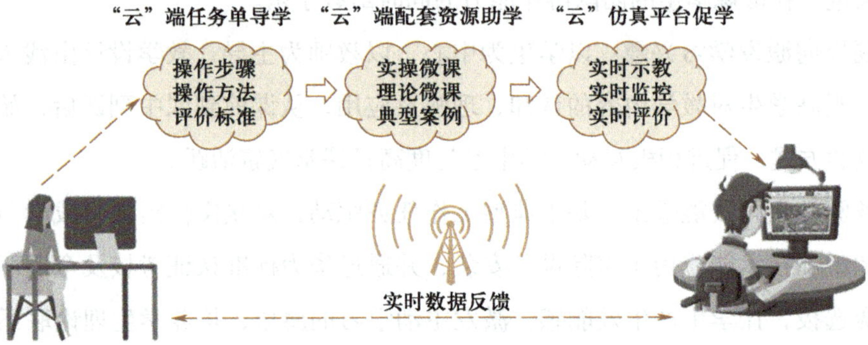

图 5-13 “导—助—促”云实训教学模式

3.“三色一体”课程思政培育智慧工匠

本次课教学以传承红色通信精神、传播绿色通信理念、创新蓝色通信技术为目标，有机融入课程思政元素，依托劳模精神，构建教学团队传、帮、带机制，在教学过程中落实 5S 职业规范，使学生树立正确的劳动观，并在考核评价中对学生表现进行评价，从而全面落实智慧工匠的培育。

（三）反思与改进

工匠精神的培育不是通过单纯课程教学就能实现的，需要通过学生的岗位实践和体验去实现。基站设备安装技艺的锤炼更不是一蹴而就的，需要学生日复一日地磨炼才可以达到标准规范。随着 5G 商用不断深入，基站设备安装与维护岗位需求量大，应充分利用产教融合的契机，给学生创造到企业锻炼的机会，让学生可以利用课余时间到企业参与设备安装或是基站故障排查任务，并将其在企业的表现纳入课程评价考核中，真正做到学习成果的转化。

案例编写人：浙江交通职业技术学院饶屾、戎成，浙江省邮电工程建设有限公司张燕，浙江交通职业技术学院唐建雄、沈秋艳，华晟经世（驻校）刘军。

6. 圆融中西　育德立人

——『大学英语』课程思政案例

一、课程基本信息

"大学英语"是面向全校非英语专业学生开设的一门公共基础必修课，也是第一批浙江省课程思政示范课程建设项目、第二批校级精品在线开放课程建设项目、第一批校级优质课程立项项目，共计64课时。

本课程的目标是全面贯彻党的教育方针，培育和践行社会主义核心价值观，坚持以学生为主体，落实立德树人根本任务。本课程兼顾语言工具性和人文性双重教育功能，把大学英语课程教学重点，从传授学科知识转向价值塑造、知识传授和能力培养有机融合，潜移默化地引导学生树立正确的价值观，进一步促进学生学科核心素养和职业素养的养成，充分发挥公共基础课程的育人功能，为学生可持续发展奠定坚实基础。同时，本课程在高职人才培养课程体系中也起着重要作用。

二、课程教学目标

本课程立足公共基础课程定位，聚焦立德树人根本任务，根据教育部《高职高专教育英语课程教学基本要求》和学校专业人才培养方案要求，将思想政治教育、英语学科教育和职业素养培养有机融合，促进课程思政的"育人性"、职业素养的"人文性"和语言技能的"工具性"三位一体融合发展，激发学生英语学习兴趣，培养学生语言技能，引导学生深入思考，提升职业素养，树立正确的价值观。

（一）素养目标

- 树立正确的"三观"和家国情怀，坚定制度自信。
- 培养跨文化交际和思辨能力，坚定文化自信。
- 培养社会责任感和公德意识，传承传统美德。
- 培养终身学习意识和沟通能力，形成核心素养。
- 培养信息素养和创新意识，培育工匠精神。

（二）知识目标

- 掌握英语语法的基本知识、单元主题相关词汇。
- 掌握英语阅读中查找信号词、主题句、中心思想以及篇章理解的方法和技巧。

- 掌握听说主题相关的词汇、句型和听说技巧。
- 掌握英文应用文书写的结构格式和内容。
- 了解相关文化背景，掌握中英文翻译方法与技巧。

（三）技能目标

- 能够在不同主题场景下进行有效的英文交流对话。
- 能捕捉英文听力对话中的关键信息和细节内容。
- 能运用不同阅读技巧与方法理解英文篇章。
- 能够正确书写不同种类应用文。
- 能够运用翻译技巧和方法进行中英文互译，正确翻译中国文化特色词汇。

三、课程教学内容

根据教育部《高职高专教育英语课程教学基本要求》和学校各专业人才培养方案要求，确定“大学英语”课程模块与学时安排。

本课程以教材为载体，以教学内容为切入，以单元主题为主线，深度挖掘和提炼大学英语教材中的文化元素和价值元素，将其转化为社会主义核心价值观的有效教学载体；依托信息技术和智慧教学平台，将中国传统节日、双语时政、党的二十大精神双语金句等素材有机融入教学内容，重构六大教学内容模块（如图 6-1 所示），即大学教育（College & Education）、健康安全教育（Courage & Confidence）、思辨创新意识（Innovation & Thinking）、信息技术素养（Technology & Internet）、担当感恩意识（Gratitude & Appreciation）、职业素养（Career & Future）。本课程涵盖的“思政元素”（如图 6-2 所示）主要有：家国情怀、价值引领、生态环保、人文修养、健康安全、职业道德、网络信息安全等。教师在教学中将这些元素转化为社会主义核心价值观的有效教学载体，有机融合思政目标与英语语言学习和能力培养目标，充分利用大学第一课、社会热点焦点问题和时政新闻、中华传统节日等各种德育素材和思政资源，采用多种信息化手段和方法，以“POA 产出导向法”为学生提供多途径、内容丰富而真实、融合新媒智慧的英语自主学习体验和沉浸式的语言学习环境。这样不仅实现了教学流程的翻转，还实现了语言学习和课程思政相结合、语言能力与综合素养培养相融合，凸显了课程思政建设的深度，实现了价值引领与知识传授、能力培养一体化的推进。

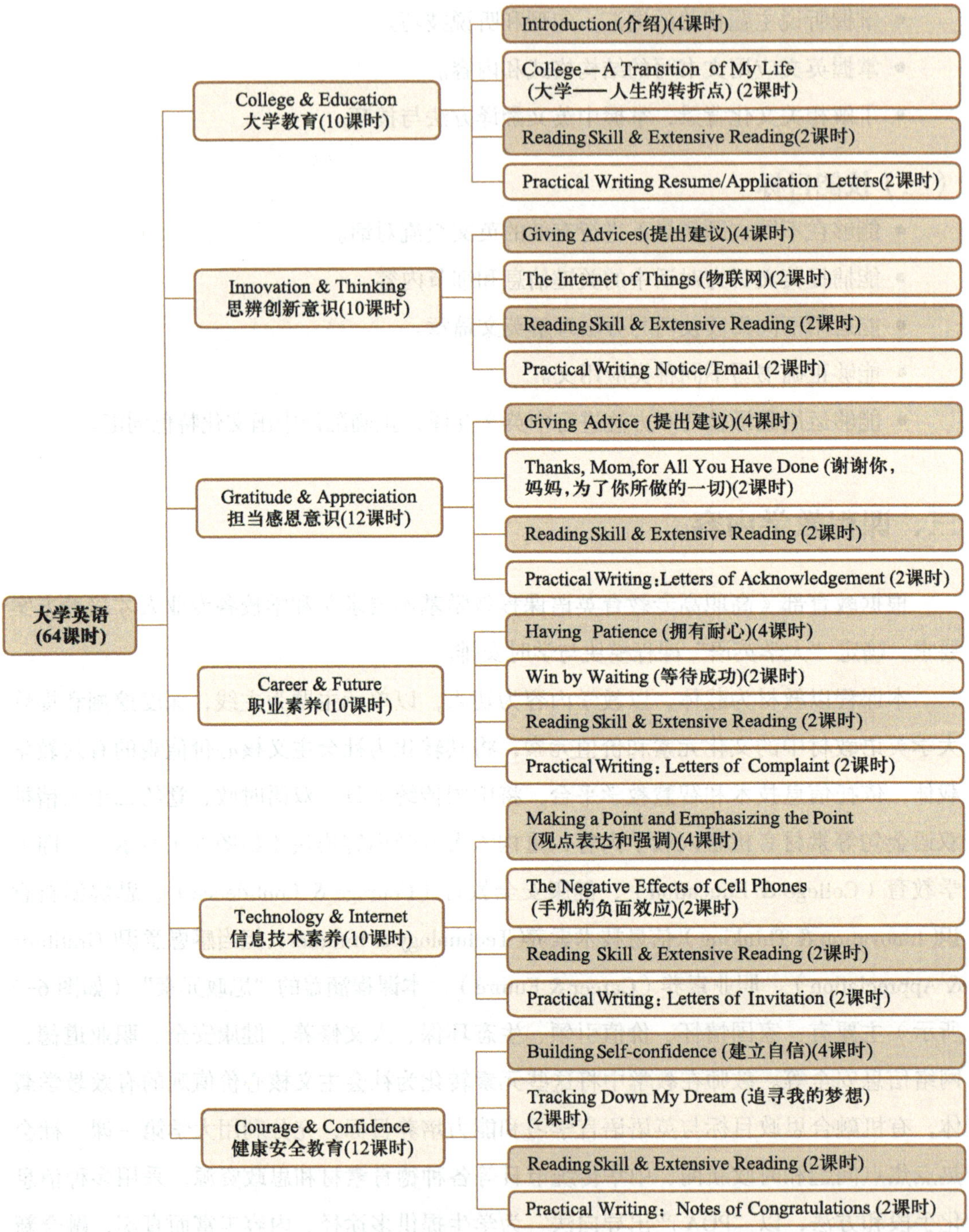

图 6-1 课程整体模块结构

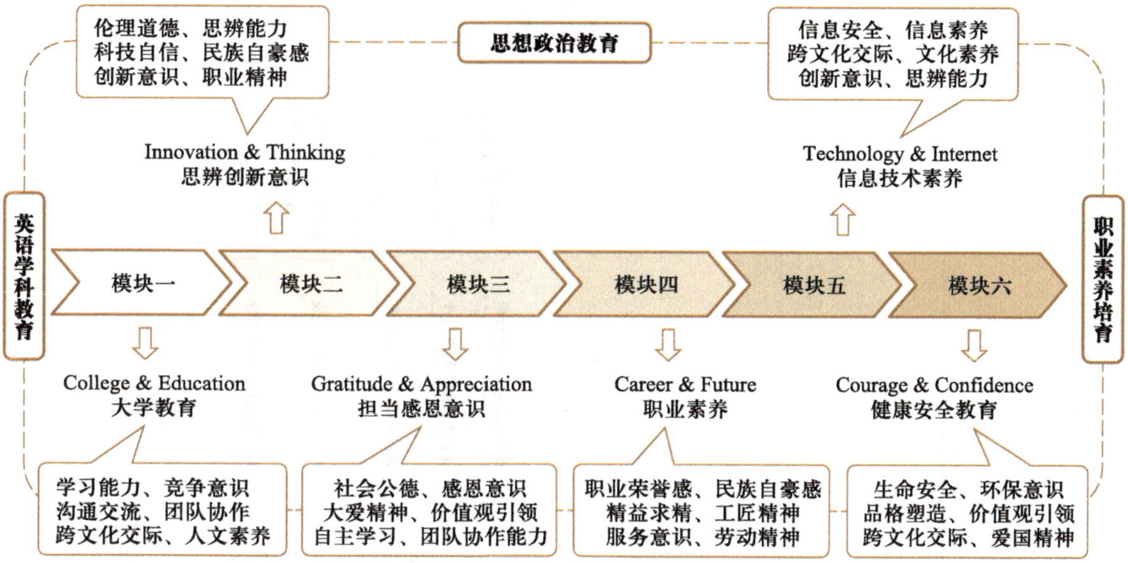

图 6-2　模块涵盖的思政元素

四、课程思政整体教学设计思路

（一）课程思政整体设计理念

课程立足公共基础课程定位，聚焦立德树人根本任务，依据教育部《高职高专教育英语课程教学基本要求》《高等学校课程思政建设指导纲要》、专业人才培养方案，结合本校大交通专业特色，以“POA 产出导向法”为理论指导，遵循“教师主导，学生主体”教学理念，从学校和专业特色、社会时政新闻、英语学科、教材以及补充素材多个维度，将课程思政元素融入课程教学目标、融入学业评价、融入教学平台、融入线上线下课堂教学与竞赛实践、融入学业评价，引导学生深入思考，实现思想启迪和价值引领（如图 6-3 所示）。

（二）课程思政整体设计框架

课程思政整体设计框架如表 6-1 所示。

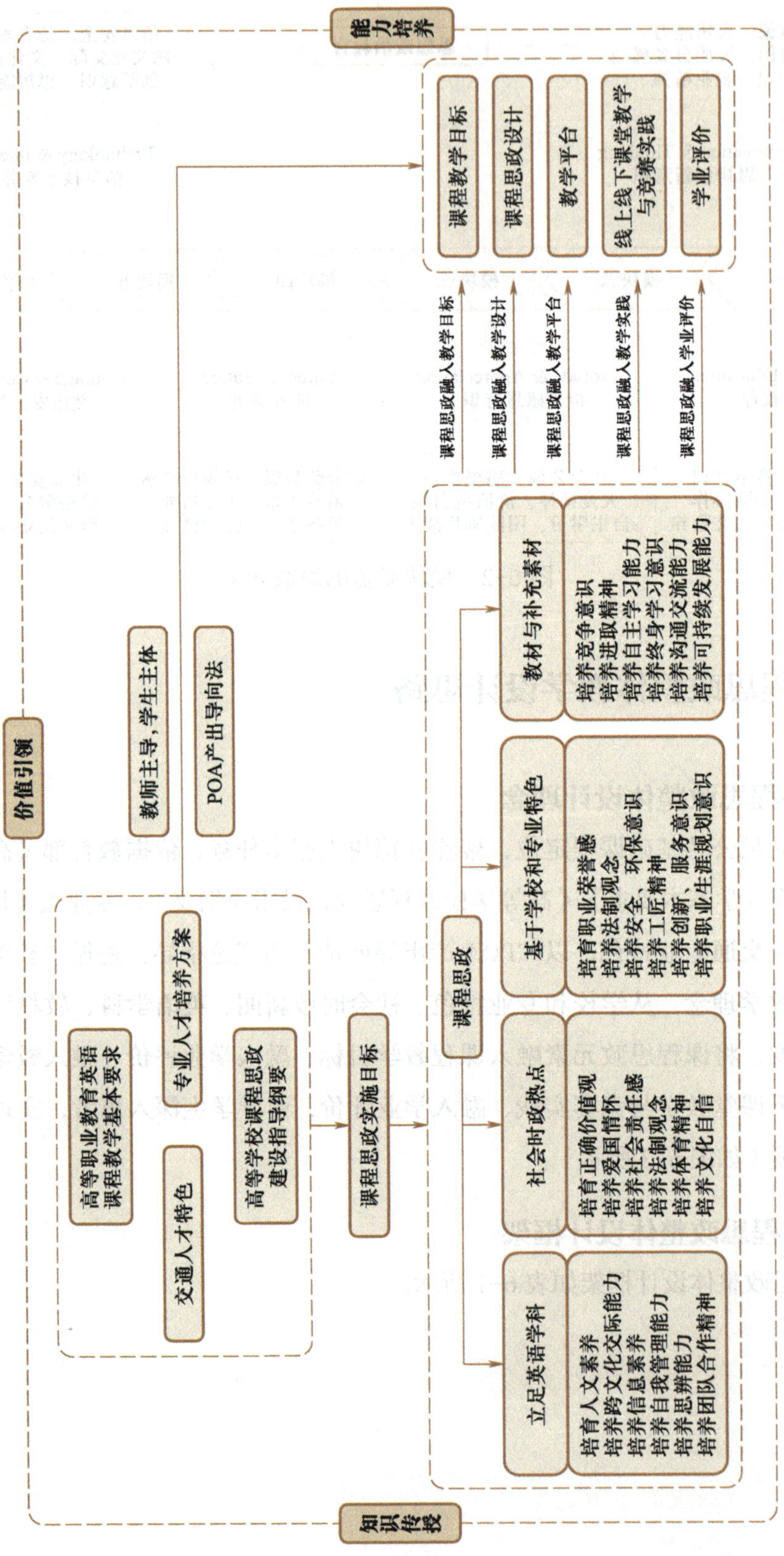

图 6-3 “大学英语”课程思政建设总体设计思路

表 6-1　课程思政总体设计框架

序号	教学内容	思政育人目标	教学方法
模块一 大学教育	任务 1：听说 任务 2：写作 掌握介绍家乡的词汇和句型，构建口语框架，掌握主题词汇和范例学习。课前收集话题语料，练习写作。课中通过小组展示、范文对比、句型填空、组内互评的环节进一步巩固写作技巧	（1）增强文化自信，培养爱国精神 （2）培养批判性思维 通过介绍家乡，讲好中国故事，弘扬中国文化。开拓传播家乡优秀传统文化的思路，在进一步了解家乡的基础上，尝试将优秀传统推陈出新，发扬光大	同伴教学法、主题讨论法、讲授法
模块二 思辨创新意识	任务 1：听力 任务 2：口语 由观看视频引出听力技巧，听音辨义，抓关键词，加强听力训练。完成句型操练，观看英文视频，听细节填空，进行角色扮演	（1）增强科技自信 （2）培养民族自豪感和社会责任感 选用外媒报道的中国抗疫黑科技为载体，听音辨义，抓关键词，增强科技自信、民族自豪感和爱国精神。以“探析中国的抗疫密码”为引子，感受“互助”“众志成城”，增强民族自豪感和社会责任感	同伴教学法、团队任务模拟演练法、案例教学法
模块三 担当感恩意识	任务 1：阅读 任务 2：写作 通过欣赏歌曲、比较中西相关节日和活动来学习感恩典故，批判啃老族和虐待老人现象，增强尊老爱老观念。学习课文，把握主题思想，理清脉络结构，解读细节。通过视频引出写作主题，结合专业，模拟写作职场感谢信	（1）弘扬传统美德 （2）树立感恩意识 通过感恩歌曲、节日典故和美德故事展开感恩教育，弘扬中华传统美德。以“冬奥冠军对家人的感恩视频”作为引子，引导学生觉察身边的感恩细节，知恩、识恩、感恩；引入职场感谢信写作范例，学习外企面试感谢文化，将感恩意识与职业素养相结合	讲授法、讨论法、情景教学法
模块四 信息技术素养	任务 1：阅读 任务 2：写作 介绍社交媒体功能词汇，引发辩论主题，思考人与社交媒体之间的关系；泛读文章，总结关键词，引导正确思考科技与社交媒体带来的影响；视频回放，分享常用 APP，引出话题讨论，探讨写作结构和技巧，批改模拟写作	（1）增强信息安全意识，培养思辨能力 （2）增强文化自信，加强创新意识 以个人手机使用中的社交媒体时间占比为引子，思考人与社交媒体之间的关系；选取外媒原刊文章“社交媒体使人更近还是更远”，帮助学生正确看待科技为人类生活带来的便捷与影响。通过微课“Pros and Cons of Mobile Phone”进行头脑风暴；导入议论文写作框架和技巧	问题探究法、讨论法、讲授法、同伴教学法

续表

序号	教学内容	思政育人目标	教学方法
模块五 职业素养	任务 1：听力 任务 2：口语 观看视频，完成听力细节填空；识别听力篇章关键词和信号词，完成听力理解问答题。分配职业场景完成角色扮演对话。围绕当代工匠精神展开讨论，分组讲述事例，开展组间交流	（1）激发职业荣誉感、民族自豪感 （2）培养精益求精的职业素养，发扬工匠精神 以海伦·凯勒、贝多芬等名人为例，理解耐心与毅力的意义和重要性。通过情境对话进一步感受职场中的职业荣誉感。通过口语事例讲述，学习当代模范，加深对当代工匠精神的认识	问题探究法、讨论法、讲授法、情境教学法
模块六 健康安全教育	任务 1：阅读 任务 2：听说 观看微课，了解话题相关词汇句型；学习抗疫演讲视频，模仿跟读；科技文章泛读，掌握阅读技巧。游戏接龙引出话题，探讨反思人与自然的关系；用英语简述英文动画短片，感悟生命真谛	（1）强化生命安全和环保意识 （2）增强文化自信、民族自豪感 学习抗疫演讲，朗诵篇章，感悟民族精神；分享祖国前沿科技，增强文化自信和民族自豪感。正确理解生命共同体，增强生态环保意识；理解什么是真正的“Courage（勇气）”，引导学生珍爱生命，正确理解生命真谛	同伴教学法、团队任务模拟演练法、案例教学法

（三）课程思政教学策略

1. 课程教学模式

课程选择具有家国情怀、价值引领、生态环保、人文修养、健康安全、职业道德、网络信息安全等方面的思政素材与模块教学内容相融合，设计了大学英语课程教学中的思政切入点，开展线上线下混合式教学。

贯彻“教师主导、学生主体”教育理念，以“POA 产出导向法”（如图 6-4 所示）精心设计线上线下学生活动和教学活动，侧重思政元素的递进式设计、成果式产出，衔接各级各类英语技能竞赛，使课堂教学以课前驱动、课中促成与评价、课后拓展的模式开展语言技能的运用和实践，使第一课堂和第二课堂协同发挥作用，充分利用好英语社团、艺术节等各种常规英语比赛进行思政教育，实现价值引领与知识传授、能力培养一体化推进。

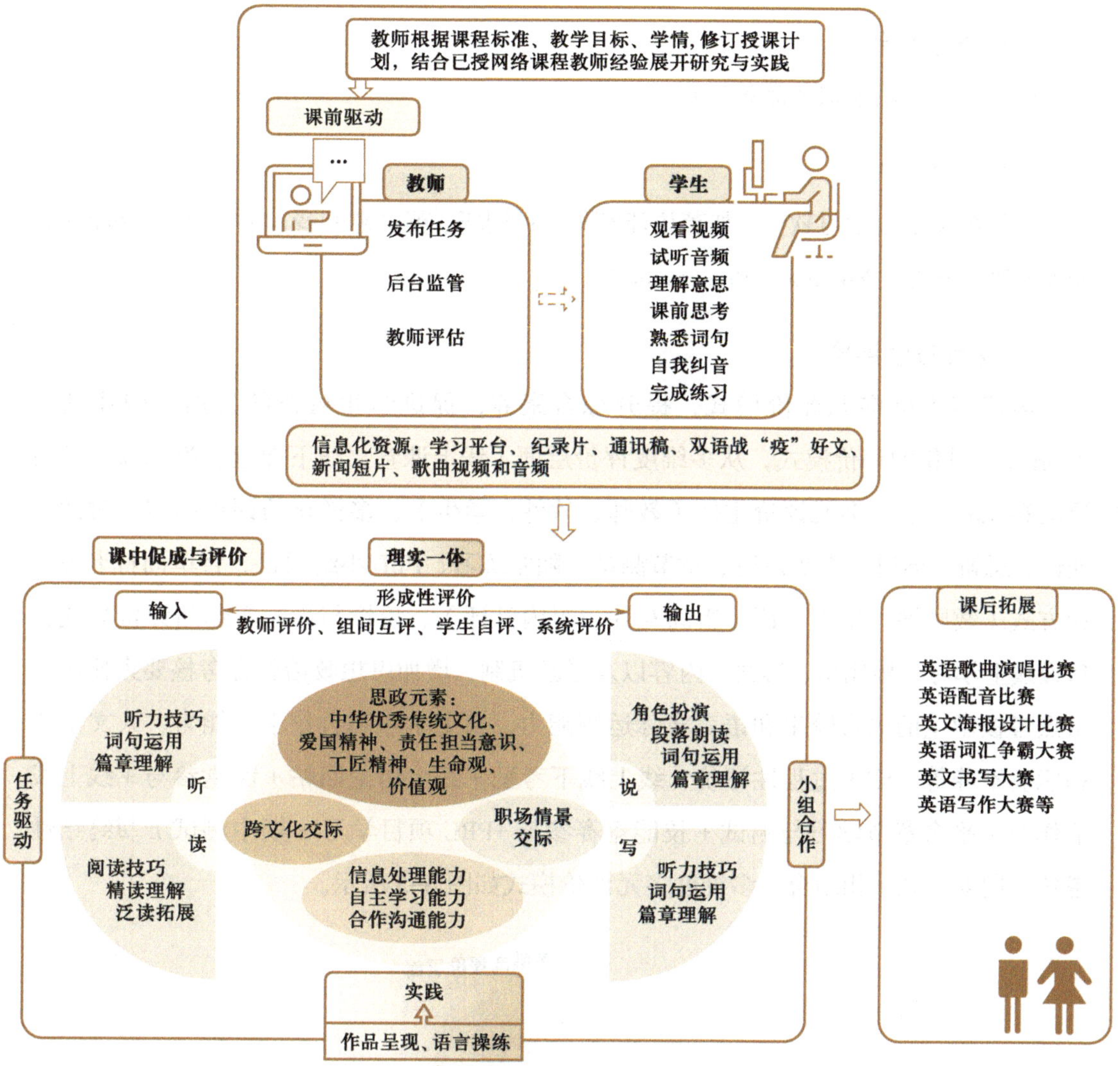

图 6-4　“大学英语”课程“POA 产出导向法”教学模式

2. 课程教学资源

（1）教学环境

智慧教室、钉钉、腾讯会议。

（2）数字资源

教材：《21 世纪实用英语实用教程》音视频等、微课视频、英语听力视频材料《短句听辨》等；

课程思政数字资源：《21 世纪英文报》、《中国日报》双语新闻、CHINADAILY 英语演说优选、“听歌说英语”等公众号。

（3）教学平台

教学平台使用某知名品牌平台。

（4）教学软件

运用各类语言学习软件，如英语流利说、百词斩、英语趣配音、扇贝听力、批改网、哔哩哔哩、抖音、Youtube、Process on 等。

3. 课程教学评价

构建多维度多元评价模式，提升综合素养，促进学生可持续发展。构建基于 Rubrics 可量化的评价模式，从多维度评价层面（线上课堂、线下课堂、第二课堂参与活动和比赛等）、多元评价主体（教师、软件、学生）、多样化的评价内容（对话、朗读、思辨、演讲、主题讨论、章节测试、随堂练习、PBL 小组项目、背单词打卡等）和方式（教师评、生生互评、组间互评、组内互评）、反馈与诊断等创新评价模式，巧设线上学习考核比重、形式、内容以及激励机制，增加思想政治教育考核要素比例。重点考核学生的语言输出和语言实际运用能力、自主学习和合作学习能力、人文素养和职业素养等，侧重过程性评价（线上线下考勤 + 线上讨论回帖 + 课堂参与 + 线上线下作业 + 平台章节学习与测试 + 技能竞赛参与 +PBL 项目学习 + 期中测试）与终结性考核（期末考试）相结合。多维度多元评价模式如图 6-5 所示。

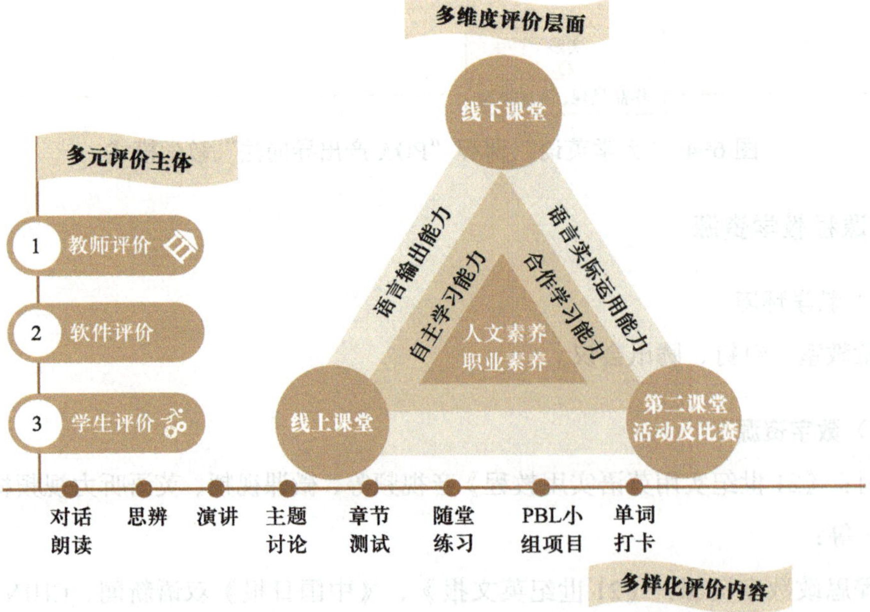

图 6-5　多维度多元评价模式

五、课程思政教学案例

案例一　品家乡传统，推文化创新——命题作文写作

（一）教学任务

本教学案例为模块一（College & Education 大学教育）写作（2 课时）。案例设计结合具体学情，在学生认知心理规律和自我构建能力的基础上设置了头脑风暴、课堂展示、文章对比阅读、习作构思和修改等环节。

（二）课程思政教学设计

遵循“教师主导、学生主体”的教育理念，以“POA 产出导向法”为理论指导，以学生掌握命题作文段落构建与内容书写技巧为目标，将 2 学时的教学内容分为课前自学、课中共建、课后拓展三部分。

课前完成主题阅读、资料搜集的任务；收集话题语料，完成初步写作。

课中通过课堂话题思辨、小组展示、思维导图构建来激活思维、理清思路；通过小范文对比、句型填空、组内互评的环节明确写作逻辑、充实段落内容，进一步掌握写作技巧。

课后再次修改写作，巩固提升技巧，并设计文创产品，投入传播传统文化的实践活动。

（三）教学目标

1. 素养目标

- 培养批判性思维，辩证思考问题。
- 增强文化自信，培养民族自豪感。
- 培养信息素养，提升团队合作。

2. 知识目标

- 传统文化相关词汇表达。
- 议论文的段落结构和书写技巧。
- 话题观点表述思路和常用句型。

3. 技能目标

- 能够有逻辑地组织段落语言。
- 能梳理议论文的文章脉络结构。
- 能针对传统文化类主题表达论述观点。

（四）教学方法

案例采取线上线下混合教学模式，运用了任务驱动法、问题探究法、讨论法、讲授法、练习法和自主学习法，基于“集体支架”充分激发学生的学习兴趣；以“POA 产出导向法”为理论指导，增强学生英语学习的自我效能感。

同时，将价值引领元素融入课堂教学全过程，在培养语言技能基础上引导价值观的塑造，增强学生的文化自信与民族自豪感。

（五）教学实施

具体教学实施过程如图 6-6 所示。

1. 课前

完成课堂小组展示准备和写作准备，通过激发学生主动进行课外积累，拓展思维，有机延申到进一步的写作内容梳理。

教师活动：① 通过平台发布课前学习任务，推送阅读资料和语言练习。② 查看学生完成情况，实时调整教学安排。

学生活动：① 完成课外阅读，学习议论文基本句型，完成句型分类填空练习。② 上网搜集传统文化活动的相关资料，了解家乡的传统文化元素和传承传播情况，完成汇报 PPT，为课堂小组展示准备充足语料。

2. 课中

（1）创设情境

任务导入（5 分钟）：课前回顾，点评课前句型练习情况，操练巩固。

教师活动：回顾课前句型练习完成情况；就错误多的题目进行答疑解惑并安排拓展练习。

学生活动：查漏补缺，回答问题，做好笔记。

话题思辨（7 分钟）：讨论话题“传统文化活动是否应该融入流行元素”。

教师活动：① 播放城市文化活动的介绍视频。② 布置讨论话题：传统文化活动是否应该融入流行元素。③ 梳理话题相关重点词汇。

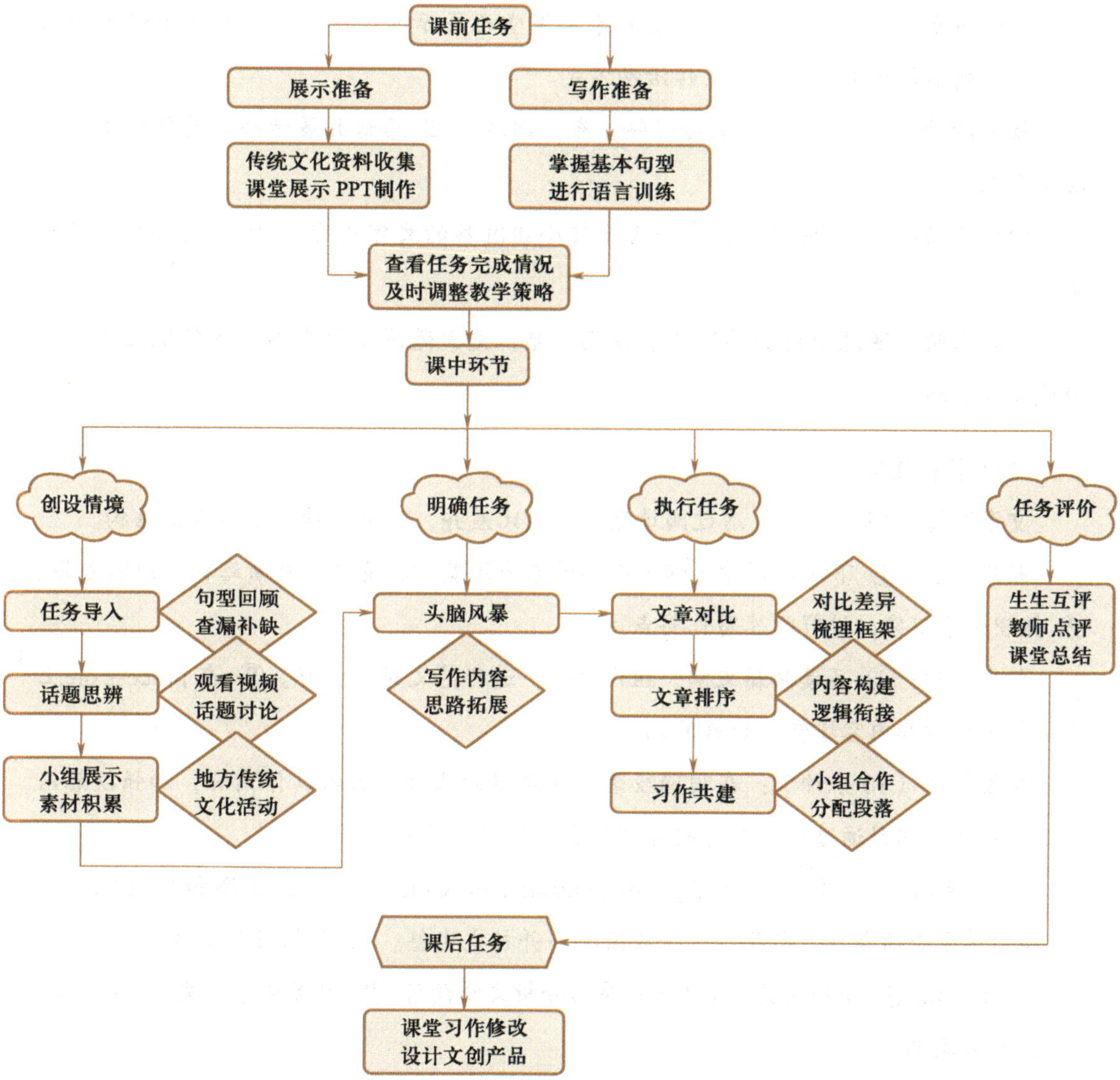

图 6-6　教学实施过程

学生活动：① 观看视频，适时做笔记。② 组内讨论，当堂分享。③ 词汇积累。

小组展示（10 分钟）：抽取小组汇报，展示家乡的传统文化以及相关文化活动。

教师活动：① 抽取两个小组。② 组织组间提问交流。③ 点评总结。

学生活动：① 选中小组进行课堂展示。② 展示组向听众组汇报内容并回答提问，听众组需选出最佳展示组。③ 梳理内容，做好笔记。

思政点睛：利用话题讨论内容引发学生思考，培养批判思维；同时深入思考城市景点与文化宣传如何更好地相融，增强文化自信。

（2）明确任务

头脑风暴（8 分钟）：结合课前积累和课堂已展示的小组汇报，思考如何宣传家乡文化，列举传统文化名称和宣传活动方式。

教师活动：① 播放城市宣传视频，布置问题。② 总结并展示列举的传统文化和活动方式。

学生活动：① 组内讨论，在平台上传小组准备的文字内容。② 查漏补缺，做好笔记。

思政点睛：通过组内头脑风暴和信息共享，更大范围了解我国地方传统文化，增强民族自豪感。

（3）执行任务

文章对比（15 分钟）：通过阅读范文，对比差异，明确写作框架和段落结构。

教师活动：① 下发两篇学生课前书写的景点游览词，请学生判断结构和内容差异。② 梳理文章框架，讲解段落写作要点。

学生活动：① 通读两篇文章，组内讨论，进行范文对比学习。② 在 process on 上完成作文结构和内容填空。做好笔记。

文章排序（10 分钟）：在明确段落构建思路的基础上加入具体内容，加强段落内部逻辑衔接；同时通过小组合作引导学生自主探讨、实践求知。

教师活动：① 发布文章 Tips for Sharing Your Culture，推送排序和填空练习。② 组织学生小组合作，引导学生将段落排序并补充完整。③ 总结段落写作要点。

学生活动: ① 小组讨论,根据思维导图分析文章段落。② 思考文章行文,补充内容。③ 认真做笔记。

习作共建（15 分钟）：在文章框架清晰和段落构建内容明确的基础上，组织学生组内共同构思，分配段落，当堂写作。

教师活动：① 组织学生以小组为单位，根据话题 How to Share Your Culture 列出文章框架和段落主题。② 组织学生组内分配段落完成写作，并在组内交换批改。③ 查看各组写作情况。

学生活动：① 利用思维导图回顾议论文结构和句型，列出文章框架。② 组员分配段落，各自完成写作。③ 交流批改，修改。

思政点睛：三个环节均需要组内协作共建，有助于提升学生团队合作能力，促进协作学习。

（4）任务评价

总结评价（10 分钟）：分享点评现场写作例文，总结写作要点。

教师活动：① 组织学生点评习作。② 总结评价。

学生活动：① 点评范文。② 标注修改笔记。

3. 课后

课后任务：修改当堂习作，摘录同伴佳句，并以小组为单位设计一个文创产品，附上 200 字英文设计理念。

教师活动：① 布置任务。② 批阅作文。

学生活动：① 完成习作修改。② 设计文创产品。

思政总结：① 通过课堂话题，培养批判性思维，辩证思考问题。② 通过课前课中任务，加深对地方传统文化的了解，思考发扬传统文化的方式，增强文化自信，培养民族自豪感。③ 通过小组共同完成写作构思、段落分配、文章共建，提升了团队合作，培养了信息素养。

案例二　感悟耐心美德，培育职业素养——听力技巧

（一）教学任务

本教学案例为模块五（Career & Future 职业素养）听力（2 课时）。案例设计结合具体学情，在学生认知心理规律和自我构建能力的基础上设置了回顾动画、引出主题、试听技巧、拓展思维、技能训练、总结评价等环节。

（二）课程思政教学设计

遵循“教师主导、学生主体”的教育理念，以“POA 产出导向法”为理论指导，以学生掌握听力挖空填词、填句技巧与掌握以耐心为主题的相关词汇和句型为目标，将 2 学时的教学内容分为课前自学、课中共建、课后拓展。

（三）教学目标

1. 素养目标

- 理解耐心的重要性和内涵，培养耐心品质和工匠精神。

- 培养信息化手段，提升自主学习和团队协作能力。

2. 知识目标

- 掌握与耐心主题相关的词汇和句型。
- 掌握听力中挖空填词的技巧。

3. 技能目标

- 能够用词汇、句型围绕“耐心与鼓励”进行会话和听力理解。
- 能够用主题相关词汇和句型鼓励人们保持耐心。

（四）教学方法

案例采取线上线下混合教学模式，运用任务驱动法、问题探究法、讨论法、讲授法、练习法和自主学习法，充分激发学生的学习兴趣；以“POA 产出导向法”为理论指导，增强学生英语学习的自我效能感。

同时，将品质塑造、价值观、工匠精神等思政元素融入课堂教学全过程。在培养语言技能基础上，实现品质塑造、价值引领与知识传授、能力培养的一体化推进。

（五）教学实施

具体教学实施如图 6-7 所示。

1. 课前

完成英语动画视频“Hare and Tortoise”试听，完成试听测试题，初步了解动画内容，运用发散思维思考寓意；完成微课视频“The Useful Language for Patience”试听，摘录相关语料和句型。

教师活动：① 通过平台发布课前学习任务，推送动画视频和微课视频的试听练习。② 查看学生完成情况，实时调整教学安排。

学生活动：① 完成动画视频的试听练习，完成相关测试题，初步了解动画内容。② 完成微课视频试听，摘录相关语料和句型。

2. 课中

回顾动画（10 分钟）：课前回顾，纠错讲解判断题，理解故事寓意“缓慢而稳定可赢得比赛”。

教师活动：回顾课前动画试听情况；纠错讲解 8 个是非题；引导学生思考并说出故事寓意。

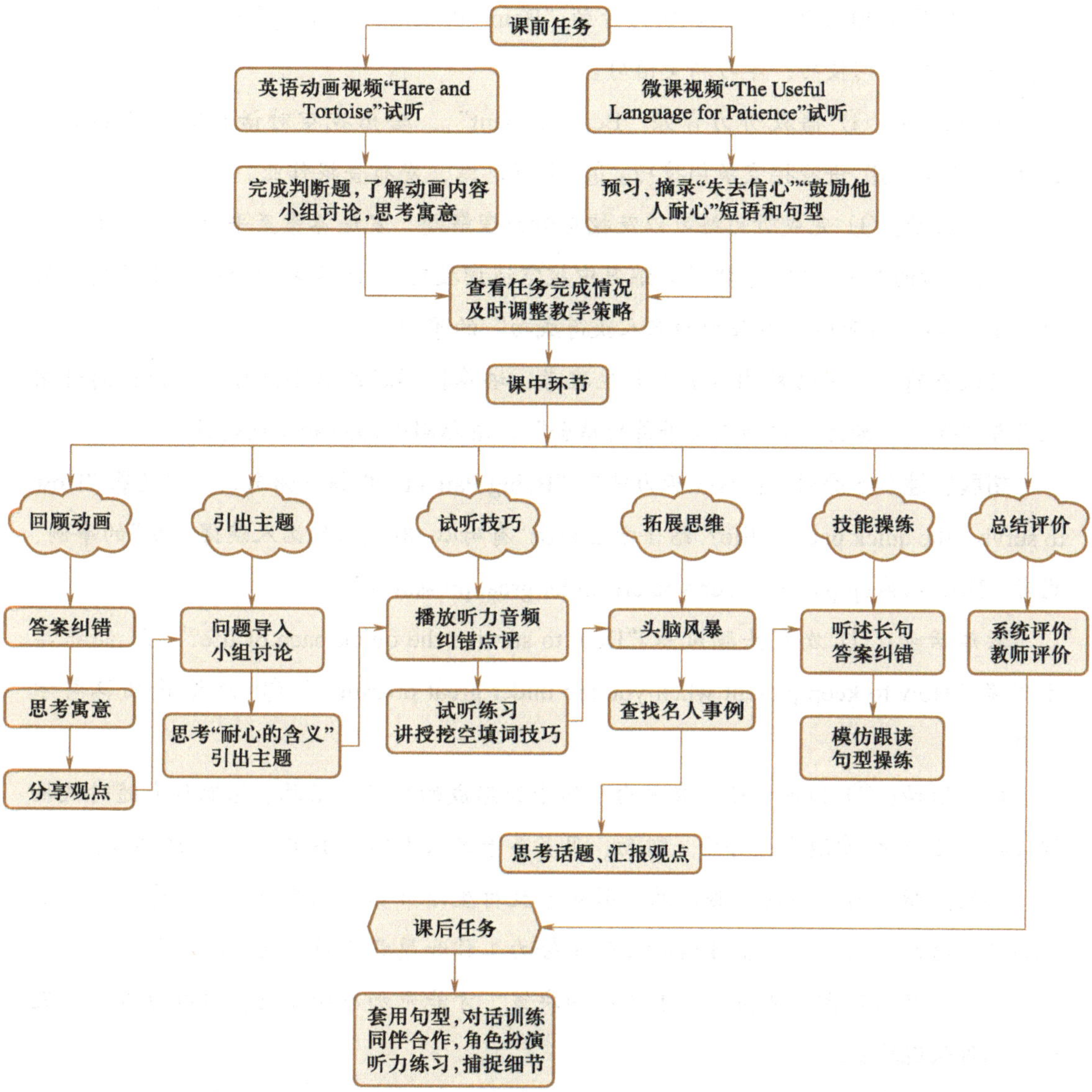

图 6-7　教学实施图

学生活动：查漏补缺，思考并回答问题，理解寓意。

引出主题（10 分钟）：讨论话题“Do you know the meaning of patience?”并思考“耐心的含义”，引出主题：耐心的重要性以及如何保持耐心。

教师活动：① 播放视频“Patience”。② 发布问题：“Do you know the meaning of patience?”引导学生思考耐心的含义。③ 教师总结“patience means working hard but also waiting for results”。

学生活动：① 观看视频，思考耐心的含义。② 同伴讨论，抽查分享观点。③ 了解耐心的含义。

试听技巧（20 分钟）：播放听力音频“Being Patient”，给出听力理解题；纠错点评；讲授挖空填词技巧；学习精美语句。

教师活动：① 播放听力音频“Being Patient”，给出挖空对话和听力理解题。② 纠错点评。③ 讲授挖空填词技巧。④ 教师总结，发布查找作业。

学生活动：① 完成听力练习以及挖空听力理解题，发送答案至平台，系统给分。② 了解耐心的含义。③ 掌握听力练习中挖空填词技巧。④ 学习听力练习中的精美语句。⑤ 查找“有耐心、有毅力的名人获得成功”的事例。

思政点睛：利用话题内容引发学生思考，培养批判思维和小组合作意识；同时深入思考“耐心是努力工作和愿意等待的结合”，培养耐心品质和工匠精神。

拓展思维（15 分钟）：结合听力练习“Being Patient”中精美语句，头脑风暴“How to survive the quick pace of life?”结合学生查找“有耐心、有毅力的名人获得成功”的事例，思考“How to keep patient when you are under great pressure?”

教师活动：① 发布头脑风暴“How to survive the quick pace of life?” ② 组织学生思考“How to keep patient when you are under great pressure?” ③ 总结并抽取同学汇报。

学生活动：① 组内讨论，在平台上传小组形成的观点，汇总、选取代表随时被抽取汇报。② 结合爱迪生、海伦·凯勒、贝多芬等名人事例；小组讨论，回答问题。

思政点睛：通过组内头脑风暴，引发学生对生活节奏、人生节奏的思考；通过名人事例、思维拓展，让学生理解耐心除了努力工作和愿意等待，还需要有接受挫折的能力，只有坚持不懈，能做出富有成效的决策，才能更加享受生活；这样可以有效促进正确价值观培育。

技能操练（20 分钟）：听述长句，模仿跟读。句型操练，口语练习。

教师活动：① 播放听力对话，组织单句听述练习 Ex.3 How to Have Patience，给出挖空对话和听力理解题，根据学生反应讲解难点，核对答案。② 纠错讲解答案。③ 利用学习通“选人”选取若干小组模拟对话。④ 组织游戏检测句型操练。

学生活动：① 完成填空和练习。② 查漏补缺。③ 两两通读对话，模仿跟读。④ 在 process on 上完成作文结构和内容填空，做好笔记。

总结评价（10 分钟）：① 耐心的重要性。② 如何成为一个有耐心的人。

教师活动：① 总结评价。② 组织学生完成课内听力。

学生活动：① 理解耐心的重要性及拓展职场耐心的重要性。② 完成课内听力。

3. 课后

课后任务：套用句型，对话训练，上传对话视频；同伴合作，角色扮演，上传对话视频；听力练习，捕捉细节。

教师活动：① 布置任务。② 查看在线作业情况。

学生活动：① 完成对话训练和听力练习。② 完成角色扮演，上传视频。

思政总结：① 通过课堂话题思辨，培养批判性思维和小组合作意识，培养耐心品质和工匠精神。② 通过组内头脑风暴、名人事例，有效促进正确价值观的培育。③ 通过试听练习、思考耐心的重要性，进一步培养学生的职业素养和工匠精神。

六、课程思政创新与反思

（一）创新之处

教学内容创新：实现思政教育、英语学科教育和职业素养培养有机融合，有效实现了英语课程的育人功能。

教学方法创新：充分借助网络教学平台，在各章节中增加“聚焦社会”版块，内容涉及社会关注热点、焦点问题和时政新闻、防疫安全知识、战“疫”好文精选、纪录片、动画短片等，以及中国传统文化（双语）、学唱英语歌曲等素材，便于学生随时随地课前自主预习和导学，使课程思政更加“生活化”。

（二）下一步改进措施

完善和更新课程思政资源，提升思政元素与课程内容的关联性以及案例的实效性。

丰富教学方法和手段，坚持以学生的学习成效为目标，推进信息技术与英语课教学的深度融合。

提升团队教师课程思政建设的能力。充分发挥教研室、课程教学团队的作用，多组织团队教师开展课程思政经验交流、现场教学观摩等活动，多组织团队教师参加师德师风、教学能力专题培训，多鼓励团队教师加强课程思政建设重点、难点及前瞻性问题的研究，不断提升课程思政建设能力。

案例编写人：浙江交通职业技术学院陈明洁、赵哲珺。

7. 培根铸魂育新人 立德树人担使命

——『国际贸易实务』课程思政案例

一、课程介绍

“国际贸易实务”课程2017年开始建设线上线下混合式教改课程，2020年被认定为校级精品在线开放课程，2021年被认定为校级课程思政建设示范课程、校级优质课程，2022年被评为浙江省课程思政示范课程。

“国际贸易实务”课程授课对象是港口与航运管理专业大学一年级学生，根据学校“坚持立德树人，德技并修，提供优质教育服务，培养交通事业和社会需要的高素质技术技能人才”的办学定位要求，结合服务于浙江建设港航强省的高素质技术技能人才培养目标，“国际贸易实务”课程融通“岗课赛证”，利用课堂教学主渠道，向学生传授专业知识的同时，培养学生职业素养、专业应用能力和创新思维能力。

二、课程教学目标

通过模块化的学习项目、任务引领型的项目活动，使学生懂得国际贸易发生的基本原因，国际贸易和港口与航运业务之间的关联性，熟悉基本的国际贸易政策和措施，熟悉和掌握国际贸易的基本流程、基本操作方法，具备一定的报价核算能力、外贸函电处理能力、拟订合同能力、信用证业务处理能力、跟单能力、单据处理能力，能进行各项业务的熟练操作，完成国际贸易合同履行主要阶段的工作任务，能基本判断、解决国际贸易实务中出现的问题，同时，通过教学活动培养学生的爱国、爱岗、敬业、精益求精等职业素质。

（一）素养目标

- 培养学生建立国际视野、中国视角和科学的开放观。
- 培养学生坚韧学习、使命担当意识。
- 培养学生工匠精神、精益求精、协作担当的职业素养。
- 培养学生求真务实作风、辩证思维和全球协作的意识。
- 培养学生社会主义核心价值观和职业道德。

（二）知识目标

- 了解基本的国际贸易政策。

- 掌握商品品名的常见命名方式、商品品质的规定方法。
- 掌握商品数量的常见单位，了解商品包装的分类。
- 了解 3 个有关贸易术语的国际贸易惯例，掌握贸易术语的含义、作用以及《国际贸易术语解释通则 2020》中主要贸易术语表述的买卖双方的责任。
- 了解国际货物运输的主要方式和特点，掌握海上运输的分类，熟悉国际货物运输合同中装运条款的内容，掌握海运提单的种类和作用。
- 了解保险的基本概念和原则，熟悉海上风险与损失的种类，掌握中国及伦敦保险协会的海洋运输保险条款、买卖合同中的保险条款。
- 掌握进出口商品价格的制定原则和方法、主要贸易术语的价格换算、佣金和折扣的含义及计算方法。
- 掌握汇付和托收的当事人和流程、信用证的种类、支付程序及特点。
- 了解国际贸易交易前的准备工作的重要性、国际货物买卖合同的特点和内容。

（三）技能目标

- 能够正确采用货物的名称，能熟练阅读和表达外贸合同中货物的品质、数量及包装条款。
- 能够在交易磋商中正确选用贸易术语，能够正确核算交易中的商品价格。
- 能够租船订舱、计算海运运费、缮制海运提单，能够在合同履行中选用合适的险别进行投保。
- 能够计算保险金额和保险费、缮制投保单和保险单，能够正确订立买卖合同中的支付条款。
- 能够填制汇票、审核和修改信用证、拟定国际货物买卖合同中的条款。
- 能撰写发盘函，应对客户还盘。

三、课程思政整体教学设计思路

（一）课程思政整体设计理念

课程深度挖掘思想政治教育资源，以中国贸易发展史、经济学家榜样的力量、大国工匠故事、“一带一路”共建共享等中国故事为融入点，以贸易流程、经济历史、时事政策、哲学思考为着眼点，将人文精神与专业理论相融合、历史事件与专业知识相融合、思政元素与实践教学相融合，时事政策与理论教学相融合，形成《国际贸易实务》课程思政理念：培根铸魂育新人，立德树人担使命。弘扬坚韧、协作、担当的海运精神，在知识传授过程中融入开放视野、民族自信、爱国情怀、传统文化、历史唯物观、社会主义核心价值观、责任担当等思政元素，使学生在德智体美劳等方面更高质量地全面发展。

（二）课程思政整体设计框架

课程思政整体设计框架如表 7-1 所示。

表 7-1　课程思政整体设计框架

序号	教学内容	思政育人目标	教学方法
项目一 国际贸易认知	任务 1：学习国际贸易理论和政策、流程等 任务 2：引入中美贸易摩擦和进口市场调研案例，小组研讨国际贸易发展的历程、国际贸易条约（海牙规则、汉堡规则等） 任务 3：在教师指导下完成“调研我国国际贸易发展现状”作业，并分享到慕课教学平台讨论区	初步培养学生的国际视野、爱国情怀，培养科学的开放观	案例导入、情境体验、反思拓展、心得感受分享
项目二 国际货物品名、数量和包装	任务 1：商品名称和品质条款、数量初步认识 任务 2：导入马桥公司教学案例讲授，提供一款故宫博物院口红，指导学生结合商品特点，拟定产品的品质条款和数量条款，同时结合故宫口红的特点设计一个促销方案 任务 3：调研我国 2021 年度进出口商品种类、构成等现状	培养学生民族品牌自信，进而激发四个自信、坚韧担当、协作意识	实物展示、情境体验沉浸、主题案例研讨、反思
项目三 贸易术语选择和定价	任务 1：《国际贸易术语解释通则 2020》的具体内容及分组特点 任务 2：选定一个合适的贸易术语引入本节讲解的理论知识，结合单证员考证知识点分组训练包含 FOB、CFR 和 CIF 术语的区别，风险、费用和责任的划分以及适用的运输方式 任务 3：小组合作完成 FOB 报价换算为 CIF 报价上传到教学平台，同时组织以小组为单位走访红色基地	培养学生科技兴国、坚韧学习、使命担当意识	情境体验、分组实操、小组协作

续表

序号	教学内容	思政育人目标	教学方法
项目四 国际货物运输	任务1：国际运输单据 任务2：详细给学生展示多家不同航运企业的提单样本，然后结合工作岗位的要求、职业技能大赛和国际贸易单证员资格证书的考点，操作实践单证，通过冲突式启发，引导学生深入探究如何正确填写提单和计算运费 任务3：以2～4人小组协作的形式走访企业，填写一份提单上传教学平台	培养学生工匠精神、精益求精、协作担当的职业素养	虚拟仿真、启发探究、企业考察、案例导入单据制作情境体验、作品展览
项目五 国际货物保险办理	任务1：设置案例讨论“我国海洋货物运输保险条款”，引导学生深入探究 任务2：导入缮制保险单和计算保险金额和保费的案例，小组研讨保险原则、风险划分、保险条款和保险险别认知 任务3：分组完成保险金额计算和缮制保险单据	培养学生求真务实、辩证思维和全球协作的意识	理论讲授、案例导入、情境体验、虚拟仿真
项目六 国际贸易货款收付	任务1：票据的定义、种类 任务2：导入支付方式选择的案例，讲授汇票、托收、信用证等知识，缮制商业汇票，渗透诚实守信意识 任务3：分组讨论为规避风险和降低商务成本，使用多种支付方式的情况，思考诚实守信的重要性 任务4：信用证的种类、支付程序及特点	培养学生诚实守信和团队协作、职业道德，树立良好的国际形象	案例展示、传统文化浸润、短故事视频情境体验、拓展反思法
项目七 进出口合同履行	任务1：国际货物合同的履行过程 任务2：出口合同履行的一般流程和具体做法 任务3：小组合作进行志愿者活动，承担社会责任和发扬使命担当精神	拓宽学生国际视野，培养学生爱国情怀、开放包容、使命担当意识	案例导入、情境体验、反思拓展

（三）课程思政教学策略

1. 课程教学模式

“国际贸易实务”课程已建成了完善的课程思政内容体系，根据隐性教育与显性教育同向共生性理念，将教学实施运行机制与课程思政隐性教育运行机制有机融合，采用思政元素“三融”模式：教学理念融入思政，教学资源融合思政，教学课堂融会思政。在专任教师、行业工匠、学生三个维度同频共振，形成师生匠课程思政教学共同体。将思政供给体系化、育人载体多样化、考核方式多元化，通过课前导学、课中研学、课后延学提升，引领学生进入良性循环学习状态中，有效实践课程思政教学体系。课程教学模式如图 7-1 所示。

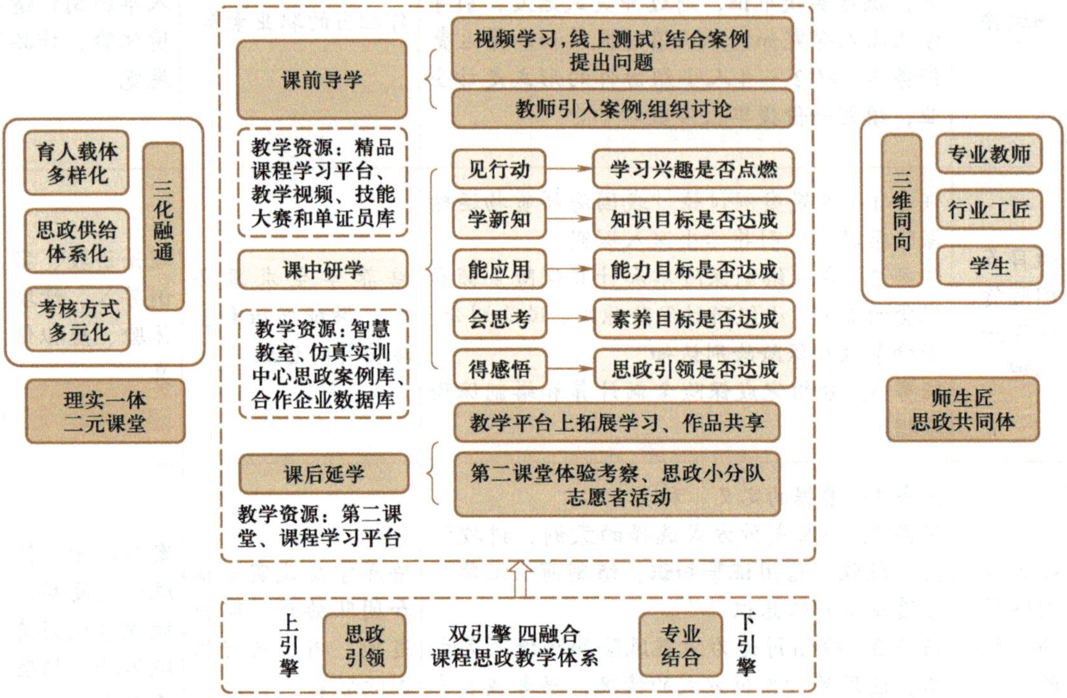

图 7-1　课程教学模式

2. 课程教学资源

教学环境：学校具有智慧港口、航运实训中心和智慧教室，可同时为 50 位同学进行理论授课和实践教学。

数字资源：团队建设了在线精品开放课程，包含微课、动画、题库等资料，用于线上课前发布的自学任务资源和课中的教学资源。

教学平台：智慧教学平台，用于任务发布，线上线下师生互动，记录教学全过程，统计学习数据及评价分析。

教学软件：互联网 + 国际贸易教学软件，用于模拟职业技能竞赛的场景，如图 7-2 所示。

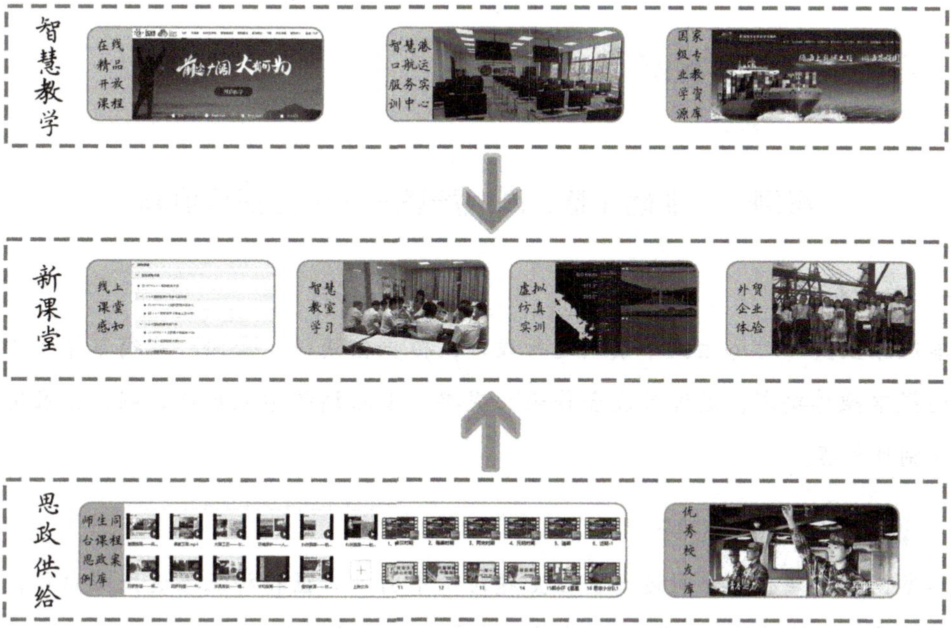

图 7-2　课程教学资源

3. 课程教学评价

聚焦过程，制定知识掌握、技能达成、素质养成三层目标考核，在时间上按“课前、课中、课后”三段式过程评价，实施课前线上教学平台预习自测，课中研学、小组协作实操，课后精品在线开放平台数智记录。以学生为中心开展学生自评、生生互评、教师评价、行业工匠评价，构建理实一体、定性定量立体综合的全过程形成性考核。课程教学评价体系如图 7-3 所示。

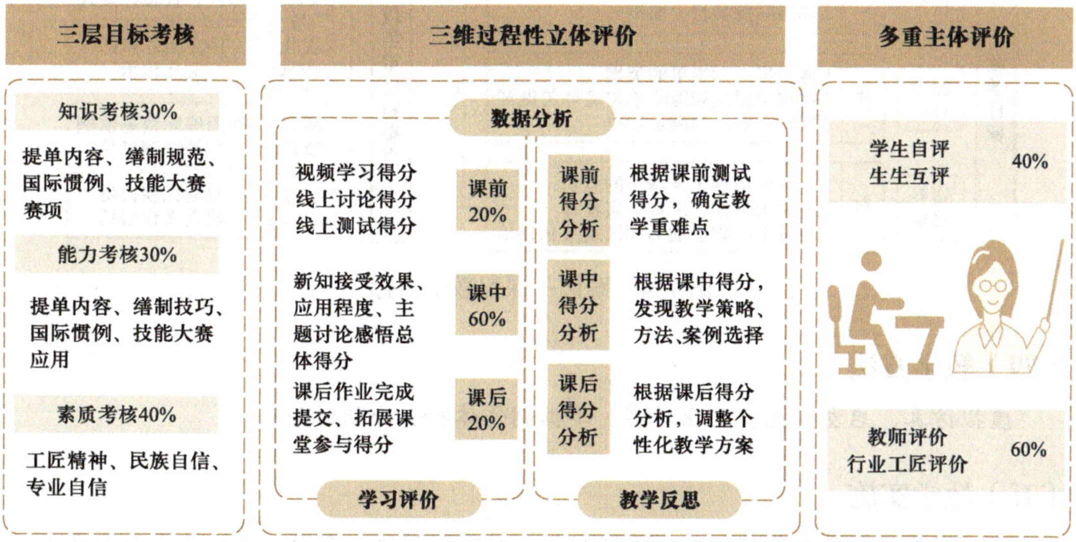

图 7-3　课程教学评价体系

四、课程思政教学案例

案例一　准确完整、高效严谨——海运提单填制

（一）教学任务

本次课主要针对海运提单填制进行设计，根据信用证、合同、装箱单等文件，结合海运提单操作要求，通过签发合作企业提单，重点训练学生如何正确、精准地按照规范来制作单据。

（二）课程思政教学设计

本案例教学实行 4 学时连上，在主题讨论中引入工匠精神来渗透民族自信，培养学生严谨治学和协作能力，课后分享则让学生感受学习的成就感。

以课前导学、课中实践“行、学、练、思、悟”、课后延学分享为设计主思路，线上自主学习、互动交流；线下合作学习、专思结合主题讨论；共同完成提单仿真制作，实现师生同台，德技双修，共同讲好中国故事，践行工匠精神。

（三）教学目标

本次课教学目标如图 7-4 所示。

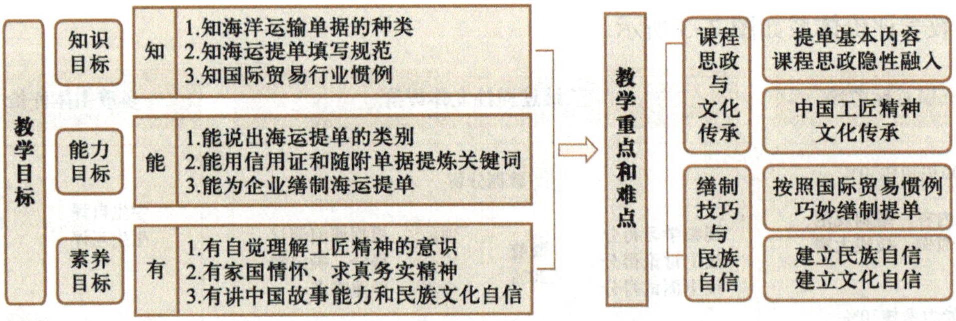

图 7-4　案例一课程教学目标

（四）教学方法

虚拟仿真、启发探究、企业考察、单据制作体验、小组讨论等。

（五）教学实施

海运提单缮制要求单单相符、单证相符，要有信用证、合同、运输几个专业元素，

以2～4人为一组共同完成作品，制作中拍四张过程照片，一张成品照片，附上专思结合主题讨论小组文案，上传至智慧教学平台讨论区。线上教学资料、制单视频资料随用随取，教师巡视指导线下制作过程，线下点评创作成品，线上分享。课后学生拓展学习并线上预习下次课内容。

1. 课前导学：为何制单？奠定认知基础，引入工匠精神

教师在智慧教学平台上整合教学资源，发布课前学习任务，推送相关提单制作学习资料，引入大国工匠系列张兴华造船工匠故事案例，通过线上提问讨论为何制单，考查学生对提单内容知识的了解程度。

2. 课中研学：如何制单？核对单据，做到“行、学、用、思、悟”

（1）见行动

在仿真实训中心课堂发布多家不同航运企业的提单样本，设置思考问题：① 提单品名填制错误是否影响清关？② 在人类的探索之路上为什么需要工匠精神？让学生思考提单内容并开启学习行动。

（2）学新知

强调海运提单发货人、收货人、商品数量、名称和金额等内容填写规则，根据国际贸易惯例和互联网＋国际贸易技能大赛的赛项要求，结合国际商务单证员的考试要点，设置提单制作要求，制作一份融入企业元素的提单样本，要有填制要点标记和填制内容选取的过程记录，培养学生严谨治学的精神。

（3）能应用

教师宣布按小组协作方式开始制作提单，教师在教室巡回指导。学生小组成员按分工开始制作，制作完毕后分头核对，过程中可以看教学视频，也可以求助教师。教学活动主要培养学生的工匠精神和协作能力。

（4）会思考

讲解贸易领域海事纠纷案例，请同学们谈谈在国际贸易中如何维护国家利益和中国企业利益，组织学生讨论发言；结合提单缮制过程中对品牌自信和文化自信的理解，思考自己应该怎样做。

（5）得感悟

点评本次课学生参与讨论的表现以及在学习过程中出现的问题和值得表扬的地方；请学生把自己本次课的感悟分享到教学平台讨论区，与同学共享。

3. 课后拓展：体验制单，第二课堂深化认知、拓展课堂维度

布置下次课的预习任务，点评、批阅学生教学平台上的作品。学生把本次课的学习感悟发到平台讨论区，与同学分享学习的成就感和快乐感。同时，团队教师带领学生深入企业体验制单和开展思政小分队社会志愿服务，深植社会责任、工匠精神等思政意识，拓展课堂教学维度。

案例二　安全牢固 经济美观——商品包装认知

（一）教学任务

根据包装的要求，包装分为销售包装、运输包装和中性分装。本次课通过讲解不同包装的种类和要求以及合同中的包装条款，重点训练学生能够合理选用商品的包装。

（二）课程思政教学设计

本案例教学采用3学时连上，提供一款故宫博物院口红，指导学生结合商品特点，拟定产品的包装条款。主题讨论中引入民族品牌自信，以课前导学、课中实践“行、学、用、思、悟”、课后延学分享为设计主思路，线上自主学习、互动交流，线下合作学习、专思结合主题讨论，协同操作，实现师生同台，德技双修、共同讲好中国故事，激发四个自信。

（三）教学目标

本次课教学目标如图7-5所示。

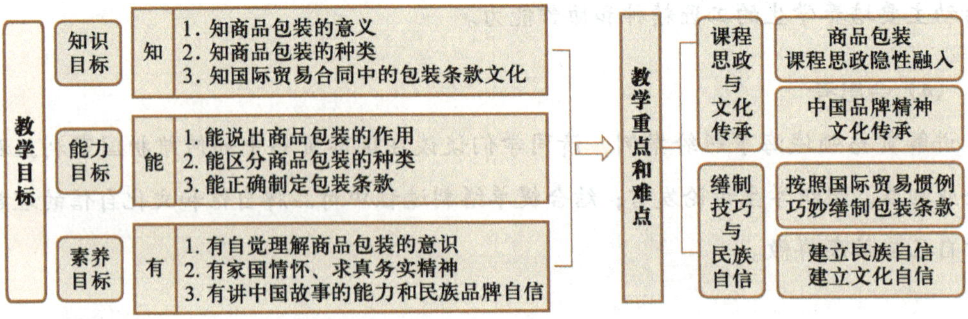

图7-5　案例二课程教学目标

（四）教学方法

实物展示、情境体验沉浸、主题案例研讨、反思拓展法。

（五）教学实施

导入某公司教学案例讲授商品包装的相关知识，提供一款故宫博物院口红，指导学生结合商品特点，拟定产品的包装条款和注意事项。理论讲授质量、数量与包装，课后分小组调研我国2022年度进出口商品种类和构成的现状。

1. 课前导学：了解中国制造，奠定认知基础、引入民族精神

教师在教学平台上整合教学资源，发布课前学习任务，推送包装制作学习资料，引入“贸易大国——中国制造与品牌”案例，以精准互动和品牌体验为切入点，考查学生对中国制造商品的了解程度。

2. 课中研学：掌握包装意义、包装分类，做到“行、学、用、思、悟”

（1）见行动

在智慧教室课堂展示不同的商品，设置思考问题：商品包装如何分类？包装分类有什么作用？让学生思考并开启学习行动。

（2）学新知

强调商品的销售包装、运输包装和中性包装的种类、要求和相关的标志，根据国际贸易惯例和互联网＋国际贸易技能大赛的赛项要求，结合国际商务单证员的考试要点，设置运输包装的标志认知，制作一组运输包装的标志，要有填制要点，培养学生严谨治学的精神。

（3）能应用

教师提供多种不同的商品，包含巧克力、口红、丝绸、酒水等商品，学生分组讨论它们的包装方式，教师在教室巡回指导，学生在讨论过程中可以看教学视频，也可以求助教师。

（4）会思考

讲解商品包装纠纷案例，请学生谈谈在国际贸易中如何维护国家利益和中国商品利益，组织学生讨论发言；结合包装认知过程中对品牌自信和文化自信的理解，请学生联系自己谈谈该怎样做，激发学生的品牌自信。

（5）得感悟

点评本次课学生参与讨论的表现、学生对中国制造的理解，引导学生讨论如何运用包装来提升中国制造的竞争力；请学生把自己本次课的感悟分享到教学平台讨论区，与同学共享，提升学生的民族品牌自信和文化自信。

3. 课后拓展：精准体验，第二课堂深化认知、拓展课堂维度

布置下次课的预习任务，点评、批阅学生教学平台上的作品。学生把本次课的学习感悟发到平台讨论区，与同学分享学习的成就感和快乐感。同时，团队教师带领学生深入大型商超分类查看不同的商品包装，带领思政小分队开展社会志愿服务，深植社会责任、民族品牌等思政意识，拓展课堂教学维度。

五、课程思政创新与反思

（一）探索实践思政融入新模式，课程思政元素合理性有待提升

教学实施过程中，如何自然而然地让学生提高民族自信，领会工匠精神，还有待进一步提升。所以，需要进一步提炼课程中蕴含的行业文化精髓和哲学思考价值元素，将其转化为课程思政建设的有效教学载体，加强“使命担当”的第二课堂建设，使每节课都能达到理想的“教书”和“育人”的双重效果。

（二）探索立体综合评价新方法，完善评价指标体系科学性

课程评价涉及多个方面，立体综合评价涉及定性、定量综合评价，定性信息的模糊性等不确定因素较多，各指标之间的权重确定是所有评价问题的难点。下一步将尝试以学生为中心开展学生自评、生生互评、教师评价、行业工匠评价、数智综合评价，构建理实一体、定性定量立体综合的全过程形成性考核，设置问卷调查面向更多一线教师、行业专家、教育专家等，尝试对每位学生的学习效果进行画像，教师通过分析数据，调整教学策略，改进教学方法。

案例编写人：浙江交通职业技术学院常青丽、凌海生、涂春、何佩。

8. 重视思政元素融合 筑基网页设计与制作

——『网页设计与制作』课程思政案例

一、课程基本信息

“网页设计与制作”课程是物联网应用技术专业的专业拓展课，也是计算机网络技术、大数据技术等专业的专业基础课，是浙江省职业教育课程思政示范课建设项目，荣获浙江省高等教育学会2021年浙江省高校课程思政教学改革系列活动课程思政优秀教学微课，共计48课时。

该课与后续课程“后台应用开发”“Web程序设计”等，旨在培养学生Web客户端页面设计能力。课程重视学生分析解决问题的能力和团队合作沟通能力的培养，帮助学生了解网站设计、制作的全过程，并能熟练地制作出有专业水准的前端页面。

二、课程教学目标

依据现代职业教育理念，紧紧围绕专业培养目标，按照“以能力培养为核心，以职业岗位为目标，以工作过程为导向”进行课程设计，课程团队结合多年的教学经验，将本门课程的内容分设为10个项目，每个项目又分解为若干个任务，通过一系列“由简到繁、由易到难、承前启后”的阶梯式项目案例演练，使学生快速掌握网页设计制作的思路和基本技能。

通过学习本课程，学生能掌握网页设计与制作的基本知识和基本工具的应用，学会制作图文混排页面，能够应用CSS的控制页面的文本外观样式，能够使用DIV标记与超链接样式，并能够通过控制表单样式美化表单界面。

坚持“立德树人，德专并举”的教育理念，将思政教育融入“网页设计与制作”专业课程教学过程中，注重学生职业素养、专业技能及学生德育能力的提升，将学生培养成为爱党、爱国、爱人民、具有良好职业能力的有志青年。

（一）素养目标

- 培养学生具有正确的“三观”，牢固树立“四个意识”，坚定“四个自信”，具有爱国主义情怀。
- 职业精神。培养学生分析问题、解决问题的能力；养成严肃认真、实事求是的科学态度和严谨的工作作风，以及具备创新能力、沟通能力和团队协作能力。
- 法纪意识。培养学生明辨是非、分清善恶的能力；在网站设计中，选择符合法规的网络内容，营造健康、清朗、安全的网络空间。

- 公德意识。引导学生把社会主义核心价值观作为明德修身、立德树人的根本要求，尤其是要把“爱国、敬业、诚信、友善”的公民个人层面的价值观作为立身的根本准则。
- 美学素养。提高学生审美能力，能设计制作出富有创新意识的精美网站页面。

（二）知识目标

- 掌握网页设计与制作的基本概念。
- 掌握网站建设的常用工具。
- 熟练掌握HTML语言文档头部相关标记、文本控制标记、图像标记等标记及用法。
- 熟练掌握CSS样式规则，了解CSS字体样式及文本外观属性，CSS复合选择器，CSS层叠性、继承性与优先级。
- 了解盒子模型，熟练掌握元素的类型与转换、元素的浮动与定位、CSS+DIV布局网页。
- 能区分无序列表、有序列表及定义列表，了解表单及表格。
- 掌握JavaScript基本语法。

（三）技能目标

- 掌握相关软件使用方法。
- 会制作图文混排的网页。
- 能应用CSS样式表，对页面美化。
- 能够使用CSS+DIV、列表、表格等方式对网页布局。
- 能够创建具有相应功能的表单控件，会通过控制表单样式美化表单界面。
- 能够利用JavaScript制作网页特效。
- 了解整个网站的制作、测试、推广与发布。

三、课程思政整体教学设计思路

（一）课程思政整体设计理念

1. 课程整体设计理念

依据专业人才培养方案、岗位需求等内容，针对高职教育特点，课程教学主要以

Web 前端开发综合应用能力培养为主线，在课程体系上以“应用”为主旨，在课程内容上以“必需、够用”为度，采用理实一体化与任务驱动教学模式，培养学生分析、解决问题的能力以及团队合作沟通能力，增强学生对企业网站开发技术的适应能力，使学生在掌握网站设计、制作的全过程中，具有正确的价值观和良好的职业素养，并能熟练地制作出有专业水准的前端页面。

2. 课程思政设计理念

本课程以岗位工作过程的应用知识结构为主线，以知识中蕴藏的人文底蕴及育人元素为切入点，并以学生需求为关注点，形成以点带面的课程思政实施路径。

（1）重视课堂基本要素的融合集成化

课堂基本要素众多，但从课程思政本质上来看，需要形成集知识、技能、素养、道德、情感等为一体的多元承载系统，才能促进传统教学系统转化为课程思政系统，激发学生的需求兴奋点，充分发挥其创造力和想象力，在掌握实践知识技能的同时，完善道德修养。

（2）重视课堂教学对学生成长的引领作用

课堂教学情境与社会行业应用场景高度相似，知识在岗位工作过程中不断被创新应用，学生在解决问题中形成良好的道德品质、职业素养与价值观念。

（3）重视思政元素的提炼与融入

以网页设计内容为爱国主义教育切入点。设定主题让学生制作网页，如以“我和我的祖国”“弘扬伟大建党精神主题诗会网站”“我的家乡”等为主题，让学生感受对国家的热爱，增强民族自豪感与文化自信。

以网页制作岗位实践为职业精神培养切入点。延伸职业精神教育链条，在网页制作岗位的教学实践中，融入创新精神、工匠精神、诚信、敬业等教育内容。教师团队以自己的言行为表率，鼓励学生在职业技能岗位实践中合作探究，培养科学、严谨的工作态度，增强团队协作能力。

以工作过程应用知识结构的科学性为价值观培养切入点。以课程知识融入工作任务为引领，传递主流价值观，培养学生谦虚、包容的态度，提升发现和解决问题、战胜挫折的能力。以课程知识蕴藏的思政价值为激发点，将专业知识点、技能点、职业素养与知识价值、道德价值、审美价值互融共生，注重学生价值观与职业能力的培养。

以科学施教为创新能力培养切入点。紧扣课程关键性知识点，重视学生发散性思维培养，以激发学生创新意识。注重知识和技能举一反三能力与创新精神的培养。创新评价机制，重视对创新意识与团队协作精神的评价。

（二）课程思政整体设计框架

课程以网页设计与制作开发工作流程为主线，系统介绍了页面制作规范，网站建设流程，HTML 语言常用标记的作用与应用方法，CSS 语言的规则、选择符、常用属性作用与应用方法，CSS 盒状模型等内容。课程中需要注重知识传授、能力培养、价值塑造等相互融合，同时加强对学生职业素养和职业精神的认知教育，引导学生树立正确的价值观与人生观。课程思政整体设计框架如表 8-1 所示。

表 8-1 课程思政整体设计框架

序号	教学内容	思政育人目标	教学方法
项目一网页制作基础知识	任务 1：案例赏析及 Web 界面规范。从经典的网站页面赏析中认识网页、网页的相关名词、Web 标准及界面规范 任务 2：网站备案与信息真实性 任务 3：反不正当竞争——宝洁公司域名之争	（1）辩证思维：通过对经典网站页面设计的优缺点的讨论，培养学生辩证思维 （2）爱党、爱国、遵纪守法：通过观看诵读《网站备案信息真实性承诺书》示例视频，让学生了解网站备案工作的程序，并填写《网站备案信息真实性核验单》，加强学生遵纪守法等教育	案例分析，主题讨论法，讲授法 采用“任务描述→知识准备→任务实施→能力拓展（课后拓展）”的形式组织线上线下混合式教学
项目二网页制作相关应用软件操作	任务 1：PS 网页图片处理——著名的新闻图片造假事件 任务 2：网页前端开发者为什么鄙视 DW 的使用者？介绍网页制作的相关工具 Dreamweaver、Notepad++，Visual Studio-Code，并用相关软件做一个最简单的网页 任务 3：Flash 的没落	（1）职业精神和职业道德：通过对网页新闻图片造假事件引起的严重后果的讨论，教育学生要有良好的守信守法的职业道德与求真务实的职业精神 （2）辩证的、发展的观点，与时俱进、勇于探索的精神：通过不同网页制作软件的使用，探讨不同软件制作网页的优缺点，培养学生辩证思维；通过让学生了解 Flash 的没落，接受发展的观点、与时俱进的哲学思想	案例分析，小组讨论，演示教学，任务驱动法 采用“任务描述→知识准备→任务实施→实施能力拓展（课后拓展）”的形式组织教学

续表

序号	教学内容	思政育人目标	教学方法
项目三 网站建设流程	任务 1：建立站点 任务 2：创建首页 分组任务：模拟建设我和我的祖国、我的家乡、中国优秀传统文化等主题网站，通过分组选做任务的实施，学生学会建立站点，创建网站首页	职业精神：通过分组任务完成，在协作讨论过程中进行职业道德、职业素养、团队协作精神、敬业精神的教育培养 爱国主义教育：热爱祖国，热爱家乡，弘扬中国优秀传统文化。从讨论分组选题到素材收集，培养学生职业道德、职业素养、团队协作精神、敬业精神，在素材收集过程中进行爱国主义教育	任务驱动法，分组活动，演示教学 采用“任务描述→知识准备→任务实施→实施能力拓展（课后拓展）”的形式组织教学
项目四 HTML5 页面元素及属性	任务 1：网页制作——诚信考试主题教育。任务导入针对校园网上诚信考试主题教育的页面进行分析，通过文本样式标记对网页上文字进行设置，让学生掌握文本样式标记常用属性 任务 2：网页制作——校园内垃圾分类的宣传，通过案例分析，掌握图像标记及其属性，能够图文混排 任务 3：制作校园介绍页面，通过制作校园介绍页面，综合应用 HTML 各标记	诚信原则：通过任务导入诚信考试主题教育，培养学生按客户委托基本要求按时、守信完成任务的诚信原则 哲学思想：通过制作校园内垃圾分类宣传网页，培养学生与时俱进、可持续发展的哲学思想 热爱校园：课前让学生观看视频并收集校园素材，通过制作校园介绍页面，让学生了解校园文化历史，热爱校园，贴近自然，感受校园之美 职业精神：通过企业岗位工作过程的学习，了解企业文化，培养职业精神	任务驱动，理实一体化教学 采用“任务描述→知识准备→任务实施→实施能力拓展（课后拓展）”的形式组织线上线下混合式教学
项目五 CSS 的属性	任务 1：学院新闻详情页。通过任务驱动掌握 CSS 样式规则 任务 2：制作举办“预防电信网络诈骗”知识宣传页面 任务 3：制作中国传统节日介绍页面 任务 4：对新闻页面进行美化修饰 任务 5：制作学校历史介绍页面	科学观培养：根据 CSS 属性的前后联系，进行科学观教育 关注时事：从关心身边的新闻做起 安全教育：通过防诈骗学习，引导学生树立网络信息安全意识 爱国主义精神：通过中国传统节日的网页制作，教育学生弘扬中国优秀传统文化，增强民族自豪感，增强民族自信 美学素养：审美能力培育 哲学思想：培养学生哲学思想，用发展的观点看待学校历史变迁，尊重历史，热爱学校	任务驱动，案例分析，理实一体化教学 采用“任务描述→知识准备→任务实施→效果展示→效果评价→实施能力拓展（课后拓展）”的形式组织线上线下混合式教学

续表

序号	教学内容	思政育人目标	教学方法
项目六 CSS盒状（盒子）模型	任务1：点燃激情 向往军营——士官直招计划网页制作。通过制作士官直招网页项目任务的设计与制作了解盒子模型及相关属性 任务2：建设弘扬伟大建党精神主题诗会网站。掌握CSS+DIV布局，制作网站	爱国主义精神：通过制作士官直招网页，在盒子模型教学中，利用案例的素材融入爱国主义情怀，热爱祖国、保家卫国的思想，让学生既掌握知识与技能，又树立理想，正确规划自己的职业生涯 哲学思想：局部与整体的关系，通过主题诗会网站的主页布局与各个模块关系，让学生理解局部与整体关系的哲学思想，通过网站主题的确立、素材的选择，让学生潜移默化接受爱国主义教育，学习党的二十大精神	任务驱动，分组讨论，理实一体化教学 采用“任务描述→知识准备→任务实施→效果展示→效果评价→能力拓展（课后拓展）”的形式组织线上线下混合式教学
项目七 列表和超链接	任务1：学院新闻块列表。对前面所作网页进行链接，掌握列表的使用，设计出美观的新闻列表 任务2：学院网站导航制作	美学素养：通过任务培养学生做出美观的新闻列表和校园网站导航，运用图文规划对比，理解特技美、对称美、和谐美等要求，进行审美能力培养	任务驱动，理实一体化教学 采用“任务描述→知识准备→任务实施→实施能力拓展（课后拓展）”的形式组织线上线下混合式教学
项目八 表格与表单	任务1：学生信息页面。根据任务要求掌握表格及属性，制作学生信息页面 任务2：用户信息注册表单	安全教育：对用户信息的保密是个人信息安全教育的重要内容，同时注意在网络环境下用户信息的安全保护	任务驱动，案例分析，理实一体化教学 采用“任务描述→知识准备→任务实施→实施能力拓展（课后拓展）”的形式组织线上线下混合式教学

续表

序号	教学内容	思政育人目标	教学方法
项目九 使用 Java Script 制作网页特效	任务 1：学院网站图片幻灯片效果 任务 2：制作下拉列表特效	热爱学校：加深对学校各部门的了解，培养学生热爱母校、为校争光的情怀	任务驱动，案例分析，理实一体化教学 采用“任务描述→知识准备→任务实施→实施能力拓展（课后拓展）”的形式组织线上线下混合式教学
项目十 网站综合项目	自定主题，分组设计并制作一个完整的网站；建立合理规范的网站，制作配色均衡、创意新颖的网页	在网站设计制作中，培养创新精神、责任意识、精益求精的工匠精神，追求网页的和谐，并鼓励不同风格的有创意的网页，在求同存异中鼓励树立创新意识	项目法，分组教学法 采用“任务描述→知识准备→任务实施→效果展示→效果评价→能力拓展（课后拓展）”的形式组织教学

（三）课程思政教学策略

1. 课程教学模式

在课程教学中坚持科学性和思想性结合的思政理念，形成“一个指导思想、一条主线、三个节点、三个环节、五位一体”的教学模式，如图 8-1 所示。

坚持科学性与思想性结合，突出专业特色的思政理念。以岗位工作过程应用知识结构的科学性，精心设计蕴含思政教育的教学任务案例，实现专业课程教育和思政教育并行。

深挖课程知识点思政内涵，创新课程教学和思政教育融合模式。形成“一个指导思想（育人为本、德育为先），一条主线（以课程知识链为主线），紧扣三个节点（挖掘知识点底蕴、多点融合育人、凸显融入点思政元素），主抓三个环节（课前、课中、课后），五位一体（教师、教学内容、教学方法、教学模式、教学评价）”的教学模式。

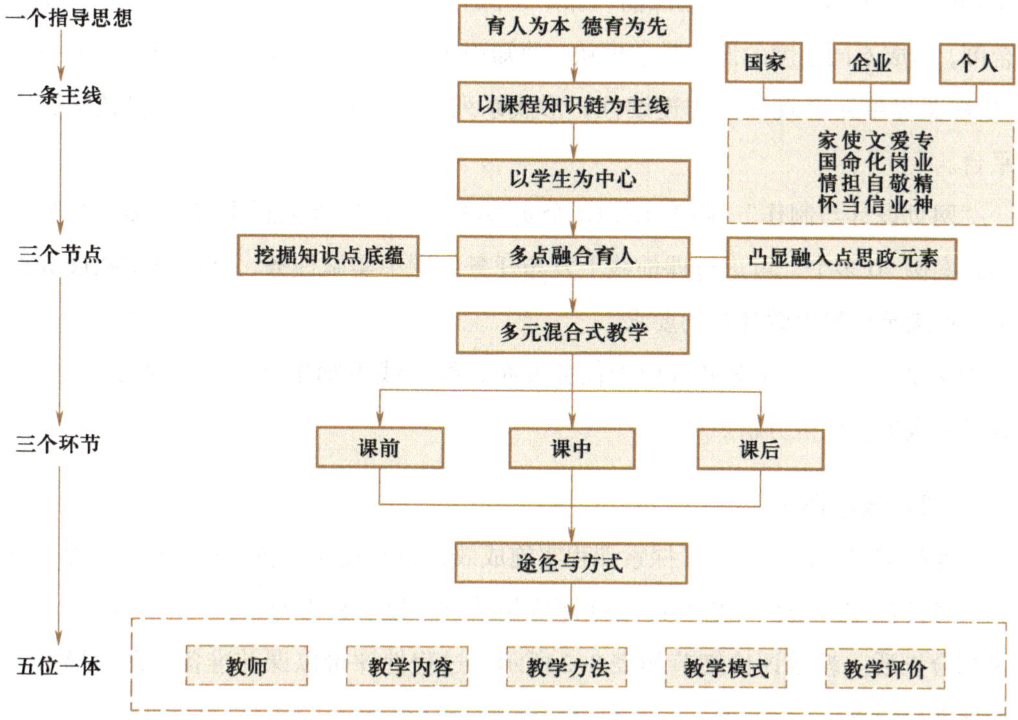

图 8-1　思政教学模式

课前学习融入思政元素。课前指导学生准备素材，如在图片、背景音乐、视频等，准备前提出思政要求。

课中创设项目任务与思政元素互融的教学场景。本课程有很多强化主题表现力的元素，如图片、音频、视频等，在岗位实践项目任务驱动教学中，创设集知识传授、技能培养、创新精神养成、价值塑造、职业精神与素养培养融合为一体的教学情境，形成“学中做”与“做中学”的氛围，提升课堂育人效果。

课后总结评估，润物细无声。课后作品评比，围绕网站主题及表现方法展开。学生把相关作品分享给家人同学，分享完善作品的新思路和方法。教师总结知识思政要点，给予学生鼓励和拓展学习的建议。

2. 课程教学资源

教材选用：《网页设计与制作案例教程》为工业和信息化“十三五”高职高专人才培养规划教材。

数字资源：将智慧教学平台及云教学资源库相应课程建设成果用于线上课前发布的自学任务和课中的教学。① 充分关注学生的思想状况，结合岗位工作中应用到的知识，制作相应的思政教育视频，在课前、课中、课后播放。② 注重专业知识与思政元素的融合度，形成不同维度的课堂教学模块，使知识传授、能力培养与价值塑造融为一体。③ 重视课程单元思政教学的连续性，形成系列化的思政教育主题，并将教学资源纳入平台。

“网页设计与制作”课程形成 10 个实践项目，教学资源制作有 50 多个视频，教学项目案例 20 多个，可进行课前线上发布任务，课中实施任务，课后学习拓展等教学环节，可满足课程思政教育的要求。

教学平台：智慧教学平台用于任务发布，线上线下师生互动，记录教学全过程，统计学习数据及评价分析。

3. 课程教学评价

本课程实践性很强，为了探索课程实施成效，我们建立了教学评价体系，如图 8-2 所示。考评注重过程性评价与终结性评价相结合，以多种考核形式来检验学生学习能力及综合素质。教学评价细节如表 8-2 所示。过程性评价以课前准备、课中导引、课后拓展进行评价。

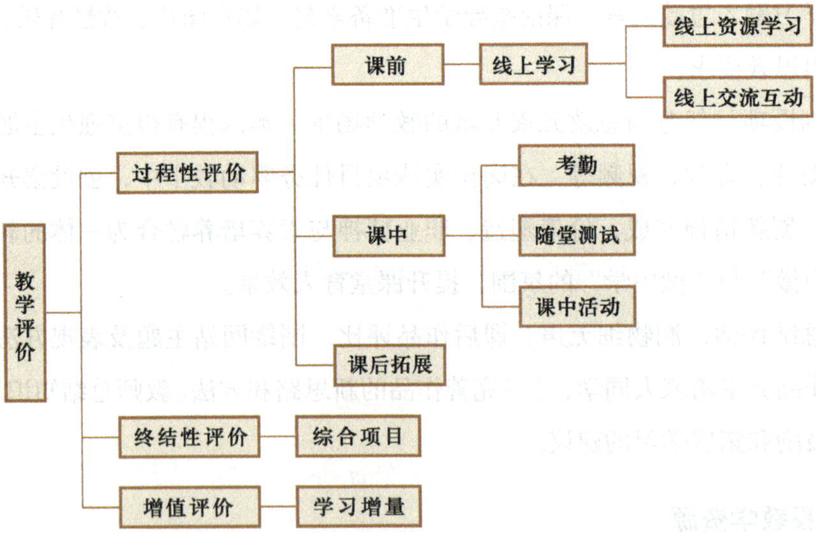

图 8-2 教学评价体系

表 8-2　教学评价细节

教学评价	评价方式	权重	评价标准
过程性评价	线上资源学习	10%	参与度，学习的次数和时长
	线上交流互动	10%	学生参与讨论积极程度，对讨论问题的理解
	考勤	5%	课堂出勤次数
	随堂测试	5%	学生掌握知识的程度
	案例作业	10%	学生掌握知识和技能的程度
	课后拓展	10%	学生掌握知识和技能的程度及创新能力
终结性评价	综合项目	30%	项目完成情况
	答辩	10%	答辩情况
增值评价	完成度，完成时间	10%	系统数据

四、课程思政教学案例

案例一　点燃激情 向往军营——士官直招计划网页制作

（一）教学任务

本次课主要对盒子模型教学内容进行设计，通过士官直招网页项目的设计与制作，了解盒子模型及其相关属性。安排教学 2 课时。

（二）课程思政教学设计

通过制作士官直招网页的工作流程，在盒子模型教学中融入爱国主义情怀，让学生感受到现代化军队的建设，需要具有正确的价值观的高学历人才，正确理解个人发展与国家强大的关系；制作出美观的网页，并且要符合现代审美观念。

（三）本次课教学目标

1. 素养目标

- 培养学生拥军、保家卫国的爱国情怀。

● 树立理想，正确规划自己的职业生涯。

2. 知识目标

● 了解盒子模型。

● 熟练掌握盒子模型相关属性及应用。

3. 技能目标

● 根据网页制作要求，设置盒子模型相关属性，对页面效果进行调控，制作出美观的网页。

（四）教学方法

任务驱动教学法、小组讨论法。

（五）教学实施

1. 课前：思政导入

教师活动：① 通过智慧教学平台发布学习资源。② 发布学习任务。③ 查看学校最新的招生网页，思考网页的排版，查看士官直招计划。

学生活动：根据课前推送的学习任务开展学习。

教师活动：根据学生提交到平台的问题，了解学习需求和学生思想状况；根据平台和大数据统计结果，了解学生的自学情况。

2. 课中：思政贯穿

（1）创设情境

任务导入：评价课前学习情况，激发学生学习兴趣和学习兴奋点。

思政点睛：通过情境联系时事，激发学生学习兴趣；展示士官直招计划的网页，在展示中激发学生向往军营、拥军的爱国情怀。

教学活动 1：教师组织签到。

教学活动 2：分组讨论问题。

问题：随着信息化的迅速发展，手机已经成为人们日常生活中的必需品。一个完整的手机盒子通常包含手机、填充泡沫和盛装手机的纸盒。其实，在 CSS 中也存在着盒子模型，利用 CSS 盒子模型能够更好地对网页进行排版。那么，如何理解“CSS 盒子模型”呢?

教师组织学生分组讨论问题，引导学生带着问题学习，时时把握全场的讨论情况；学生分组讨论，相互探讨各自的理解；教师组织小组代表对以上问题发表见解并总结。

思政点睛：培养学生团队合作意识。

（2）明确任务

教学活动 1：进一步明确本次课要实现的目标是理解盒子模型，掌握盒子属性，设置问题，进行分析、讨论。

问题 1：生活中的盒子有很多，同理，一张网页中的盒子也有很多，这些盒子是如何放置到网页中的？利用学生熟悉的校园网首页进行分析、引导、讨论。

问题 2：网站的主页是由许多盒子构成的，这些盒子是如何放置到网页中的？又是如何把它摆放得有模有样的？

通过层层递进的问题，引导学生学习新知识。将知识通过效果图分解，引出盒子模型知识点。

教学活动 2：任务效果展示。

展示素材及效果图（从视觉上吸引学生）以提高学生的自学兴趣，变被动为主动。展示案例情境，提升体验效果，激发学生学习兴趣。展示 2023 年学校士官直招计划网页，让学生对士官有一个初步了解。

教学活动 3：提出任务目标。

完成士官直招计划网页制作。

（3）执行任务

引导、分析、讨论，解决疑难问题。

教学活动 1：任务驱动，完成案例，边讲边做，用无序列表展示文字（轮机工程技术、汽车运用与维修技术、现代通信技术），分层次讲解知识点，如网页中的位置设置、盒子模型内边距的设置。

教学活动 2：学生边看边做。

教学活动 3: 指导学习。

思政点睛：图片素材是本校轮机工程技术士官生的图片。在讲解中融入爱国主义教育，以点燃学生激情，产生保家卫国的思想共鸣。

（4）任务评价

教学活动 1：学生作品展示。

教学活动 2：学生互评、教师点评。

（5）课后拓展练习，布置作业

① 浏览全国征兵网及人才招聘网。② 做一张个人职业发展规划的网页，要求图文并茂，符合大学生积极向上的精神面貌，页面美观。③ 把完成的页面截图分享到朋友圈。

思政总结：因事而化，厚植爱国情怀，树立正确的人生观、价值观。

案例二　制作弘扬伟大建党精神主题诗会网站

（一）教学任务

本次课主要利用 CSS+DIV 进行布局设计，制作弘扬伟大建党精神主题诗会网站首页。安排教学 2 课时。

（二）课程思政教学设计

本次课通过弘扬伟大建党精神主题诗会网站首页的制作，掌握 CSS+DIV 布局，从中理解整体与局部的关系；通过网站素材的选择，让学生潜移默化地接受爱国主义教育。整个过程以学生为中心，发挥学生的主观能动性，激发学生爱国热情，将内容知识点与红色主题结合，达到润物细无声的思政育人效果。

（三）教学目标

1. 素养目标

- 爱国主义教育。
- 哲学思想：整体与局部。
- 美学教育。

2. 知识目标

- 了解布局类型。
- 理解元素的浮动。
- 掌握常用的 CSS+DIV 布局方式。

3. 技能目标

- 能使用 CSS+DIV 对页面进行布局。

（四）教学方法

任务驱动、讲授法、理实一体化。

（五）教学实施

1. 课前：思政导入

通过智慧教学平台推送信息，让学生课前浏览网站，总结网站页面布局类型，同时在网上寻找弘扬伟大建党精神主题诗会网站素材。

2. 课中：思政贯穿

（1）创设情境

教学活动 1：教师组织签到。

教学活动 2：分组展示为制作弘扬伟大建党精神主题诗会网站准备的素材。

思政点睛：通过弘扬伟大建党精神主题诗会网站素材，潜移默化地提升学生的爱国情怀。

（2）明确任务

教学活动 1：通过小组讨论，让学生总结课前浏览的网站布局类型。

教学活动 2：教师总结分类。

教学活动 3：展示案例效果图。

思政点睛：通过探讨网站首页页面布局，讨论整体与局部的关系。

（3）执行任务

教学活动 1：分组讨论以下问题。

初学者在设计一个网页时，通常会按照默认的排版方式，将网页中的元素从上到下一一罗列，这样的布局效果呆板、不美观。通过“元素浮动”，可以使页面中的元素按照左、中、右的结构进行排版。那么，什么是“元素浮动”？如何设置元素的浮动呢？

请小组代表对以上问题发表见解。教师对上述问题进行解释。明确“元素浮动”含义，强调设置“元素浮动”的重要性。

教学活动 2：教师讲解弘扬伟大建党精神主题诗会网站首页的页面布局，对页面进行分块，分成头部、中间部分、页脚。中间被分成了左右两部分，左边导航显示主题相关诗歌名称，右边显示具体诗歌内容。布局时，应将左右两边分别设置浮动。

教学活动3：教师边讲解边演示操作，学生边看边操作。

教学活动4：教师边讲解边示范第一个导航页面的制作，第一个导航页面采用的内容是毛主席的《七律·长征》，中间右侧显示诗歌内容。

教学活动5：学生练习，教师指导。

思政点睛：把学习道路比喻为红军长征道路，遇到困难，要发扬永不畏惧、坚持不懈、自强不息的精神，传承长征精神。

（4）任务评价

教学活动1：抽选学生，展示作品。

教学活动2：学生互评，教师点评。

思政点睛：通过互评及点评，评价符合主题的美观网页。

（5）课后拓展

完成网站中其他页面的制作，并与导航栏目做好链接。

思政总结：把思政元素融于网站的素材中；以学生为中心，发挥学生的主观能动性，激发学生爱国热情，将内容知识点与红色主题结合，达到润物细无声的效果。

五、课程思政创新与反思

（一）课程思政创新

课程知识点与项目任务的紧密融合，项目任务与知识点之间的科学关联，都能有效宣扬主流价值观，有助于培养学生谦虚、包容的态度以及解决问题、战胜挫折的能力。

重视课程知识点与激发学生学习需求的联系。创设项目任务案例情境，让学生在专业知识点、技能点、职业素养与知识价值、道德价值、审美价值互融共生的情境体验中，实现知识技能的掌握与健康人格的发展。

通过创设情境结构的递进性，让学生在知识学习和技能操作训练的层层推进中，提升学习兴奋点和职业精神敏感点的结合，顺利融入钻研精神、工匠精神、诚信、敬业等思政教育内容。

通过创设情境的多样性，拓展学生多种学习需求，在情境中将各个知识点有效对接，知识内在价值在情境体验中得到激活，使团队合作精神、审美意识、工匠精神在润物细无声中影响学生的成长。

评价创新。对小组完成的作品进行评比，发布相关小组作品到平台上，并分享给家人、同学，请他们对作品的表达力提出更好的建议。将学习过程中产生的视频，选取有意义的片段，发至微信朋友圈，分享完善作品产生的新思路、新方法，营造相互学习、共同进步的良好学习氛围。

（二）反思与改进措施

课程思政的实施是一个系统工程，从课程的顶层设计到具体课堂教学、从课程规划到课后诊断改进、从教师到学生都是一个相互依托、相互配合的过程。

整合教学资源。课程思政教育需要众多的教学资源，以形成有效的课程思政氛围。从教学过程看，需要多样化的思政资源，只有将学生思想需求融入课程知识教育，才能更好地推进课程教学。

科学设计、有效融入思政元素，解决教学重、难点问题。课程知识与思政价值的融合，需要两者之间有衔接的基础，只有这样才能起到润物细无声的效果。因此，需要研究课程知识与思政元素联系的紧密度，以提高课堂育人效果。

研究岗位对知识的需求情况，重构课程内容，并在岗位工作情境中研究思政元素的有效融入，以消除课程知识与思政教育“两张皮”现象。

案例编写人：浙江交通职业技术学院陈超明、金萍女。

9. 以知识技能傍身 树航空报国之志

——『飞机结构与机械系统』课程思政案例

一、课程基本信息

“飞机结构与机械系统”是飞机机电设备维修专业核心课程，课程旨在培养思想政治坚定、德技并修、全面发展，适应社会主义现代化建设需要，具有一定的文化水平、良好的职业道德和人文素养，掌握民用飞机维修专业基础理论和技术技能，可以从事航空器维修生产一线工作的高素质劳动者和技术技能人才。课前职业规划和个体学情分析如图 9-1 和图 9-2 所示。

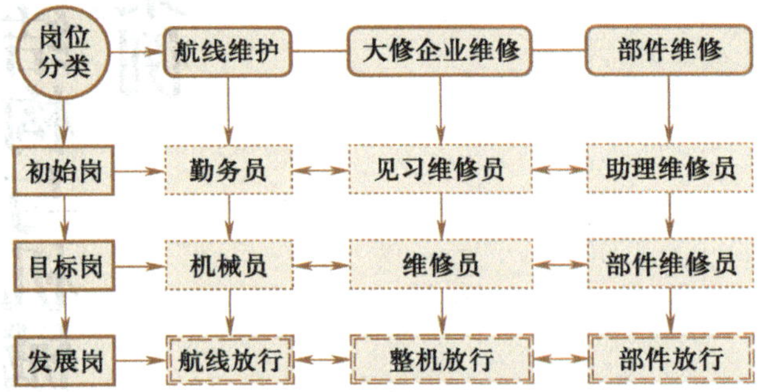

图 9-1　课前职业规划

问题	统计结果				
1.是否对课程感兴趣	很感兴趣	比较感兴趣	一般	不太感兴趣	没兴趣
百分比/%	48.5	27	24.5	0	0
2.课程难易程度	很容易	较容易	一般	较难	很难
百分比/%	3.0	18.2	60.6	18.2	0
3.感兴趣的内容类型	飞机系统原理	飞机维护方法	—	—	—
百分比/%	21.2	78.8	—	—	—
4.学习课程后对航空维修专业的向往程度	极度向往	比较向往	没有感觉	不向往	—
百分比/%	21.2	51.5	24.3	3.0	—
5.最好的教学方式	案例分析	时事新闻	习题练习	分组讨论	任务带入
百分比/%	51.5	15.2	9.1	6.1	18.1
6.了解航空维修的途径	网站新闻	微信公众号	网络视频	报纸	其他
百分比/%	30.3	39.4	6.1	0	24.2
7.学习难点	理论概念不理解	部件记忆困难	没有整体概念	理论实际脱节	其它
百分比/%	27.3	27.2	39.4	6.1	0

图 9-2　个体学情分析

课程面向航线维护、企业维修、部件维修岗位，提供航空维修技术技能人才的必要知识储备。本课程将德育与专业知识传授相结合，在培养学生自主学习能力和对实际问题的调研分析、解决能力的过程中，提高学生思想道德素质，引导学生成长为德才兼备、全面发展的中国特色社会主义合格建设者和可靠接班人，为学生从事相关岗位打下技能与素质基础。课程在专业课程体系中的定位以及前序课程情况如图 9-3 所示。

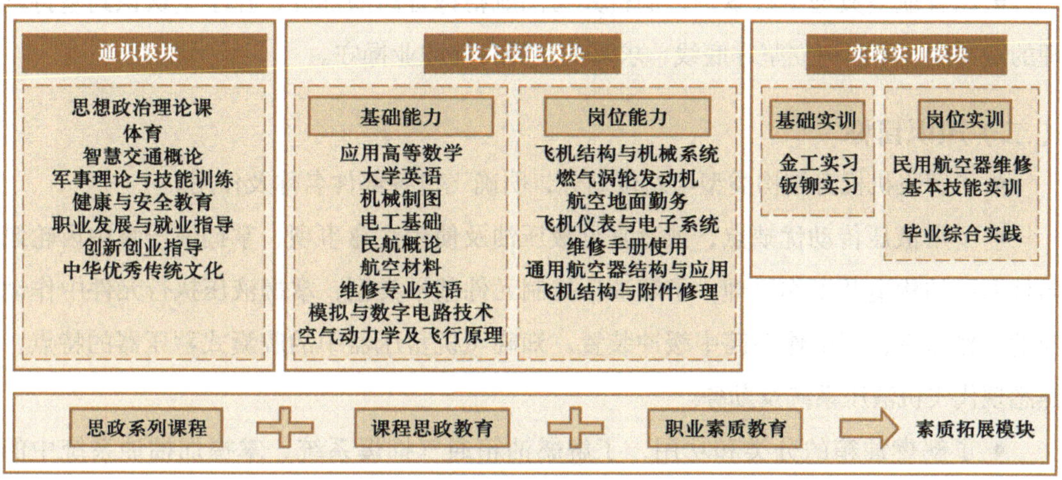

图 9-3　飞机机电设备维修专业课程体系

二、课程教学目标

本课程教学目标：一方面使学生掌握现代飞机的整体系统、工作原理和操作维修方法，为进一步学习专业课程及将来从事技术岗位奠定基础；另一方面，助力学生分析和运用课程中的知识，提升实践操作能力。同时，还要培养学生职业目标规划能力、团队合作能力，掌握解决困难的途径和方法，树立脚踏实地的工作作风，确立航空报国理想。

（一）素养目标

● 总结航空事业伟大成就，树立“劳动神圣”的价值观，将“小我”融入“大我”之中，从而自觉选择人民最需要的工作领域；以中国制造唤起民族自豪感。

● 严格遵守维修工作流程规定，使学生树立“职业道德很重要”的意识，树立正确的职业观，以及按卡施工、规范标准的严谨作风。

- 以“传、帮、带”为综合教学方法，模拟行业传承，培养学生较为稳定的心理品质与创新个性，让学生在面对困难时勇于创新，一往直前、义无反顾。
- 模拟学徒具体维修工作过程，培养学生问题意识与团队协作精神；拓展创造性思维，确保学生更加深刻地了解和熟练地应用自己掌握的所有知识。
- 通过学习航空维修工作中涌现的劳动模范相关先进事迹，培养学生航空报国情怀、“三个敬畏”的意识，以及严谨求实的科学态度。
- 结合航空典型事故案例，剖析其与民航精神背离的部分，让学生认识到坚持真理的重要性，牢固树立坚守底线、求真务实的良好职业操守。

（二）知识目标

- 了解飞机机身结构类型与站位划分，明确飞机各部件名称及作用。
- 了解液压传动优缺点，熟悉常见液压油及使用注意事项，掌握液压泵中齿轮泵与柱塞泵的构造及工作原理，了解液压控制元件基本类型，掌握液压执行元件中作动筒的工作原理，了解作动筒中缓冲装置，知晓飞机蓄压器中的胶囊式蓄压器的特点，熟悉现代飞机液压系统及勤务。
- 了解燃油箱的分类和功用，了解燃油箱通气抑爆系统，掌握加抽油系统中的压力加油，熟悉供油系统的主要部件（燃油泵、引射泵）及工作原理，了解燃油传输及指示部件，了解燃油系统的腐蚀与渗漏处理方式，了解起落架的配置及结构形式。
- 掌握起落架油气式减震器工作特性及典型油气式减震支柱构造，了解起落架收放系统的安全保证方式及指示方式，掌握转弯系统的定中及失效原理，了解飞机机轮的构造，掌握圆盘式制动器的工作原理及间隙自动调整器的结构，掌握制动防滞系统的工作原理。
- 掌握机械式飞控操纵系统，了解电传式飞控操纵系统，了解液压驱动装置（液压助力器、载荷感觉器），熟悉典型飞机操纵系统部件（并列柔性互联操纵机构、升降舵扭力管）。
- 了解空调系统及引气来源，掌握温控系统中电桥及三轮式空气循环制冷系统的原理，了解座舱增压系统在全航段的变化曲线，了解飞机应急氧制氧方式，了解飞机旅客设备设施功能。
- 掌握飞机直流电源系统供电参数，掌握飞机交流电源系统供电参数，掌握 PWM

式晶体管调压器工作方式。

- 了解飞机灯光系统布置位置，掌握气体式火警环线工作原理，了解灭火方法，了解飞机各种防冰方式特点。

（三）技能目标

- 能够准确判断飞机各部件结构形式。
- 能够根据飞机各系统情况选择液压油，能够运用液压元件特点分析简单故障，能够利用蓄压器分析系统频繁卸荷问题。
- 能够根据燃油系统原理图完成飞机串油工作，能够自主完成飞机油箱定期放水工作。
- 能够区分起落架的配置形式，能够依据 AMM 工卡简述某型飞机的减震器维护工作流程，能够独立完成起落架地面安全防护及前轮转弯失效处置，能运用原理对制动系统过热故障进行分析。
- 能够在驾驶舱完成相应飞控舵面的操纵，能够根据工卡完成飞控系统钢索张力调整工作。
- 能够运用 ACM 工作原理分析空调系统制冷故障。
- 能够根据原理确定不同型号飞机空调系统部件位置。
- 能够完成客舱增压测试准备工作。
- 能够在 737 飞机上使用地面电源充电。
- 能够完成火警环线量线工作。

三、课程教学内容

本课程设计旨在将工程伦理教育与专业知识传授相结合，引导学生对机务工作岗位相关的社会责任、职业道德及职业规范等伦理问题进行深入思考，强调施工过程中应时刻保持的责任意识，培养卓越工程人才应具备的道德素质和职业素养。本课程共 8 个项目模块 20 个任务模块，具体的学习任务与学时安排，如表 9-1 所示。

表 9-1　课程教学内容

序号	项目模块	任务模块	学时
1	飞机外部缺陷定位	飞机外部部件识别及编码	5
		飞机机身结构及定位基准线	5
2	液压系统故障情况分析	液压系统整体压力不足情况分析	2
		液压元件故障分析	2
		液压系统频繁卸荷影响因素分析	2
		现代飞机液压系统特点分析	3
3	燃油系统维护方法分析	燃油箱结构特点描述	2
		加油串油工作流程	2
		油箱防腐控制方法与实施流程	3
4	起落架部件及着陆性能影响分析	典型飞机起落架构型与航线勤务	4
		飞机着陆震动情况影响因素分析	8
		飞机着陆滑跑距离分析	4
5	飞机控制的实现方式分析	机械电传系统优缺点分析	5
		液压在飞控中的应用方式分析	5
6	旅客保障系统故障分析与维护	空调不制冷原因分析	6
		客舱生命维持设备测试	6
7	电气部件更换工作要求分析	飞机电网供电情况分析	6
		灯光部件位置特点分析	4
8	飞机危险情况防护方法分析	火警探测方式特点分析	3
		防冰排雨措施优缺点分析	3
合计			80

四、课程思政整体教学设计思路

（一）课程思政整体设计理念

1. 课程设计思路

本课程在对传统线下讲授法教学进行改造的基础上，采取案例与项目教学 + 线上线下相结合混合式教学方法。采用这种方法的最主要原因是学生对飞机整体系统无任何概念，而教师对于飞机系统运行情况和故障实际案例较为了解。故整体教学采取以实际案例为线索引导学生完成教学项目，同时利用线上资源解决学生“学不通、吃不饱”的问题。

通过案例教学引起学生兴趣，让学生在掌握原理的同时了解应用方法。对更深层次问题的学习，则在线上部分由学生根据自身情况完成。推进“精准化”教学，实现同一个教师同一个班级的分层教学，以保证学生学习热情不受过多的不理解的问题的影响。根据课程内容模块，适当插入实训类课程设计，强化对知识的应用，模拟实际工作，教师充当现场检查人员，学生分组完成维护工作。

案例作为理论知识的投影，既可反映理论，又可以充分调动学生的求知欲，培养学生的分析与自学能力。但航空类案例教学与学生生活距离较远，需要教师对案例与理论充分掌握，才能引导学生思路，培养学生能力。否则会适得其反，让学生产生对知识的畏惧心理，加大对理论部分学习的畏难情绪。通过选择航空案例，依据由近及远原则进行分析研讨，从中提炼理论知识。同时，针对学生航空维修类专业特点，在综合分析案例的选用上有倾向性地选择与专业相关、契合当前航空业发展趋势的维修技术信息或相关报道进行分析。同时，在课后鼓励学生自己寻找案例并进行分析。项目教学以行动导向为原则，通过对某个故障的分析，确定可能故障源，根据理论知识为可能故障源排序，并制定排除故障工卡以达到学以致用的目的。

为全面提高教学效率，课程采用线上线下混合教学的方法。线上发布课前预习内容，帮助学生了解课程相关基础知识，并设置练习题。教师根据课前习题解答分析学生预习情况，预测课程教学过程中可能出现的问题，并与课程设计中的重难点对比，微调课程设计，使课堂教学内容适合大部分学生学习。对于部分渴望了解理论性更强的知识内容的学生，可以课后在线上布置知识点微课，教师线上答疑帮助学生提高。

同时还可利用线上系统考勤、考核、发布任务、讨论等，实现全面提高教学效率的目标。

“原理指导排除故障”的思想贯穿整门课程的教学过程，通过采用各种方法实现分层教学，保证每个学生在每堂课中至少可以学习到一项技能，对于学有余力的学生可以帮助其探究技能点背后的深层原理，为学生以后的发展打下基础。将原理内容应用到实践中，帮助学生明确学习知识与实际工作之间的联系。

2. 课程思政设计理念

课程思政建设的目的是将上述目标落到实处，实现多个目标的协同一致。

（1）落实价值导向，培养精益求精的工匠精神。

作为新时代的民航人，应该确立一种明确的价值取向，即工匠精神。学习知识与技能就是要努力成为当代工匠，服务航空事业。“飞机结构与机械系统”作为专业核心课程，主要面向航空运输业培养高素质的机务人员，课程中工匠精神的培养，可以帮助他们确立正确的价值观。

（2）满足创新需求，弘扬与时俱进的创新精神。

建设民航强国离不开创新，需要民航从业者将知识、技能、信息综合运用，在运用中不断发掘新方法，开展技术革新。要让学生意识到，创新是行业发展的核心动力，是竞争力的集中体现，是现代化人才必须具备的素养，从国家和个人两方面提高学生对创新精神的认识。

（3）实现教育理念，凝练不忘初心的求真精神。

机务工作要求极其严谨，关键时刻必须顶住各种压力，坚持原则，坚持职业操守。飞机维修工作保障的是千万家庭的幸福，只有具备较高素质，才可以成为一名合格的机务人员。因此在本课程的学习中，通过项目设计，不断强化学生的求真务实意识。

（二）课程思政整体设计框架

课程按照民航飞机维护工作实际与机务工作岗位的需求进行项目任务化设计。根据整门课程的思政目标提炼思政元素，结合日常工作中的常见问题设计任务，在任务中体现思政元素。本课程的课程思政整体设计框架如表 9-2 所示：

表 9-2 课程思政整体设计框架

序号	项目	任务	知识点	思政元素	思政目标	思政元素融入情境设计
T1	飞机外部缺陷定位	T1-1 飞机外部部件识别及编码	部件识别与检查	按卡作业、“三个敬畏”的意识	民航作风	飞机多处遭鸟击，需以书面形式上报，填写鸟击工卡。确定鸟击部位名称及区域代码，并阐明区域代码含义。仔细检查，保障飞行安全
		T1-2 飞机机身结构及定位基准线	故障保留流程	诚实守信的道德品质	民航作风	鸟击部件已得到工程部门确认可以保留飞行，现需提供精确位置，办理飞机外部缺损保留手续。杜绝谎报瞒报
T2	液压系统故障情况分析	T2-1 液压系统整体压力不足情况分析	液压系统原理	凝心聚力、直面困难的勇气	工匠精神	B 系统液压压力下降，接通 PTU 后 B 系统压力正常，分析故障可能原因。组内分工合作，统一指挥，共同探讨
		T2-2 液压元件故障分析（油箱无法加油、刹车放气锁死、起落架放下阻尼方式）	系统部件功能	钻研思考特质	人文素养	维护过程发现液压油箱无法加油、刹车放气锁死等情况，分析故障可能发生的部件及原因。液压元件故障分析。针对无法迅速解决的问题，集思广益，刻苦钻研
		T2-3 液压系统频繁卸荷影响因素分析	压力保持设备	勤于思考、善于探索的精神	人文素养	飞机地面增压后发现液压系统卸荷频繁，判断可能故障。分析故障产生的深层次原因，不轻易下结论
		T2-4 现代飞机液压系统特点分析	液压知识拓展	勇于探索、不断创新的作风	工匠精神	对比当前波音与空客飞机液压系统优缺点，分析现代飞机液压系统特点，搜集当前在研可行方向

续表

序号	项目	任务	知识点	思政元素	思政目标	思政元素融入情境设计
T3	燃油系统维护方法分析	T3-1 燃油箱结构特点描述	燃油系统部件	干一行、爱一行、精一行的工作态度	工匠精神	对燃油系统有整体认识，需完成燃油系统油箱结构特点分析。深层次了解系统原理与结构，在学习中领悟思政元素
		T3-2 加油串油工作流程	系统部件操作	团结协作、奋勇向前的态度	人文素养	加油需通过燃油传输系统全部传输到右大翼与中央油箱。完成飞机整机称重工作。团队配合，不畏艰苦，不怕麻烦，完成工作任务
		T3-3 油箱防腐控制方法与实施流程	燃油系统勤务	规章意识 红线意识	民航作风	由于新加入了燃油，需分析采取何种措施可以预防飞机油箱腐蚀。保质保量完成放油工作，明确工作中涉及的规章红线不可触碰
T4	起落架部件及着陆性能影响分析	T4-1 典型飞机起落架构型与航线勤务	起落架简介与勤务	按卡施工的工匠精神	民航作风	飞机着陆后需要检查起落架各部分，熟知起落架基本知识、部件，并完成航后起落架镜面勤务。勤务工作要按工卡保质保量完成，一丝不苟，按卡施工
		T4-2 飞机着陆震动情况影响因素分析	飞机减震原理	勤于思考 善于钻研	人文素养	起落架吸收飞机着陆冲击力，但各种着陆方式对冲击的吸收能力和效果不同，有针对性开展飞机着陆震动情况影响因素分析。通过对效果的分析思考原理，钻研优化方案
		T4-3 飞机着陆滑跑距离分析	制动器工作特点	追求卓越的精神	使命意识	飞机须在跑道长度内减速到零，因此需要分析当前采取的措施对滑跑长度的影响。刹车安装中的细节会对使用寿命有一定影响，在工作中追求卓越可以提高制动器寿命

续表

序号	项目	任务	知识点	思政元素	思政目标	思政元素融入情境设计
T5	飞机控制的实现方式分析	T5-1 机械电传系统优缺点分析	飞控系统发展	以史为鉴、开拓探索的追求	人文素养	现在需分析机械传动和电传操纵系统的工作方式和特点。波音飞机与空客飞机的不同选择造成了今天的局面，要勇于接受新鲜事物，探索未知领域
		T5-2 液压在飞控中的应用方式分析	系统动力部件	全心投入、爱岗敬业的态度	使命意识	无论采用哪种信号传递方式，最后对于飞控舵面的操纵全都是采用液压方式。在不同系统中液压的工作方式有微小的区别，饱有热情才能保证自己投入精力研究区别
T6	旅客保障系统故障分析与维护	T6-1 空调不制冷原因分析	空调系统原理与工作方式	勤于思考 善于钻研	人文素养	航后检查客舱 CLB 记录本显示，乘务组反映全天飞行过程中客舱较热，但使用地面空调时比较凉快。空调不制冷原因分析。深度思考问题原因
		T6-2 客舱生命维持设备测试（增压、氧气）	客舱设备	“三个敬畏”意识	民航作风	航后 CLB 显示飞行过程中客舱漏气，排故后测试排故效果，完成客舱增压测试，重点检查涉及旅客生命的部件
T7	电气部件更换工作要求分析	T7-1：飞机电网供电情况分析	飞机电源及供电系统	团结协作、奋勇向前的态度	人文素养	要更换某电气部件，在工作前需要根据部件供电情况断开相应的供电，保证施工安全，但需要分析部件具体供电汇流条。飞机电网供电情况分析，培养科学、严谨的态度
		T7-2：灯光部件位置特点分析	灯光系统	按卡施工的工匠精神	民航作风	发现飞机某灯光部件发生故障，需要相关部件定位，并根据电气施工要求更换。灯光部件更换，按卡施工

续表

序号	项目	任务	知识点	思政元素	思政目标	思政元素融入情境设计
T8	飞机危险情况防护方法分析	T8-1：火警探测方式特点分析	防火与探测系统	勤于思考、善于探索的精神	人文素养	不同机身部位采用不同的火警探测方式，根据部位情况分析火警探测方式特点。培养钻研探索的精神
		T8-2：防冰排雨措施优缺点分析	防冰排雨系统工作	爱国主义情怀	人文素养	不同飞机采用不同防冰排雨措施，但主流机型措施趋于统一，对措施优缺点加以分析。通过介绍我国航空在相关技术上的进步，培养学生的爱国主义情怀

五、课程思政教学策略

（一）课程教学模式

课程教学以任务为基础，将所涉及知识点分配到不同任务中，通过对知识点的提炼，总结归纳出所涉及的思政元素。在授课过程中首先设定工作场景并提出任务，引导学生根据任务需求归纳所需掌握的知识要点，将实际工作中涉及的思政要点与知识点讲授相结合，从而实现思政元素的具体化、形象化。

（二）课程教学资源

教学环境：学校具有中国民用航空局颁发的培训机构资格，有波音 737 整机一架，有航空维修基本技能实训室，如图 9-4、图 9-5 所示。

(a) 侧视图　　(b) 俯视图

图 9-4　波音 737 整机

(a) 航空机械实训室　　(b) 钣铆实训室

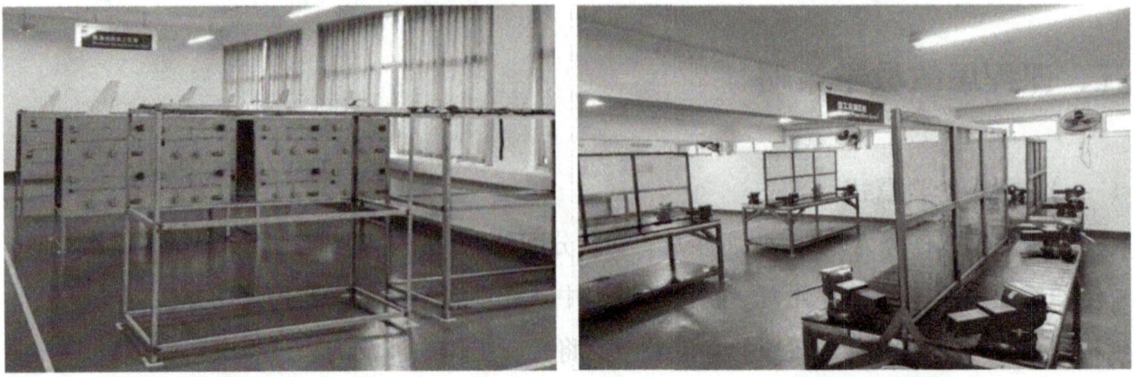

(c) 航空电子实训室　　(d) 钳工实训室

图 9-5　航空维修基本技能实训室

数字资源：学校有 A320 飞机虚拟仿真实训场地，课程团队参与建设了职业教育国家飞行器维修技术专业教学资源库子项目，相关资源可作为线上课前自学任务资源和课中的教学资源。

教学平台：智慧教学平台用于任务发布，线上线下师生互动，记录教学全过程，统计学习数据和数据的评价分析。

（三）课程教学评价

传统考试方法不能准确反映学生对飞机系统知识的掌握情况、对民航精神的了解情况。因此，基于课程思政的教学方法改革必将促使考试方法的革新，改变过去纸笔考试的形式，采用民航机务执照考试的考评方式，着重考查学生的操作能力和对知识的应用能力，如表 9-3 所示。

表 9-3　形成性考核标准

分项	考评内容
形成性能力评价（45%）	课堂提问
	故障分析
	模块项目答辩
	考勤
自学能力评价（20%）	线上学习情况统计
终结性评价（35%）	期末试卷考试及实操考查

六、课程思政教学实施过程

教学过程以任务为主线，通过课前准备、课中实施、课后拓展，实现课程涉及的知识、技能、素养三种元素的有机联动，从而实现课程的育人目标与思政目标。在案例中提取课程教学项目作为思政的载体，通过模拟实际工作锤炼学生作风，利用线上线下混合教学方式实现精准地分层教学，充分保证学有余力的学生的自学能力提升。最后通过试卷考试、项目考查、线上自学考查，保证知识、技能、思政素养的全面考查，如图 9-6 所示。

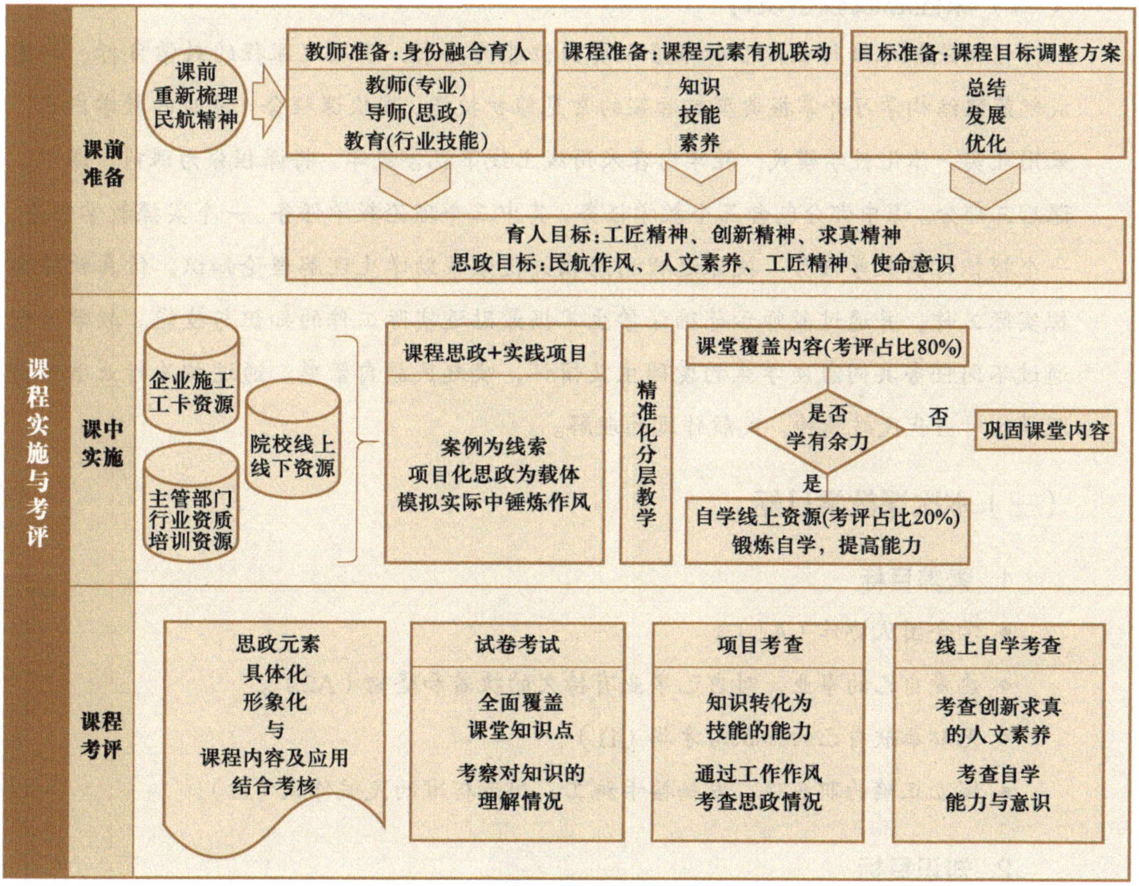

图 9-6　课程实施及考评

七、课程思政教学案例

案例　典型飞机起落架构型与航线勤务

（一）教学任务

本次课主要针对典型飞机起落架构型与航线勤务项目进行设计，通过对飞机起落架布局形式特点、内部结构与受力等知识点的学习，明确大型民航客机起落架布局与工作方式，并掌握常见维护技能。

（二）课程思政教学设计

根据民航维修行业标准和维修人员岗位能力要求，明确此课程的教学目标，即完成起落架结构学习并掌握典型起落架的常见维护技能。本次课程含4课时的教学内容，采用理实一体化教学模式，教学内容采用线上线下混合教学，将课程分为课前、课中、课后三部分。课中部分包含五个教学任务，其中三个理论教学任务、一个实操教学任务、一个模拟仿真教学任务。授课过程利用相关视频帮助学生理解理论知识，仿真软件模拟实际工作，并通过教师示范确保学生掌握最贴近实际工作的知识与技能。教学过程通过不同任务共同激发学生的爱国主义情怀，唤起民族自豪感。通过相关行业案例加深学生对当代民航精神、民航作风的理解。

（三）本次课教学目标

1. 素养目标

- 学会团队协作（A1）。
- 热爱自己的事业，对自己事业有持久的执着和坚韧（A2）。
- 无私奉献自己的知识与才华（I1）。
- 树立正确的职业观，发扬按卡施工、规范标准的民航作风（I2）。

2. 知识目标

- 了解起落架的配置及结构形式（K1）。
- 掌握起落架油气式减震器工作特性及典型油气式减震支柱构造（K2）。

3. 技能目标

- 能够区分起落架的配置形式（S1）。
- 能够依据 AMM 工卡简述某型飞机的减震支柱维护工作程序（S2）。

（四）教学方法

线上线下混合教学，理实一体化教学，采用讨论法、案例启发法、引导法等。

（五）教学实施

1. 课前（覆盖目标 K1）

通过智慧教学平台对学生进行飞机起落架结构与功能的认知学习引导。通过课前视频的观看，使学生了解过去我国主要民用飞机的全部系统（包括起落架）都是由国外进口的情况，进行思政导入，准备课中讨论。

教师活动：① 通过平台发布课前线上自主导学任务，推送思政导入视频材料。② 与学生进行问答式讨论，了解学生在前序课程中对本节知识的掌握程度。③ 分析学生对该内容的掌握情况，确定授课过程需详细讲解的部分。④ 如果讨论不是很热烈，增加航空小故事引出知识，提高学生学习兴趣。

学生活动：① 自主学习知识储备模块内容。② 参与课前线上讨论。③ 完成课前测试。

2. 课中

（1）创设情境

课前回顾，对课前任务及测试完成的情况进行分析。根据课前问答的讨论情况，掌握学生对本模块内容的了解情况并确定讲解深度。根据学生对课前内容的讨论热度了解学生兴趣，明确后续内容兴趣引导实例的数量。

明确目标（3 分钟）。

教师活动：① 课前考勤。② 明确本次课的最后环节的单元考核任务及其评价标准。

学生活动：① 在平台进行签到。② 了解单元考核标准。③ 紧跟教师思路，仔细聆听，明确任务。

任务导入（5 分钟）。

教师活动：① 组织学生以小组为单位进行讨论。起落架形式发生变化的原因是什么？当今起落架布局的哪些缺点是可以改进的？以自行车制动例子引出学生对缺点的思考。② 针对课前的思政导入视频，引导学生认识到以前我国民用航空器设备完全受制于人的问题。

评分标准：① 分析合理且在分析过程中可以列举出实际飞机型号，则本讨论给 5 分。② 分析合理但无法举出实例，给 4 分。③ 分析基本合理，给 2 分。④ 无法合理有效分析，不给分或给 1 分。

学生活动：① 针对老师提出的问题分组讨论。② 紧跟教师思路，仔细聆听。

思政点睛：通过对视频的引导分析，激发学生对自主制造民族自豪感的渴望。

（2）明确任务（覆盖目标 K1、S1、I2）

任务分析（18 分钟）。根据任务内容，梳理本单元的主要学习内容。① 飞机起落架的功用。② 起落架的发展与布局。③ 日常工作中常见的起落架工作。

教师活动：① 通过实例带入，讲解起落架的功用，并引导学生得出结论（现代飞机几十吨的重量全部依靠起落架承受，因此对起落架材料要求很高，对结构设计要求也比较高）。② 针对得出的结论，分析起落架有关特性（材料为高强度合金钢，怕酸；结构以杆件为主，能够承受轴向力，符合材料受力特性，为飞机减震）。③ 通过身边知识类比，分析起落架结构形式及其特点（飞机着陆冲击力极大，需要设备吸收冲击力；通过起落架结构设计，吸收冲击力；采用油气式减震支柱，需要定期检查并充气）。④ 通过职教云上的一些视频动画内容提问，引导学生自主总结起落架发展过程中的功能变化。例如，早期功能单一，仅能保证支撑飞机与滑行；出现刹车功能后，可帮助飞机减速但有缺陷，这主要与起落架布局形式有关，但与当时飞机的飞行速度匹配，缺点不明显；随着飞机重量增大，普通起落架已不能承受大体重带来的冲击力，这时减震功能出现，一般为油气式减震器；高速飞机出现后，空气阻力不容忽视，飞机需要流线型的外表面，因此需要将起落架收起，可收放起落架出现。

学生活动：① 根据教师分析与引导，自主归纳总结出结论，并与教师结论对比。② 听取老师对起落架特性的讲解，以及对结构形式和特点的分析。③ 参与交流互动，在教师启发下，根据起落架发展历程，逐步得出不同阶段起落架特点与功能的变化。

思政融入：引入机务的工作精神，在思想上引导学生。针对起落架布局、结构及材料特点，结合冬季航班保障中除冰液容易喷洒到起落架上这一情况，讲解各种化工品可能对起落架带来的危害。一旦沾染，须按标准清除，切不可一时偷懒而置安全于不顾，培养学生民航作风，加深对“三个敬畏”的理解。

(3)执行任务

理论子任务1(14分钟,覆盖目标K1、S1),根据特定飞机图片总结飞机起落架布置形式特点。

后三点优点:后三点起落架早期螺旋桨飞机使用较多,易于配置,便于利用气动阻力等。其缺点:接地需要三点,否则会上跳,大力刹车可能倒立甚至翻滚。

前三点优点:稳定性好、着陆容易操纵、发动机与跑道平行喷气不会损伤跑道。其缺点:承受载荷较大,滑行易摆振。此处可添加空难案例,讲解前三点受力特点。

串列式起落架(自行车式)优点:机翼起落架较轻。

教师活动:① 教师将图片投影,学生根据飞机图片分析讨论。② 教师引导,总结性讲解起落架布置形式的优缺点。③ 针对特色布置形式起落架讲解。

学生活动:① 讨论投影图片的形式与特点。② 听取老师对任务内容的分析讲解。③ 小组讨论并通过网络查找出各起落架配置形式典型机型。

理论子任务2(20分钟 覆盖目标K1、S1、A2),起落架结构形式及受力情况。

构架式:结构简单(桁架),重量较轻,无法收回。受力情况:桁架受力,只受轴向力,较为结实。

支柱套筒式:减震能力好,承受水平载荷能力差。受力情况:杆件受力,轴向承压能力强,水平弯矩承受能力弱。为防止跑道凸起异物等,因此最好在设计时增加一个角度,但角度不宜过大。

摇臂式:受力特性最好,但结构复杂。结合了上述两种形式的优点,但尚无法大型化,只适于小飞机应用。

教师活动:① 结合课堂投影,讲授起落架结构形式的类型,引导学生思考不同起落架类型的受力情况。② 通过课堂小动画、板书,着重分析受力情况,帮助学生理解支柱套筒式受力。③ 播放视频:大型民航客机的油气式减震支柱已经在我国湖南生产下线,可以应用到自主制造的C919大型客机上。④ 针对各组汇报进行针对性提问,了解学生学习效果。⑤ 进行客观题考核,方便课后分析学生学习情况,也方便学生日后复习工作开展。同时给学生以考试的压力,促进以上内容的学习。

学生活动:① 根据教师讲授的起落架类型特点,分组讨论,思考受力情况有何不同。② 仔细聆听教师对支柱套筒式起落架的受力分析。③ 各组简要汇报学习情况。④ 完成该部分阶段考核,发现不足。

思政点睛:通过播放的视频,呼应课程开始时唤起的学生对民族自豪感的渴望;

并且通过上述知识的学习，让学生了解到油气式减震支柱制造的困难。

理论子任务 3（20 分钟 覆盖目标 K2、S2、A2），减震设备与工作方式分析。

减震原理：利用能量的形式转换，缓冲撞击，转换为热能消耗掉。

教师活动：① 介绍油气式减震器工作原理，通过与学生高中学习过的相关物理知识关联，引导学生思考能量转换的问题。② 通过生活中的实例，帮助学生理解记忆油气式减震器，利用小孔阻尼转换能量形式，耗散能量。③ 利用 PPT 图片与动画，更加形象地帮助学生掌握相关知识。④ 提出思考问题：为何不采用常见的弹簧减震？得出结论：小型飞机可以，大型飞机冲击力过大，弹簧无法承受。⑤ 结合初中物理知识气体压强关系，讲解气体与压缩压力的关系、液体通过小孔产生的阻尼力与压缩量的关系、整体油气关系曲线（此部分内容理论性较强，学生自学极其困难，主要运用课上讲授方式授课，借助 PPT 动态图片等方式加以讲解）。⑥ 明确分层教学任务。

学生活动：① 仔细听教师讲述相关基础知识，结合生活中的实例帮助自己理解记忆有关原理。② 分组讨论思考飞机不使用弹簧减震的原因。③ 认真聆听教师讲解油气式减震支柱关系曲线的理论知识。④ 学有余力的学生可自学教学平台中“减震支柱油气比例与飞机减震效果的关系”。

思政点睛：起落架勤务中常见任务减震支柱充气是个“良心活”，必须要秉持相当的职业道德与操守去完成，不正确的油气比例可能造成飞机着陆时的不安全情况，危及旅客安全，需要以强烈的责任心完成这一工作，这是民航作风也是工匠精神的体现。

实操子任务（40 分钟 覆盖目标 K2、S2、A2、I2），油气式减震支柱镜面勤务。

教师活动：① 结合前序内容中起落架内部结构及内滑筒运动情况，讲解起落架密封圈的位置与滑筒保养要求。② 示范减震支柱镜面清洁工作操作程序及工作要点。③ 指出如果勤务工作不到位，可能会对哪一部分设备带来损伤以及对飞机可能带来的故障形式。

学生活动：① 听取老师讲解部件位置及保养要求。② 模仿教师实操方式，学习勤务工作。③ 分组按要求完成减震支柱镜面勤务工作，并在工作期间复述施工要点。

思政点睛：以学生清洁的遗漏部位为例，结合减震支柱原理说明可能带来的危害，帮助其认识到在实际工作中严谨细致、认真负责的重要性。

仿真教学子任务（30 分钟 覆盖目标 K2、A2、S2、I2），A320 起落架备用封圈启用方法。设定飞机主起落架封圈损坏漏油，现需启用备用封圈。

教师活动：① 根据任务设定，要求学生查询 A320 飞机启用主起落架备用封圈的章节号，训练手册查询能力。② 结合手册中的原理图及工作步骤，讲解启用备用封圈的方法。③ 带领学生分析该型号起落架备用封圈启用过程不标准可能带来的危害（如起落架减震支柱持续漏油）。

学生活动：① 查询 A320 起落架备用封圈启用程序的 AMM 章节号。② 结合手册中的原理图与教师的讲解，理解备用封圈工作原理。③ 掌握备用封圈的启用方法，并在掌握原理基础上了解启用不规范造成的后果。

思政点睛：结合减震支柱原理，说明不规范操作可能带来的危害。帮助学生认识到按卡施工可以避免风险的发生，从而使学生发自内心地认同按卡施工。

（4）任务评价

课堂考核（7 分钟），并将思考题发布在群的讨论中。

教师活动：在平台发布测试习题与思考题（用已学过的知识分析：为何喷气式飞机出现后起落架配置与结构形式发生了很大变化？）。

学生活动：学生开卷完成测试题目，并将思考题答案发布在群的讨论中。

课程小结（3 分钟）。

通过本次课程教学，学生学会了起落架的配置形式以及结构形式相关知识；了解了油气式减震器工作的原理，掌握了该型起落架的镜面勤务工作，并通过模拟仿真学习了实际工作中 A320 飞机起落架备用封圈启用的全部工作流程。总结评价后布置课后作业。

3. 课后

（1）课后拓展

教师活动：提出个人与小组拓展活动，查询课程相关拓展内容。

学生活动：① 查询资料，整理出历史上特殊的飞机起落架配置形式。② 将个人作业查询结果与当今流行的配置形式对比优缺点，整理成表格。

（2）思政总结

课前导入部分结合预习视频，激发学生对自主制造民族自豪感的渴望。通过播放国内自主生产起落架下线的视频，更加有效地唤起学生的民族自豪感。在起落架布局的学习中引入机务的工作精神，培养学生民航作风，加深对“三个敬畏”的理解。通过起落架勤务，培养学生的责任心、民航工作作风、工匠精神，并在实际任务操作中认识严谨细致和按卡施工、规范施工的重要性。

八、课程思政创新与反思

（一）教学效果

在实施效果方面，学生对于课程的喜爱与接受程度逐年增加，在课堂学习过程中迸发出的学习热情也在不断增加。最为直观的表现就是班级期末成绩有了显著提高，不通过率在降低。

在已毕业学生方面，课程帮助学生形成的正确思维方式，具备基本的知识技能，得到了相关用人单位的充分认可。一些学生参军入伍，用自己的行动践行了航空报国的理念；一些学生在自己的岗位上取得了良好的业绩。总之，他们都在用自己的方式，用掌握的技能与能力服务着祖国。

（二）创新与特色

1. 根据人才培养目标，确定课程定位

课程结合我国航空业实际，确立了服务交通强国战略的定位。将中国民航人的民航精神自始至终贯彻于授课全过程，将相关概念以案例的形式展现在学生面前，有利于学生的主动学习与接受，在潜移默化中实现了培养具有民航素养的技术技能人才的目标，传授知识的同时坚定了学生服务于航空、服务于人民的思想。

2. 围绕机务作风，设计教学思路

我们结合民航维修实践案例中蕴含的课程思政元素，开发了“课程思政+实践项目”的教学模式，以实际案例为线索，引导学生完成教学项目，同时利用线上资源解决学生“学不通、吃不饱”的问题。由案例教学引起学生兴趣，掌握原理的同时了解知识应用方法；利用线上资源推进“精准化”教学，实现同一个教师同一个班级的分层教学。根据课程内容模块适当插入实训类课程设计，模拟工作实际，教师充当现场检查人员，在实践中培养学生的工作作风。

3. 适应当代人才需求，确立考评方法

传统考评方法重视理论忽视运用，重视知识忽视育人，新的考评方法通过阶段性、形成性考核模式，全面考查学生的课程学习情况，让课程思政元素在考评中得到体现，

整个过程既保证了对学生知识掌握情况的考查，又包含了知识向技能转化能力的评估，还包括了思想情况的鉴定，以保证培养的人才是适应当代需求的。

（三）未来改进

课程教学可以与专业管理制度建设进一步融合，将立德树人、工匠精神融入教学全环节。把现代企业学徒制融入班级管理方案，由专业导师扮演“师傅”的角色，如图 9-7 所示，一方面，可以帮助学生尽早适应民航业内部师带徒教学方式，另一方面，可以在同一导师所带的不同年级学生间形成“传、帮、带”的优良作风，从而实现院校导师制与行业学徒制的进一步接轨。

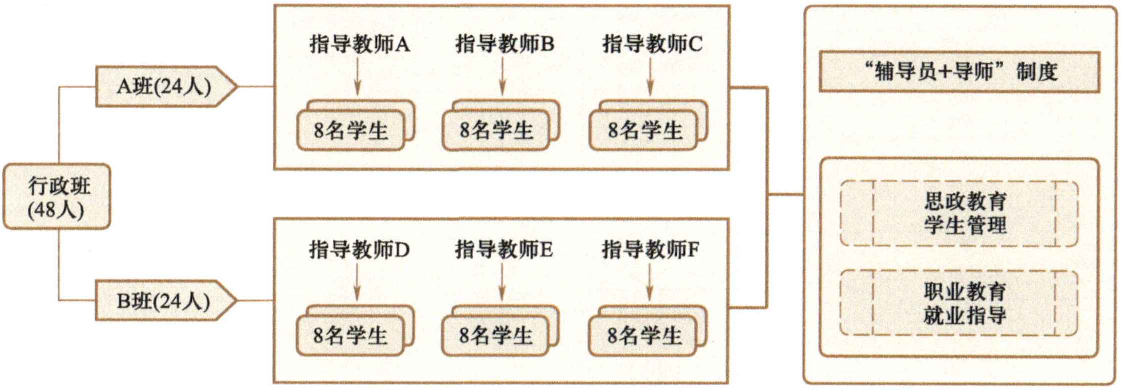

图 9-7　导师制融入课程教学

案例编写人：浙江交通职业技术学院周元、章正伟、项峻松、周利敏、汤翠翠。

10. 以礼引德 知行合一

——『航空服务礼仪』课程思政案例

一、课程基本信息

“航空服务礼仪”为浙江交通职业技术学院空中乘务专业必修课程，是一门理论与实践紧密结合的基础课程，在第一学年一、二学期开设，每学期各 32 学时。课程与航空公司空中服务、地面服务岗位紧密结合，帮助学生掌握航空服务礼仪标准，提高服务意识，掌握服务礼仪技巧，具备解决服务过程中突发问题的能力，为今后深入学习和从事航空服务相关工作奠定基础。本课程围绕立德树人的根本任务，结合学校立足交通、服务交通强国战略的办学定位，以“立足中国情怀、放眼国际视野、勇担社会责任、过硬专业本领”为根本培养目标，课程注重知识传授和技能强化的同时，注重价值引导。

二、课程教学目标

在思政育人融入教学理念的指导下，“航空服务礼仪”课程在知识、技能、素质三个维度确立教学目标，围绕两个思政主题和八个思政元素进行素质培养，实现课程思政与空乘礼仪课程的深度融合。课程教学以立德树人为核心，把思政主题“中国传统文化”和“当代民航精神”两大思政主题融入“培养方案、课程标准、授课计划、课堂教学、实训实践”全过程，培养具有国际视野、富有爱国精神、通晓中西方礼仪、具有较强的客舱服务和沟通能力、具备民航职业精神的高素质技术技能人才（如图 10-1 所示）。

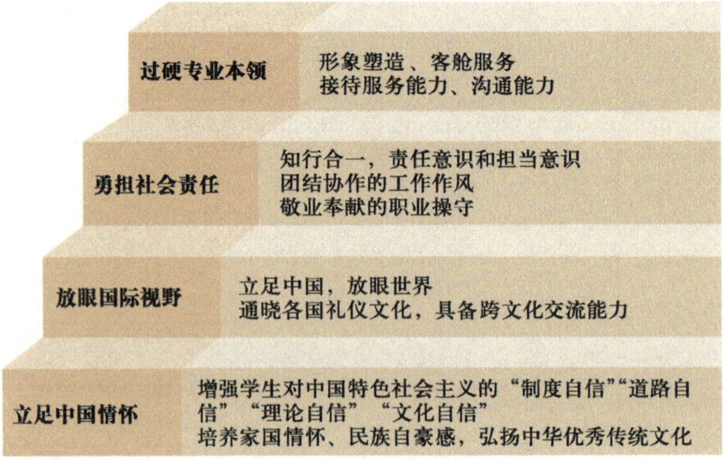

图 10-1　课程教学目标

（一）素养目标

- 培养学生的爱国主义精神。
- 培养学生的民族自豪感。
- 培养学生的创造精神和实践能力。
- 培养学生树立正确的世界观、人生观、价值观。
- 培养学生忠诚担当的政治品格。
- 培养学生严谨科学的专业精神。
- 培养学生团结协作的工作作风。
- 培养学生敬业奉献的职业操守。
- 培养学生尊重他人、谦恭有礼的个人素养。
- 培养学生诚信服务、平等公正的职业精神。

（二）知识目标

- 了解民用航空服务礼仪在航空服务中的重要性和深刻内涵。
- 了解民航外事礼仪原则。
- 理解航空服务礼仪的含义和基本原则。
- 掌握职业装搭配的职业标准。
- 掌握四季妆容的职业标准。
- 掌握民航服务人员的仪容礼仪标准。
- 掌握民航服务沟通技巧。
- 掌握登机前礼仪标准。
- 掌握迎送服务礼仪的职业标准。
- 掌握客舱服务礼仪的职业标准。
- 掌握特殊旅客服务礼仪的职业标准。

（三）技能目标

- 能够按照乘务员岗位标准化妆。
- 能够按照乘务员岗位标准束发。
- 能够按照空中乘务员和地服岗位标准穿着制服，佩戴丝巾、领带及饰物。
- 能够使用岗位标准的仪态动作进行服务。
- 能够使用登机前礼仪标准完成服务。

- 能够正确使用迎、送、引、领技巧执行接待任务。
- 能够使用标准的仪态、手势执行迎送服务任务。
- 能够使用标准的仪态、手势执行客舱服务任务。
- 能够使用标准的仪态、手势执行特殊旅客服务任务。
- 能够正确使用民航外事礼仪。
- 能够完成不同客源国旅客服务任务。

三、课程教学内容

根据高等职业教育航空服务礼仪课程目标，确定课程结构与学时安排。

本课程采用“教、学、做”三位一体的教学方法，使学生“做中学、学中做”，学生在“主动参与、合作探究”模式下，了解航空服务礼仪基础知识，掌握专业服务技能，并且能够使用礼仪技巧完成服务任务，为航空服务相关工作提供良好的技能储备。本课程共 7 个项目 16 个学习任务，具体的学习任务与学时安排，如表 10-1 所示：

表 10-1　课程教学内容

项目	学习任务	学时
项目一　民航服务礼仪概述	任务 1：认识礼仪	2
	任务 2：认识民航服务礼仪	2
项目二　民航服务形象礼仪	任务 1：熟悉民航服务人员的服饰礼仪	4
	任务 2：掌握民航服务人员的仪容礼仪	4
	任务 3：掌握民航服务人员的仪态礼仪	8
项目三　民航服务沟通礼仪	任务 1：熟知民航服务用语	2
	任务 2：掌握民航服务沟通技巧	4
项目四　民航地面服务礼仪	任务 1：掌握值机服务礼仪	4
	任务 2：掌握安检服务礼仪	2
项目五　民航客舱服务礼仪	任务 1：了解登机前礼仪	4
	任务 2：掌握迎送服务礼仪	6

续表

项目	学习任务	学时
项目五　民航客舱服务礼仪	任务 3：掌握客舱巡视服务礼仪	8
项目六　特殊旅客服务礼仪	任务 1：掌握重要旅客服务礼仪	4
	任务 2：掌握特殊旅客服务礼仪	6
项目七　民航外事礼仪	任务 1：了解民航外事礼仪原则	2
	任务 2：了解主要客源国礼仪习俗	2

四、课程思政整体教学设计思路

（一）课程思政整体设计理念

航空服务礼仪课程围绕立德树人根本任务，探索通过理实一体化课程内容和思政元素的有机融合，培养学生多方面的能力和素质。素质方面主要融入“中华优秀传统文化”和“当代民航精神”两个思政主题，根据两个主题提炼出八个思政元素和教学内容深度融合（如表 10-2 所示），培养学生的家国情怀、职业素养，拓展认识问题的视野，塑造正确的价值观。

表 10-2　课程思政整体设计理念

思政主题	思政元素
中华优秀传统文化	东方之美 文化自信 谦恭有礼 国际视野
当代民航精神	忠诚担当的政治品格 严谨科学的专业精神 团结协作的工作作风 敬业奉献的职业操守

（二）课程思政整体设计框架

课程按照航空服务相关岗位需求进行模块化设计，培育学生解决实际问题的综合能力和综合素养，课程思政整体设计框架如表 10-3 所示。

表 10-3　课程思政整体设计框架

项目	教学内容概述	课程思政育人目标	教学方法
项目一 民航服务礼仪概述	任务 1：认识礼仪 任务 2：认识民航服务礼仪 通过观看历代的行礼方式视频，讨论礼仪的作用、特点。在学习中华优秀传统文化的同时增强民族自豪感	（1）弘扬中华优秀传统文化 （2）谦恭有礼，加强品德修养 （3）增强文化自信和民族自豪感	案例分析法、讨论法
项目二 民航服务形象礼仪	任务 1：熟悉民航服务人员的服饰礼仪 任务 2：掌握民航服务人员的仪容礼仪 任务 3：掌握民航服务人员的仪态礼仪	（1）弘扬中华优秀传统文化 （2）感受东方之美，提高审美能力	案例分析法、任务驱动法、讨论法、演示法
项目三 民航服务沟通礼仪	任务 1：熟知民航服务用语 任务 2：掌握民航服务沟通技巧 分析机闹事件，情景模拟：如果你是乘务员会如何解决	（1）诚信服务 （2）平等原则	情景模拟、练习法、演示法
项目四 民航地面服务礼仪	任务 1：掌握值机服务礼仪 任务 2：掌握安检服务礼仪 通过案例分析，学习安检的要点、排查范围和基本要求，认识机上安全的重要性和科学严谨的必要性	（1）严谨科学的专业精神 （2）团结协作的工作作风	案例分析法、演示法、研究法
项目五 民航客舱服务礼仪	任务 1：了解登机前礼仪 任务 2：掌握迎送服务礼仪 任务 3：掌握客舱服务礼仪 分析海航万米高空营救案例，总结航前准备会的重要性；观看《中国机长》电影片段，学习民航服务人员的责任担当精神	（1）忠诚担当的政治品格 （2）严谨科学的专业精神 （3）敬业奉献的职业操守 （4）文化自信	讲授法、讨论法、情景教学法、演示法

续表

项目	教学内容概述	课程思政育人目标	教学方法
项目六 特殊旅客服务礼仪	任务 1：掌握重要旅客服务礼仪 任务 2：掌握特殊旅客服务礼仪 组织学生阅读学长在国航工作收到的表扬信，强调“以人为本”的服务原则，同时培养学生职业自豪感	（1）以人为本 （2）职业自豪感	案例分析法、讨论法、演示法
项目七 民航外事礼仪	任务 1：了解民航外事礼仪原则 任务 2：了解主要客源国礼仪习俗 观看乘务员区别对待使用中英文乘客案例视频，用反面教材开展警示教育	（1）立足中国，放眼国际 （2）维护国家形象	案例分析法、讨论法、演示法

五、课程思政教学策略

（一）课程教学模式

课程形成了“一核心、二融入、三协同”的建设模式，融入思政元素，采用线上线下混合式课程教学模式，将课程教学、校外实习实践、志愿者服务紧密结合，实现课内与课外、显性教育与隐性教育有机融合，如图 10-2 所示。

1. “一核心、二融入、三协同”的建设模式

结合高职院校产教融合、校企合作的办学特色，“航空服务礼仪”课程将思政教育要求与企业用人标准结合起来，以立德树人为核心，把思政元素“中华优秀传统文化”和“当代民航精神”融入“课程标准、授课计划、课堂教学、实训实践”全过程，以“专业教师、思政教师和企业导师”为主体协同建设，形成了“一核心、二融入、三协同”的建设模式，促进学生在知识、技能、素养等方面的全面成长，如图 10-3 所示。

2. 立足航空特色，融入思政元素

课程立足于民用航空行业安全为要、技术密集、服务高端、国际开放、科学严谨的职业特点，深入挖掘提炼专业课程所蕴含的育人元素和承载的德育功能，把“中华优秀传统文化”“当代民航精神”融入课程中，倡导自主式、合作式、探究式学习，将价值观教育潜移默化地融入专业知识传授过程中，全面提高学习成效。

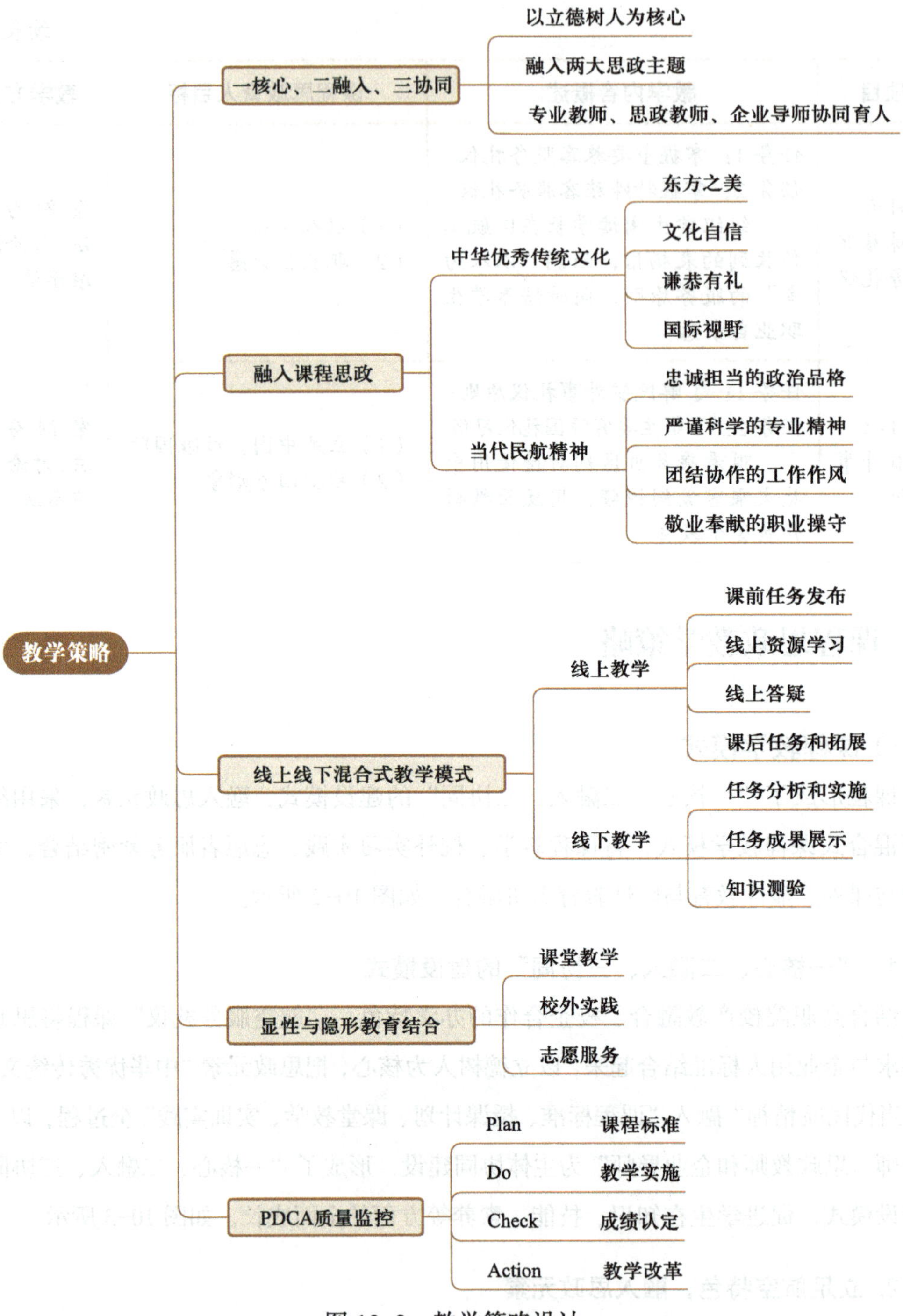
教学策略
一核心、二融入、三协同
以立德树人为核心
融入两大思政主题
专业教师、思政教师、企业导师协同育人
融入课程思政
中华优秀传统文化
东方之美
文化自信
谦恭有礼
国际视野
当代民航精神
忠诚担当的政治品格
严谨科学的专业精神
团结协作的工作作风
敬业奉献的职业操守
线上线下混合式教学模式
线上教学
课前任务发布
线上资源学习
线上答疑
课后任务和拓展
线下教学
任务分析和实施
任务成果展示
知识测验
显性与隐形教育结合
课堂教学
校外实践
志愿服务
PDCA质量监控
Plan 课程标准
Do 教学实施
Check 成绩认定
Action 教学改革

图 10-2 教学策略设计

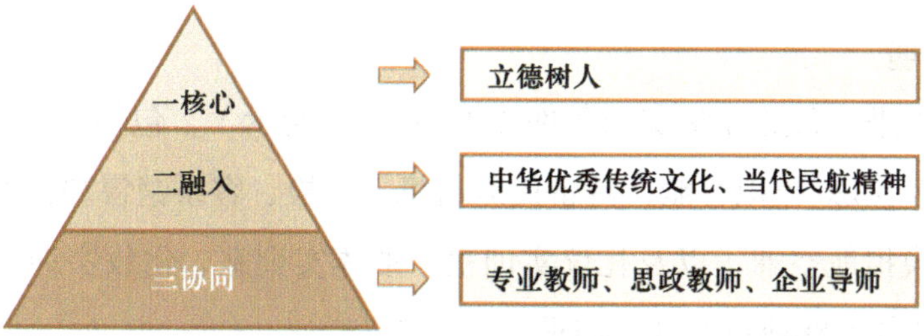

图 10-3　课程建设模式

3. 课内与课外、显性与隐性教育相结合

课前热身活动，陶冶学生情操。选用爱国主义歌曲《我和我的祖国》配合微笑操动作，进行课前面部表情的热身活动，在练习微笑礼仪的同时，培育学生的爱国情怀。将微笑操作为每节课前的热身活动，既让学生感到轻松愉悦，又在潜移默化中陶冶了学生的情操。

课后教室清扫，弘扬劳动精神。要求学生课后对教室进行清扫，养成爱劳动、讲卫生的习惯，锻炼学生的意志力，弘扬劳动精神，培育吃苦耐劳、勤劳奋斗的航空人才。

搭建志愿服务和社会实践平台，拓展育人空间，将志愿服务纳入人才培养方案，赋予学分，强化第一课堂与第二课堂、显性与隐性教育的有机融合。

（二）课程教学资源

1. 教材

主要教材：高等院校民航服务专业系列教材《民用航空服务礼仪》。配套教材：校企合作民航服务类专业精品教材《民航服务礼仪》。如图 10-4 所示。

图 10-4　选用教材

2. 教学环境

学校拥有先进完备的办学实训条件（如图 10-5 所示），包括完整的波音 737-300 教学飞机，空客 A320 模拟客舱，具备民航值机、安检、客票销售和机场播音实训等教学功能的综合模拟航空港，以及礼仪实训室、形体实训室、化妆实训室等设施设备，能满足课程中礼仪实践项目的教学需求。

B737-300全真客机　模拟客舱：A320机型1：1仿真客舱　模拟客舱教学实训室

礼仪实训室　多功能智慧(化妆)实训室　形体实训室

图 10-5　教学环境

3. 数字资源

教学团队参与建设了国际邮轮乘务管理专业国家级教学资源库子项目“化妆与形象设计技能训练”课程，主持校思政课程“航空服务礼仪”，主持校精品课程“航空服务礼仪”，积累了丰富的资源，可用于线上课前发布的自主学习任务和课中的教学。

4. 教学平台

智慧教学平台用于任务发布，线上线下师生互动，记录教学全过程，统计学习数据及评价分析。

（三）课程教学评价

航空服务礼仪课程教学成果评价坚持过程性考核与终结性考核相结合的原则。考核点主要在三方面：理论知识、实践技能、综合素质。评价考核的特点是“理论、应用、素质”三维并重，提升了素质考核成绩所占的比重，目的是训练学生适应市场、适应就业的能力。

理论知识考核主要采取线上理论测试的形式完成；实践技能考核主要采取单项阶

段测试和综合测试的形式完成；综合素质考核主要依据思想成长档案，按照积分进行考核。课程采取线上线下混合式教学，具体成绩比例如表 10-4 所示。

表 10-4　成绩比例设置

成绩比例设置	形成性成绩（50%）							终结性考核（50%）
	线上（30%）			线下（70%）				50%
	视频	线上讨论	理论测验	出勤	平时作业	实验实训	思政积分	
	10%	5%	15%	20%	10%	20%	20%	

六、课程思政教学案例

案例一　履行职责　以礼规行——迎送服务礼仪中的手势

（一）教学任务

本次课主要针对值机、登机环节迎接旅客或送别旅客时的礼仪项目进行设计，根据该项目前期数据分析结果，确定教学重点在于让学生能够完成正确、标准的迎送服务礼仪相关动作。

（二）课程思政教学设计

根据空中乘务的岗位能力要求，明确本次课的思政教育目标为提升职业能力、强化团队意识、增强文化自信。

学生通过教学平台领取课前学习任务书，搜集从古至今的行礼方式。课中利用真实案例、任务驱动以及相关视频，帮助学生理解迎送服务礼仪的理论知识；老师示范服务礼仪，学生分组进行反复操练，通过师生互评、生生互评总结要点。课后通过设置志愿服务巩固所学内容，完成思政档案的积分打卡环节。

（三）教学目标

1. 素养目标

- 树立宏伟志向，增强民族自豪感，坚定“四个自信”；

- 学会团队协作；
- 培养科学严谨的职业精神。

2. 知识目标

- 了解迎送服务礼仪手势的特点和作用；
- 了解迎送服务的要求和行为规范；
- 了解迎送服务礼仪的注意事项。

3. 技能目标

- 能够正确使用迎、送、引、领技巧执行接待任务；
- 能够使用标准的仪态、手势执行迎送服务任务。

（四）教学方法

线上线下混合式教学，案例分析法、分组讨论法、演示法等。

（五）教学实施

1. 课前

学生通过智慧教学平台领取课前学习任务书，搜集从古至今的行礼方式，选取一种方式进行展示，在传承中华优秀传统文化的同时学习礼仪知识。

教师活动：① 通过智慧教学平台，发布课前测试及学习任务，推送教学资料。② 引导学生进行迎送礼仪资料搜集。

学生活动：① 自主学习知识储备模块内容。② 完成课前测试。

2. 课中

（1）创设情境

任务导入（7 分钟）：展示行礼方式，并导入塞尔维亚总统武契奇在 −7℃寒风中，亲自在停机坪迎接来自中国的 100 万剂新冠疫苗的视频，引导学生观察视频中令人感到受尊重的迎送细节和手势，进而提出本课的内容：迎送礼仪中的手势。

教师活动：① 组织学生签到。② 根据课前预习，分组选派代表进行展示。③ 分析学生课前测试错题，同时引出本次教学内容。④ 导入新课。

学生活动：① 登录平台进行签到。② 分小组进行展示。③ 总结视频中令人感到受尊重的迎送细节和手势。

思政点睛：观看塞尔维亚总统寒风中亲自迎接中国新冠疫苗的视频，学习迎送礼仪的同时，增强民族自豪感和爱国主义情怀，坚定文化自信。

头脑风暴（10分钟）：以“假设你是乘务长，如何安排乘务员进行登机迎接服务？”为主题开展头脑风暴活动。

教师活动：① 组织学生讨论迎送服务礼仪的手势。② 引导学生了解迎送服务礼仪的注意事项。③ 分组指导，及时答疑。

学生活动：① 分组讨论。② 分组展示。

思政点睛：通过头脑风暴活动，培养学生的职业岗位体验感和团结协作的工作作风。

（2）明确任务

任务分析（8分钟）：分析迎送服务礼仪的流程和手势要领。

教师活动：① 结合头脑风暴提出的问题，进行迎送服务流程和手势的讲解。② 示范迎送服务的手势动作。

学生活动：① 听取老师对本任务内容进行分析讲解。② 参与交流互动，提出问题。

（3）执行任务

突破难点（15分钟）：根据动作讲解，确定动作点位和服务应变能力为本节课的重难点，根据案例指出学生易犯的错误，并提出解决措施。

教师活动：① 分析迎送服务中手势的要点。② 结合案例指出错误，并提出解决措施。

学生活动：① 听取老师对本任务内容进行分析讲解。② 回答相关问题。

任务实施（25分钟）：通过观看疫情期间乘务员迎送服务思政案例，强调担当意识和精益求精的工匠精神，引导学生分组进行训练。

教师活动：① 教师示范迎送服务手势。② 进行分组任务布置，引导学生操作。

学生活动：① 认真观察，主动思考。② 分组进行练习。

思政点睛：疫情形势严峻时期，乘务员在自我防护的前提下，仍坚持做好每一个迎送动作，为提升服务品质、保障航班安全而不断努力。通过这一案例，强调担当意识和精益求精的工匠精神。

成果展示（10分钟）：对迎送服务礼仪中手势的练习结果进行展示和汇报。

教师活动：① 组织各组进行展示汇报。② 针对各组汇报进行点评。

学生活动：① 展示练习成果。② 分析其他组展示成果的优缺点。

（4）任务评价

总结评价（5 分钟）：通过本次课程教学，学生了解了迎送服务礼仪中手势的作用，掌握了手势动作标准。总结评价后，布置课后任务。

教师活动：① 对本节课学习内容进行总结。② 强调结合职业技能要求，熟练掌握手势动作要领。③ 布置课后拓展任务。

学生活动：① 仔细聆听，接受课后作业。② 学生登录课程平台查看作业。

思政点睛：通过生生互评、师生评价，培养学生团队协作、团结互助的精神，强调动作的规范性，磨炼学生一丝不苟、精益求精的意志。

3. 课后

课后拓展：课后组织学生用迎送服务礼仪中的手势进行礼仪操编排，强化动作的规范性。

教师活动：① 引导学生编排礼仪操。② 利用智慧教学平台、社交软件等与学生及时交流，答疑解惑。

学生活动：① 编排礼仪操。② 通过电脑、手机及时与导师交流。

案例二　立足客舱　服务世界——客舱服务礼仪中的物品递接

（一）教学任务

本次课主要针对飞机平飞后的客舱服务环节进行设计，根据该项目前期数据分析结果，确定教学重点在能够教会完成客舱物品递接规范动作。

（二）课程思政教学设计

根据空中乘务的岗位能力要求，明确本次课的思政教育目标为培养学生谦恭有礼的品质和爱国主义情怀。

学生通过智慧教学平台领取课前学习任务，搜集相关资料。课中利用真实案例、任务驱动以及相关视频，帮助学生理解客舱服务礼仪中递接物品的理论知识；老师示范服务礼仪，学生分组进行反复操练，通过师生互评、生生互评总结要点。课后通过设置志愿服务巩固所学内容，完成思政档案的积分打卡环节。

（三）教学目标

1. 素养目标

- 维护国家形象，培育爱国主义情怀；
- 学会尊重他人、谦恭有礼；
- 培养诚信服务、平等公正的职业精神。

2. 知识目标

- 了解客舱服务礼仪中递接物品的行为规范；
- 了解客舱服务礼仪中递接物品的注意事项。

3. 技能目标

- 能够完成客舱服务中的递送物品任务；
- 能够使用标准的仪态、手势执行客舱服务任务。

（四）教学方法

线上线下混合式教学，案例分析法、分组讨论法、演示法等。

（五）教学实施

1. 课前

学生通过智慧教学平台领取课前学习任务，搜集客舱乘客纠纷事件，分析乘客纠纷事件原因。

教师活动：① 通过智慧教学平台，发布课前测试及学习任务，推送教学资料。② 引导学生进行客舱服务礼仪资料搜集。

学生活动：① 自主学习知识储备模块内容。② 完成课前测试。

2. 课中

（1）创设情境

任务导入（7 分钟）：分析乘客纠纷事件的原因，观看国泰航空"毛毯事件"中乘务员歧视"非英语乘客"的视频，引导学生明白乘务员在客舱中要以维护国家形象为己任，同时引出本节课内容：客舱服务的核心是尊重对方，递接物品礼仪是一种尊重别人的外在表现形式。

教师活动：① 组织学生签到。② 根据课前预习，分组选派代表进行汇报。③ 分析学生课前测试错题，同时引出本次教学内容。④ 导入新课。

学生活动：① 登录平台进行签到。② 分小组进行展示。③ 总结视频中递接毛毯时的错误之处。

思政点睛：观看国泰航空“毛毯事件”视频，学习客舱服务的同时，明白立足客舱之中，应以维护国家形象为己任，增强爱国主义情怀，坚定文化自信。

情景模拟(10分钟)：“假设你是乘务长，请安排其他号位乘务员进行毛毯发放服务”的情景模拟活动。

教师活动：① 组织学生讨论客舱服务礼仪的递送姿势。② 引导学生展示毛毯发放的情景。③ 分析总结。

学生活动：① 分组讨论。② 分组展示。

思政点睛：通过情景模拟活动，增强学生的职业岗位体验感和培养团结协作的工作作风。

（2）明确任务

任务分析（8分钟）：分析客舱服务礼仪中递接物品的姿态和注意事项。

教师活动：① 结合情景模拟中出现的问题进行讲解。② 示范客舱服务礼仪中递送毛毯、报纸、水、餐食等物品的规范动作。

学生活动：① 听取老师对本任务内容进行分析讲解。② 参与交流互动，提出问题。

（3）执行任务

突破难点（15分钟）：确定递接物品的姿态和话术为本节课的重难点，观看《中国机长》电影片段，学习客舱服务中递接物品的动作，学习民航服务人员的责任担当精神，强调客舱服务的安全意识。

教师活动：① 分析客舱服务时递送物品的要点。② 结合案例指出要点。

学生活动：① 听取老师对本任务内容进行分析讲解。② 回答相关知识点的问题。

任务实施（25分钟）：引导学生分组进行训练。

教师活动：① 教师示范客舱服务递接物品动作。② 进行分组任务布置，引导学生操作。

学生活动：① 认真观察，主动思考。② 分组进行练习。

思政点睛：观看《中国机长》中乘务员客舱服务中递接物品的片段：因飞机颠簸

乘务员被餐车砸伤后仍坚持安抚乘客，重点学习民航服务人员的责任担当精神，强调客舱服务的安全意识。

成果展示（10分钟）：对客舱服务中递接物品的练习结果进行展示和汇报。

教师活动：① 组织各组进行展示汇报。② 针对各组汇报进行点评。

学生活动：① 展示练习成果。② 分析其他组展示成果的优缺点。

（4）任务评价

总结评价（5分钟）：在学生了解客舱服务礼仪中递接物品的文化内涵，掌握了递接物品动作标准后，进行总结评价，布置课后任务。

教师活动：① 对本节课学习内容进行总结。② 强调结合职业技能要求，熟练掌握手势动作要领。③ 布置课后拓展任务。

学生活动：① 仔细聆听，接受课后作业。② 学生登录课程平台查看作业。

思政点睛：通过生生互评、师生评价，培训学生团队协作、团结互促互进的精神，严格按照行业标准，以小组为单位进行训练，对每一个动作、表情、眼神不断进行打磨，强化学生专业技能的同时，培养学生敬业奉献的职业精神。

3. 课后

课后拓展：课后组织学生开展志愿服务，强化服务意识以及动作的规范性。

教师活动：① 引导学生进行志愿服务活动。② 利用智慧教学平台、社交软件等与学生及时交流，答疑解惑。

学生活动：① 参与志愿服务活动。② 通过电脑、手机及时与导师交流。

七、课程思政创新与反思

（一）教学效果

课程采用“教、学、做”三位一体的教学方法，使学生“做中学、学中做”，在实践中观察和思考，有效地调动学生的积极性，激发学生参与学习的热情，让学生在自主学习的同时提升了动手能力，学以致用。学生在“主动参与、合作探究”的模式下，了解航空服务礼仪基础知识，掌握专业服务技能，并且能够使用礼仪技巧完成服务任务。

课程采用小组积分竞赛制进行教学，不仅能保证课堂有序进行，活跃课堂气氛，而且能培养学生的合作能力和交流能力，培养学生解决问题的能力和创新精神。在老师的引导下，学生以小组为单位，课外进行任务练习，课上形成小组汇报，学生自主练习，巩固成效，以达到熟能生巧的效果。

课程融入中华优秀传统文化和当代民航精神的思政元素，培养学生的职业素养和职业忠诚度，树立正确的价值观。课中通过航空公司专业网站链接、国际新闻视频，介绍我国国力逐渐强大与航空业高质量发展密切契合的情况，带动学生深度思考，培养学生的爱国主义情怀。课程以准军事化管理为抓手，如统一着装、列队上下课、课后清扫教室等，将思政教育贯穿到日常行为习惯中，做到“以礼引德，知行合一”，持续培育学生良好品德和职业素养。

结合课程所学知识和技能，通过课后的科研、比赛、志愿者活动等实践，全面提高学生综合素质。学生成功申报校级课题“礼仪课程对空中乘务专业学生职业素质的影响”；参与浙江省航空服务技能大赛，并取得良好成绩；依托航空礼仪社团参与各种志愿者服务活动，在不知不觉中将爱国主义内化于心、外化于行。

（二）创新与特色

1. 由点到面，课前、课中、课后“三管齐下”

航空服务礼仪课程以课前转化、课中内化、课后深化为线索，探索三级递进课程思政实施路径，融入课程思政元素，将“基本素质教育、职业素质养成、综合素质教育”贯穿课程，全面落实全员、全程、全方位育人。例如，要求学生提前5分钟进入课堂，课前将随身物品摆放整齐，穿着制服列队上课；课中检查制服、配饰、妆容、坐姿是否符合职业标准。课后清扫教室并列队下课。通过准军事化管理，磨炼学生的意志力，强化学生的纪律意识和纪律观念，全面提升学生的综合素质。

2. 质量监控，建立思政成长档案

参照PDCA质量管理理论，设计课程思政的评价机制。PDCA理论提出工作按规划（Plan）、执行（Do）、查核（Check）与行动（Action）等程序来进行安排，以确保可靠性目标之达成，并进而促使工作质量持续改善。本课程在课程标准、教学实施、成绩认定、教学改革等方面对应借用PDCA质量管理理论，对志愿者服务进行积分打卡，并开展相关证书认定，考核后提供反馈信息，结合难点、痛点，具有针对性地进行课程思政训练，科学规范地评估空乘专业人才培养成效。

3. 课内与课外、显性与隐性教育相结合

在教学过程中，不仅给学生布置课后练习任务，还将教学、科研、实践与课程思政紧密结合在一起。教学团队指导学生成功申报校级课题“礼仪课程对空中乘务专业学生职业素质的影响”，依托航空礼仪社团，开展第二课堂实践活动，将职业精神、中华优秀传统文化和航空服务意识相融合。学生曾参与杭州第19届亚运会、第20届中国科学技术协会年会以及多届世界游泳锦标赛、国际智慧交通产业博览会、孝丰孝文化风情节等活动，在提供礼仪服务中，其实践能力受到锻炼的同时，综合素质也得到提升。例如，孝丰孝文化风情节活动中，学生在引导、搀扶百岁老人、背诵孝训、服务宾客的过程中，潜移默化地受到传统文化的熏陶，增强了文化自信。

（三）反思与改进

1. 存在的主要问题

“航空服务礼仪”课程对学生的身体素质和意志力要求较高，部分学生不能坚持完成所有动作。

“航空服务礼仪”属于实操为主的课程，课程平台对技能画像的采集仍有欠缺。

2. 改进措施

不断鼓励学生，丰富授课方式，提升学生的兴趣。

建议课程平台升级改造，更多地采集学生各方面数据，全面客观反映学生的学习情况，优化技能画像。

案例编写人： 浙江交通职业技术学院吴晓霞、杨皓皓、吴孙婕、姚璐艳、邱硕、裘海璇，海南航空控股股份有限公司虞诗铭。

11. 塑生命品格 强民航作风 铸工匠精神

——『航空材料』课程思政案例

一、课程基本信息

“航空材料”课程是浙江交通职业技术学院飞机机电设备维修专业的专业基础课程，是飞行器维修技术国家级教学资源库子项目之一，共计48课时。

飞机机电设备维修专业旨在培养理想信念坚定，德智体美劳全面发展，具有人文素养、职业道德、创新意识和工匠精神，掌握专业知识和技术技能，面向航空运输、航空制造等行业的民用航空器机械师、航空部附件修理工等岗位群，从事飞机航线维护和定检维修、航空部附件修理的高素质技术技能型人才。

本课程的教学目标是使学生掌握航空工程材料的特性，熟悉常见材料加工及热处理方法，理解航空工程材料在飞机中的应用，具备初步选用不同航空材料的能力。同时，在教学中融入思政元素，使学生树立正确的生命观，养成好的道德品质，弘扬民航作风和工匠精神。

二、课程教学目标

基于飞机机电设备维修专业人才培养目标，本课程培养学生能够从事材料无损检测、复合材料修复、飞机结构修理等岗位工作，能够根据材料性能与特点选取不同的检查和修理方式，具备综合分析问题与解决问题的能力。同时，培养学生树立正确的生命观，养成良好的职业作风，发扬卓越的工匠精神，不断拓宽和延伸职业的广度与深度。

（一）素养目标

- 塑造生命品格，培养热忱奉献、诚实守信的道德品质。
- 塑造生命品格，培养珍爱生命、敬畏生命的生命态度。
- 强化民航作风，培养按卡作业、按章执行的规章意识。
- 强化民航作风，培养凝心聚力、团结奋进的协作精神。
- 铸造工匠精神，培养全心投入、敬业乐群的职业态度。
- 铸造工匠精神，培养笃定专注、追求卓越的专业精神。
- 铸造工匠精神，培养勤于思考、勇于钻研的创新精神。

（二）知识目标

- 会认识航空金属材料的组织结构。

- 会解释铁碳合金相图和其他合金相图。
- 会阐述钢的热处理原理和热处理工艺。
- 会分析航空金属材料塑性变形对组织和性能的影响。
- 会列举钢的热处理在航空零部件上的应用。
- 会区分常用的航空工程材料，如铝合金、镁合金、钛合金、铜合金、钢、铸铁的牌号、成分特点及性能。
- 会区分不同复合材料的组成及特点。
- 会列举常用的无损检测方法。
- 会解释常用的无损检测方法的原理。

（三）技能目标

- 具备选取不同的合金钢应用在不同的飞机部位的能力。
- 具备检查、防护和修理飞机上铝合金的能力。
- 具备检查、防护和修理飞机上镁合金的能力。
- 具备检查、防护和修理飞机上钛合金的能力。
- 具备检查、防护和修理飞机上铁碳合金的能力。
- 具备检查和修复飞机上更多复合材料的能力。
- 具备操作常见的无损探伤设备能力。
- 能够正确使用专用设备进行涡轮探伤。
- 能够正确使用专用设备进行磁粉探伤。
- 能够正确使用专用设备进行超声波探伤。
- 能够正确使用专用设备进行发动机孔探。

三、课程教学内容

根据专业人才培养方案和课程目标，确定课程结构与课时安排。

本课程以飞机维修职业能力需求为依据，对接中国民用航空局颁发的民用航空器维修人员执照基础部分的维修基本技能的课程大纲，紧扣飞机机电设备维修专业人才培养要求，融入热处理工、无损探伤员、复合材料修复工等典型岗位工作任务，重构课程教学内容。

本课程教学内容共有 3 个教学项目、5 个任务以及 12 个子任务，如表 11-1 所示。

表 11-1 “航空材料”课程教学内容

教学项目	教学任务				学时
项目一 材料基础认知	任务 1	金属材料宏微观认知	子任务 1	金属材料力学性能认知	2
			子任务 2	金属材料晶体结构认知	2
	任务 2	铁碳合金及热处理工艺	子任务 3	铁碳合金相图分析	2
			子任务 4	合金钢分类及应用	2
			子任务 5	钢的热处理工艺	4
项目二 材料防护修复	任务 3	有色金属及防护处理	子任务 6	铝合金及表面防护	4
			子任务 7	镁合金及表面防护	4
			子任务 8	钛合金及其应用	2
	任务 4	复合材料及修复工艺	子任务 9	复合材料分类、应用与分析	2
			子任务 10	复合材料修复实践	10
项目三 材料检测应用	任务 5	常用无损检测技术	子任务 11	无损检测方法	2
			子任务 12	无损检测应用实践	12
合计					48

四、课程思政整体教学设计思路

（一）课程思政整体设计理念

本课程教学内容的设计思路如图 11-1 所示。课程思政以教学知识点为切入点，结合课程教学的素质目标，精选典型的思政载体，如民航法规、法律法案、历史典故、新技术的前沿资讯、大国工匠传记、国家院士及行业专家的讲座视频、民航事故调查纪录片、工厂真实案例等素材，通过法规解读、引经据典、案例分析、传记学习、观看视频和分享体会等方式融入课堂教学，践行“专业技能本位，价值引领导向”的育人理念，达到专业知识与思政载体互融，职业素养与思政素养共通，从而实现“塑生命品格—强民航作风—铸工匠精神”的总体思政目标。

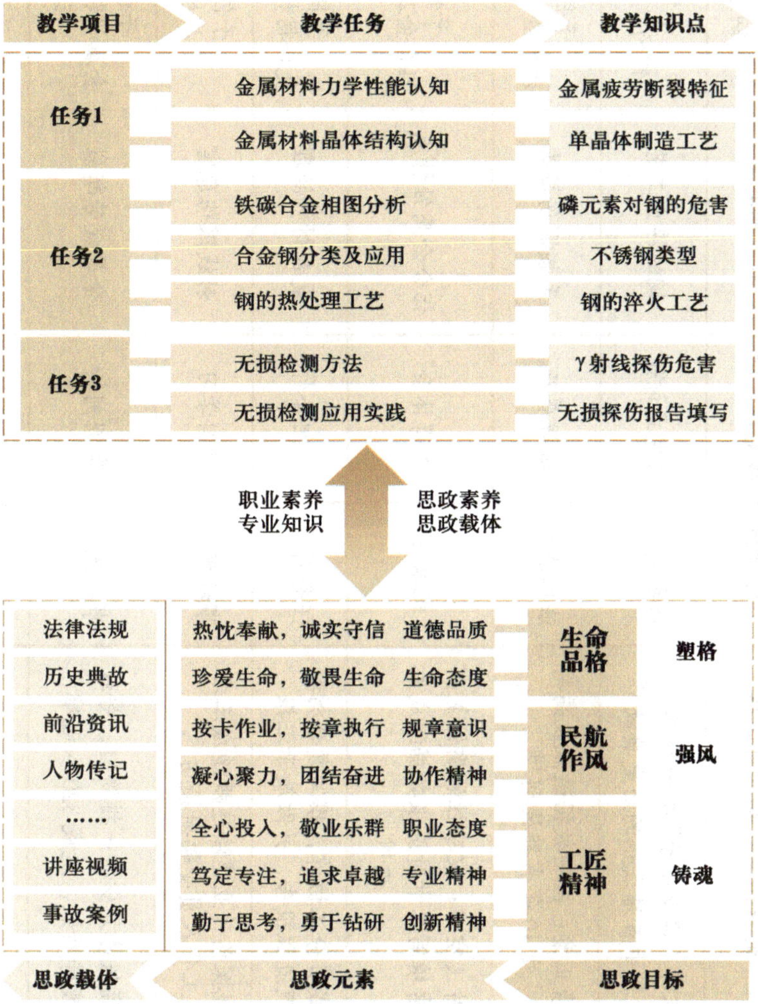

图 11-1　课程思政元素设计思路

（二）课程思政整体设计框架

本课程采用合作探究、情景模拟、案例分析等多种教学方法，开展教学活动，将思政元素融入知识点。课程团队开发了对应 12 个教学子任务的思政素材库，整体框架见表 11-2。

表 11-2　课程思政整体设计框架

思政目标	思政元素	思政载体	素材类型	融入方式	知识点	教学子任务
人文素养	珍爱生命、敬畏生命的生命态度	植入人体的医用不锈钢材料介绍[1]	前沿资讯	启发式讨论	不锈钢类型	子任务 4 合金钢分类及应用
人文素养	百炼成钢、砥砺前行的生命态度	东汉末年“建安七子”之一陈琳《武军赋》中百炼成钢的历史典故[2]	历史典故	启发式讨论	钢的淬火工艺	子任务 5 钢的热处理工艺
人文素养	热忱奉献、诚实守信的道德品质	刑法修正案：检测数据造假最高判处 10 年有期徒刑[3]	法律法规	法规普及	无损探伤报告	子任务 12 无损检测应用实践
民航作风	按卡作业、按章执行的规章意识	纪录片《空难：灾难性的腐蚀》：工作者填写工卡时谎报数据酿成大祸[4]	纪录片	心得体会	铝合金腐蚀特点	子任务 6 铝合金及表面防护
民航作风	凝心聚力、团结奋进的协作精神	小组成员分工协作，撰写复合材料修理流程报告，并做展示汇报	任务引导	小组合作	复合材料修理	子任务 10 复合材料修理实践
民航作风	按卡作业、按章执行的规章意识	γ 射线探伤作业违法违规造成三名工作人员受辐射损伤[5]	事故案例	案例学习	射线探伤危害	子任务 11 无损检测方法
民航作风	按卡作业、按章执行的规章意识	尾翼隔板修复少打一排铆钉，导致隔板疲劳断裂，造成 520 人遇难[6]	事故案例	案例剖析	金属疲劳断裂	子任务 1 金属材料力学性能认知
工匠精神	全心投入、敬业乐群的职业态度	徐惠彬院士演讲：《打造中国航空发动机叶片“金钟罩”》[7]	演讲讲座	心得体会	单晶体制造工艺	子任务 2 金属材料晶体结构认知

续表

思政目标	思政元素	思政载体	素材类型	融入方式	知识点	教学子任务
工匠精神	笃定专注、追求卓越的专业精神	大国工匠芦永军：一生扎进杂质“磷元素”，刷新国产铸造冶炼新纪录[8]	人物传记	传记学习	磷对碳钢的危害	子任务 3 铁碳合金相图分析
工匠精神	笃定专注、追求卓越的专业精神	大国工匠艾爱国：焊接行业领军人，将“绝招”全力传递[9]	人物传记	传记学习	钛合金的焊接	子任务 8 钛合金及其应用
工匠精神	勤于思考、勇于钻研的创新精神	绘制复合材料分类、应用的思维导图	思维导图	独立思考	复合材料的应用	子任务 9 复合材料分类、应用与分析
工匠精神	勤于思考、勇于钻研的创新精神	为什么航空航天中开始大量使用镁合金材料	启发导入	探究式讨论	镁合金的应用	子任务 7 镁合金及表面防护

五、课程思政教学策略

（一）课程教学模式

课程施行三阶递进、双师共导，三段拓展、双线并行，虚实结合、价值引领的“三二三二”项目导入任务驱动式教学模式。

三阶递进、双师共导——三个递进式项目教学模块，从金属材料基础认知开始，进阶到航空材料修复实践，最后到无损探伤应用拓展，学校教师和企业高级技工“双师”共同指导。

三段拓展、双线并行——以飞机维修职业能力需求为起点，以飞机结构修理及无损探伤岗位典型工作任务为导向，采用课前知识学习、课中任务实践和课后反馈拓展“三段式”线上线下并行的导学模式。其中，课前包含线上资源自学、课前测验等环节；课中包含任务分析、制定方案、任务实施、双师共导、成果展示、评价交流；课后进行效果反馈，拓展应用活动等。

虚实结合、价值引领——通过 ANSYS 材料力学仿真系统与实践实操虚实结合，将思政元素与专业知识点虚实融合，以“塑生命品格，强民航作风，铸工匠精神”为价值引领，完成本课程教学。

（二）课程教学资源

教学环境：学校具有中国民用航空局颁发的飞机维修培训机构资格，具有航材修复实训室、模拟客舱段航材维修实训场地等，适合课程中航材修复等实践教学任务的开展以上课程资源举例显示见图 11-2。

数字资源：具有飞行器维修技术专业国家级教学资源库，用于线上课前发布的自学任务资源和课中的教学资源。

教学平台：通过智慧教学平台，发布学习任务，开展线上线下师生互动，记录教学全过程，统计学习数据，对数据评价分析。

教学软件：ANSYS 16.0 材料有限元分析软件，用于模拟不同类型材料施加载荷后的力学表现。

智慧教学平台

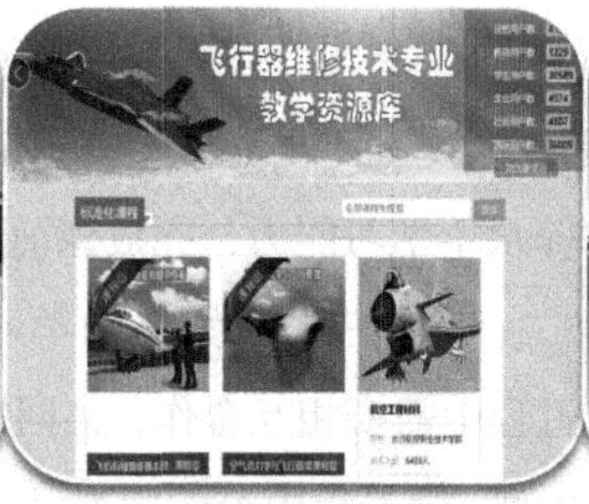

国家级教学资源库

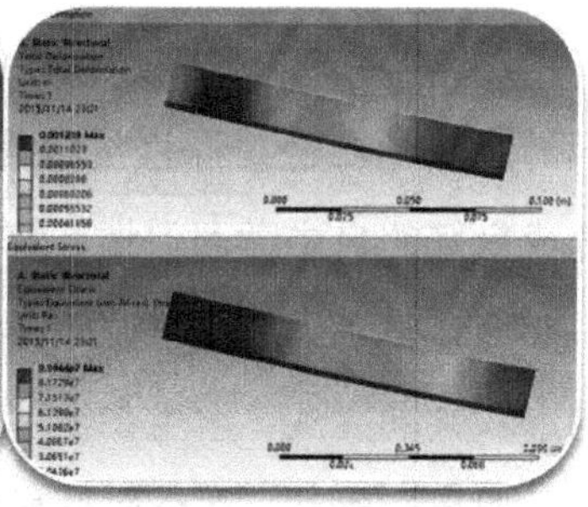

材料力学仿真建模

飞机维修培训机构

航材修复实训室

模拟客舱段航材维修实训场地

图 11-2　课程教学资源

（三）教学与学习方法

1. 教学方法

为了提高课堂教学质量，调动学生学习兴趣和参与积极性，按照“做中学、学中做”的高等职业教育课程教学导向要求，本课程采用了以下教学方法：

引导自主学习。学习是一种主动探索而非被动接受的行为，采用引导式教学，让学生在案例分析和工作情境中选取某个问题作为突破点，通过质疑发现问题—分析解决问题—表达与交流等学习活动，激发学习兴趣。

合作学习教学。学习过程中借助其他人（包括教师和学习伙伴）的帮助，利用必要的学习资料，对所学的知识进行消化和吸收。合作学习能让学生在小组中共同合作、交流讨论，促进对知识的理解，提高学习效率。

分层指导教学。在教学过程中，以学生的发展为中心，充分尊重学生的个体差异，针对不同层次的学生，考虑个性特征、知识基础与学习能力，运用不同的方法进行教学，从而使学生在知识和能力方面都得到应有的发展。

2. 学习方法

自主学习法。课程贯穿信息化教学，涉及一些线上拓展和预习的内容，需要学生养成良好的自主学习习惯，培养自主学习能力，完成课前预习、课后练习。

合作学习法。课程的项目二、项目三中有大量的学习任务，需要组成小组以团队的形式共同完成，学生在学习过程中需要相互合作，共同完成课堂任务、课后作业等。

对比归纳法。在金属材料类型、牌号等内容的学习过程中，学生要善于观察、联想、对比、总结和归纳，以提高记忆的效率，降低遗忘率。在进一步加工、理解后，学生对知识、技能的掌握更加牢固。

（四）课程教学评价

考核形式为“形成性考核 + 终结性考核”。形成性考核围绕线上自学、课堂表现、作业成绩、实操成绩、职业素养五个维度展开。终结性考核为期末考试。各类考核具体权重分配见表 11-3 至表 11-5。

表 11-3　课程总体考核项目构成

序号	评价模式	考核项目	权重 /%
1	形成性考核	线上 / 课堂 / 作业 / 实操 / 素养	50
2	终结性考核	期末考试	50
总　计			100

表 11-4　形成性考核要点构成

序号	考核内容	考核要点	权重 /%
1	线上自学	任务完成率、正确率	10
2	课堂表现	出勤率、互动参与度	10
3	作业成绩	平时作业质量、数量	10
4	实操成绩	实操完成度、准确度	40

续表

序号	考核内容	考核要点		权重 /%
5	职业素养	人文素养	诚实、“6S”、珍爱生命	10
		民航作风	按卡操作、工具三清点	10
		工匠精神	钻研、专注、创新	10
总　计				100

表 11-5　终结性考核内容构成

序号	教学任务	考核内容	权重 /%
1	金属材料宏微观认知	金属材料的强度、塑性、硬度、韧性、疲劳强度；细化晶粒的方法	10
2	铁碳合金及热处理工艺	碳钢的牌号、性能及应用；退火、正火、淬火、回火对钢组织性能的影响	15
3	有色金属及防护处理	有色金属特点、分类及在航空中的应用；常见金属材料防护注意事项	25
4	复合材料及修复工艺	复合材料特点、分类及在航空中的应用；复合材料修复流程及注意事项	25
5	常用无损检测技术	不同无损检测技术的适用范围、特点	25
总　计			100

六、课程思政教学实施过程

本课程按照课前知识学习、课中任务实践和课后反馈拓展“三段式”导学模式组织教学活动，具体实施过程如下：

（一）课前阶段：知识学习

教师在智慧教学平台发布教学任务，上传学习视频、微课资源、课前测试等，引起学生兴趣，培养学生思考习惯，使学生初步掌握简单的基础知识。学生通过自学线上资源，完成课前任务。

（二）课中阶段：任务实施

教师对课前任务完成情况进行点评，通过任务分析、方案制定、任务实施、双师共导、成果展示、评价交流等环节，利用智慧教学平台，发布签到、选人、抢答、主题讨论、随堂练习等活动，提升学生参与度。引入 ANSYS 分析软件，在材料库中选取相应的材料类型，可以直观、形象地看到材料的载荷分布情况。同时，采用合作探究、情境模拟、案例分析等多种教学方法，开展教学活动。

（三）课后阶段：反馈拓展

作业是检验学习质量的手段，除了线上发布习题外，课后发布多样化作业，如手绘作业、思政心得体会等，以便加深理解和印象，引发学生的思考，提高创新能力。结合日常生活，发布作业和任务，引发学生的学习兴趣。

手绘作业：铁碳二元晶相图是重难点内容，学生通过手绘合金相图，加深对共晶—共析反应的理解，同时内化吸收知识点。

线上测试和作业：线上的测验手段必不可少，以利于加强和巩固学习效果。

课后答疑：班级教学群是课后答疑的好帮手，有问题可以及时反馈，师生相互交流。

统计数据表明，学生作业完成率达到 90% 以上，学习效果反馈较好。

七、课程思政教学案例

案例　复合材料分类、应用与分析

（一）教学任务

本次课主要针对子任务 9 复合材料分类、应用与分析进行设计，通过课前线上自学复合材料的定义和特点，在课堂教学中进一步结合复合材料在航空中的应用，使学生深刻理解不同复合材料的特点及在飞机上的应用，分析碳碳复合材料刹车盘的优缺点。

（二）课程思政教学设计

根据飞机结构修理岗位的能力需求，完成子任务 9 的教学设计。本次教学设计为

2 学时，采用线上线下混合式教学，教学过程按照授课逻辑分为课前知识学习、课中任务实施、课后反馈拓展三个阶段。

课前，教师在智慧教学平台上发布任务点，学生学习复合材料的定义、分类等知识，对于复合材料有初步的了解和认识。

课中，教师结合复合材料在飞机上的应用，细化复合材料的分类，同时结合真实工作场景，总结复合材料的损伤类型。学生根据知识的掌握情况，制作复合材料分类及应用的思维导图，同时分析飞机刹车盘材料的优缺点，养成勤于思考的习惯，能够在课中潜移默化地消化和吸收复合材料的相关知识。同时，通过人物传记学习碳碳复合材料的前世今生，学习卓越工程师的钻研和坚持的精神。

课后，教师通过测验检测学生的学习情况，分析其答题情况，调整教学重难点及教学策略。同时，设置班级教学助手，帮助学生答疑解惑。

（三）教学目标

1. 知识目标

- 了解复合材料的定义。
- 掌握复合材料的分类。
- 理解复合材料损伤的原因（重点）。
- 掌握复合材料的损伤类型。

2. 技能目标

- 合理分析复合材料在飞机不同部位的应用（难点）。

3. 思政目标

- 培养勤于思考，勇于钻研的创新精神（难点）。

（四）教学方法

线上线下混合教学、任务驱动、讨论思考、对比分析、归纳总结。

（五）教学实施

1. 课前

通过智慧教学平台，布置学生课前学习复合材料定义及分类的基础知识，要求对复合材料有初步的认识和了解。

教师活动：① 通过智慧教学平台，上传复合材料学习资料，包括复合材料的定义及分类。② 发布本次课的具体任务：一是绘制复合材料分类、应用及损伤类型的思维导图；二是阐述影响复合材料分布在飞机各部位的内在因素。

学生活动：① 在智慧教学平台自主学习复合材料定义、复合材料分类等知识内容。② 完成简单的知识点测试。③ 了解本次课程的任务安排。

2. 课中

课程导入（8 分钟）：课前回顾，分析课前测试结果，了解学生对复合材料定义和分类的自主学习和实际掌握情况。

教师活动：① 发起课程签到。② 投影公布课前测试结果，查看未答题人员及了解未答题的原因，分析学生答题情况并进行错题剖析。③ 通过错题剖析，加深学生对复合材料定义和分类的理解。

学生活动：① 完成课程签到。② 查看自己测试结果，并自我分析错误原因。如果没有错误，则巩固知识点。③ 通过教师讲解，加深对知识的理解。

头脑风暴（7 分钟）：生活中的复合材料有哪些？

平时分加分规则：列举一个加 1 分，3 分封顶。

教师活动：① 启发学生独立思考生活中的复合材料有哪些。② 引导学生拓宽复合材料的应用场景。③ 对于踊跃回答的同学，及时加上平时分。

学生活动：① 针对复合材料的定义，独立思考，积极举手回答。② 不知道答案的学生认真倾听他人的回答，并再次思考。

思政点睛：通过头脑风暴活动，培养学生勤于思考、独立思考、善于思考的好习惯。

发布任务（5 分钟）：绘制复合材料分类、应用及损伤类型的思维导图。

教师活动：① 发布本次课程任务，明确本次课程的任务目标。② 明确本次任务的考核标准。

学生活动：① 听取老师对本次任务内容进行分析讲解。② 明确本次课程的任务和考核标准。

重难点讲授（20 分钟）：根据教学任务，梳理出本课程的重难点内容：复合材料的分类、复合材料在飞机上的应用、复合材料的损伤类型。

教师活动：① 展示生活中复合材料图片，引导学生识别每张图片对应的复合材料名称，再归纳出复合材料按照基体材料可分为金属基和非金属基复合材料。② 展示飞机上的复合材料图片，引导学生识别每张图片对应的复合材料名称，再归纳出复合材料按照增强纤维的成分可分为碳纤维、玻璃纤维和芳纶纤维复合材料。③ 进一步说明为什么飞机各部位的复合材料不一样。玻璃纤维具有良好的射频传输性能和底导电性，所以适合做雷达天线罩。玻璃纤维也适合做厨房、地板和高架储存箱。碳纤维由于其良好的强度和刚度，经常用在飞机关键的结构部件。而芳纶纤维用在防弹背心上较多。④ 结合飞机维修常见工作场景，展示复合材料损伤的图片，引导学生总结归纳飞机复合材料可能出现的损伤类型。

学生活动：① 根据教师分析与引导，说出每张图片对应的复合材料名称，自主归纳、总结出结论。② 根据两轮图片展示，按基体材料的分类和增强纤维的分类，归纳、总结出复合材料的分类。③ 听取教师的讲解，观察飞机不同部位上复合材料的类型和常用复合材料的特点与作用。④ 融入飞机维修工作场景，归纳、总结复合材料的损伤类型有刺破、脱层、分裂、螺栓孔损伤、凹痕、热损伤等。

执行任务（15 分钟）：绘制复合材料分类、应用及损伤类型的思维导图。

教师活动：① 将各类复合材料和损伤的图片投影到黑板。② 发给学生每人一张 A4 纸用以绘制思维导图。③ 课堂巡视学生作答情况。

学生活动：根据黑板的图片和掌握的情况，绘制复合材料分类、应用及损伤类型的思维导图。

思政点睛：思维导图可以培养学生独立思考的能力，使其养成勤于思考、善于思考的好习惯。将课堂的零散知识点串联成一幅思维导图，可以帮助学生更加系统地掌握课程内容。每个人绘制的思维导图都不一样，思维导图作为一种以图形形式展示思维关系的工具，能够摆脱传统的线性思维模式，激发更多的创新灵感，促进创新思维的发展。

成果展示（5 分钟）：展示复合材料分类、应用及损伤类型的思维导图。

教师活动：① 组织学生进行成果展示。② 针对学生的思维导图，点出其中独特创新的地方和不足之处。

学生活动：① 自愿上台进行成果展示和讲述。② 台下的学生可以进行点评。③ 聆听教师和同伴的点评，学习他人的长处。

任务评价（7 分钟）：通过教师和学生的点评，评选优秀的成果并说明其中独特的优势，根据评价标准，获取平时分。

教师活动：① 对学生的成果展示进行总结。② 评选优秀的思维导图，并说明值得他人学习的地方。③ 根据评价标准，加平时分。

学生活动：① 仔细聆听、观察和思考他人思维导图的独特之处。② 反思自己不足，加强学习没有掌握的内容。③ 根据评价标准，获得平时表现分。

难点突破（10分钟）：不同的复合材料有各自的特性，因此应用在飞机不同部位。这也是本课程的难点，即阐述清楚影响复合材料分布在飞机各部位的内在因素。

教师活动：① 引导学生说出飞机上复合材料的特点。② 引导学生阐述不同复合材料应用在不同部位的原因。

学生活动：① 根据教师的分析与引导，说出不同复合材料的特点。② 根据复合材料的不同特点，阐述不同复合材料应用在不同部位的原因，加深对复合材料特性和应用的理解。

课程小结（3分钟）：本次课程使学生了解了复合材料的定义，掌握了复合材料的分类；结合飞机维修的真实工作场景，理解了复合材料损伤类型和损伤的原因。通过绘制思维导图，对复合材料分类、应用及损伤类型有了更加系统的理解。

3. 课后：反馈拓展

课后完成单元小测验，并观看碳纤维复合材料修理的视频，思考在进行复合材料修理时，修理人员自身的防护有哪些，并思考原因，为下次课中的复合材料实践做好知识储备。

教师活动：① 发布单元小测验，检验学生的掌握情况。② 上传碳纤维复合材料维修视频，留下思考题：在进行复合材料修理时，修理人员自身的防护有哪些？并思考原因。

学生活动：① 完成课后单元小测验，及时查漏补缺。② 观看碳纤维复合材料维修视频，回答思考题。③ 在答疑讨论区，可以匿名提出上课中没有理解的问题。

八、课程思政创新与反思

（一）教学效果及成果

通过教学实践检验，本课程的教学设计及实施有效达成了既定的教学目标。学生对航空金属材料的认识更加深入透彻，对我国大国工匠精神的感受更加清晰明确；学生航空材料修复技能得到了锻炼和提升，对按卡操作、按章施工的要求把握得更准确、规范、到位；学生的职业素养、民航作风的品质得到了提升。

自 2018 年课程思政教改以来，本课程已经面向 2018—2022 级 5 届 600 多名飞机机电设备维修专业的学生开展教学，课程负责人和团队教师指导学生连续多年获得全国飞机发动机拆装与调试技能大赛奖项 8 次，行业技能邀请赛奖项 3 次，互联网 + 创新创业大赛省级奖项 4 次等。同时，毕业生就职于中商飞、国航、海航技术、春秋、长龙、圆通等多个大型企业，学生实习期间多次被评为“优秀学员”，其职业素养、民航作风、专业技能得到航空公司的认可和好评。

另外，本课程既适用于飞机维修专业学生，也可作为航空企业从事航空制造、飞机维修等岗位的员工培训；本课程教学内容可满足中国民用航空局颁发的飞机维修执照“维护技术基础”模块的内容要求，覆盖面广。

（二）创新与特色

1. 课程内容创新

对接飞机维修职业能力要求，衔接热处理工、无损探伤员等典型岗位工作任务，重构课程教学内容，融入思政教学元素，开发了课程中 12 个子任务的典型案例教学资源体系，设计了“塑品格—强作风—铸精神”的总体思政目标，实现了“航空材料”课程的内容创新。

2. 教学设计创新

构建了“三阶递进、双师共导，三段拓展、双线并行，虚实结合、价值引领”的“三二三二”项目导向任务驱动式教学模式，提出了课前知识学习、课中任务实践和课后反馈拓展“三段式”线上线下并行的导学模式，实现了教学的设计创新。

3. 信息技术应用创新

针对不同类型材料的受载荷问题，引入 ANSYS 有限元分析软件，在材料库中选取相应的材料类型，可以直观、形象地看到材料的载荷分布情况，突破传统模式下对材料性能的认识局限。同时，通过讲授多种材料和受力情况的不同组合，引导学生思维上的创新。

（三）反思与改进

1. 存在的主要问题

问题 1：在执行“子任务 10：复合材料修复实践”教学中，采用的是 4 人小组分工协作，虽然最终小组成果展示直观明了，但是小组内 4 人的个体评价没有细化和具化。

问题 2：案例的考核形式中，形成性考核围绕线上自学、课堂表现、作业成绩、实操成绩、职业素养五个维度展开。在实施过程中，教师需要花费大量的时间去记录学生学习数据；在最终成绩评定时，又需要做大量的数据分析运算工作。需要进一步考虑在保证评价效果的同时，尽量减少教师评价工作的时间，使得评价系统可操作性更强、更简便。

2. 改进措施

对策 1：对于组内分工进一步细化、具体化，提前制定可评可测的打分表。采用组内互评、组长点评的方式，对小组中每个人的行为进行评价和打分，作为组内个体评价的一部分。

对策 2：教师充分利用数字化分析软件，将智慧教学平台作为统一的学生全过程学习数据记录平台，减少额外工作量的时间成本。

案例编写人：浙江交通职业技术学院汤翠翠、章正伟、周元、王康，浙江西子势必锐航空工业有限公司傅云。

12. 以球养德　强体育人

——『足球』课程思政案例

一、课程基本信息

“足球”课程是我校公共体育课程体系的重要组成部分，为全校各专业的公共选修课程，在第二、三学期开设。本课程的先修课程为第一学期的“太极普修”课程，后继课程为第四学期的“职业体育”课程。本课程紧紧围绕学校“坚持立德树人，五育并举，德技并修，提供优质教育服务，培养交通事业和社会需要的高素质技术技能人才”的培养目标，遵循“教会、勤练、常赛”原则，在教学中培训足球基本技能，普及安全救护知识，提升运动健康水平，在勤练中培养学生“逢山开路，遇水架桥”的交通实干精神，在常赛中培育学生团结协作、顽强拼搏等意志品质。

本课程教学团队先后获得学校教学技能大赛三等奖，全国高等职业院校首届体育课程思政教学设计大赛一等奖，我校“力行”足球俱乐部被浙江省教育厅授予“浙江省高校省级校园足球俱乐部”，学生足球队获得浙江省大学生足球联赛男子组和女子组第三名。

二、课程教学目标

聚焦立德树人根本任务，坚持“健康第一”的指导思想，遵循“教会、勤练、常赛”原则，全过程融入思政元素，使学生在课程学习中能做到“享受乐趣、增强体质、健全人格、锤炼意志”，从而达成“以球养德、强体育人”的育人目标。

（一）素养目标

- 培养爱国情怀。通过体育爱国事迹和案例，引导启发学生，培养爱国情怀。
- 培养规则意识，养成守规矩习惯。注重课前（上课服装要求、物品等统一整齐摆放）、课中（听从教师口令，游戏、比赛遵守规则等）、课后（器材的回收、场地垃圾整理等）过程管理，对学生严格规范要求，促进规则习惯养成。
- 培养团结协作品质和精益求精的工匠精神。在足球技战术的练习和分组比赛过程中，采用帮扶合作、相互配合、重复练习等手段，培养学生团结协作的品质和精益求精的工匠精神。
- 培养顽强拼搏精神和持之以恒的做事态度。通过学生的错误示范展示、激烈的比赛对抗、比赛胜负的奖惩、反复练习等，对学生进行挫折教育，培养学生顽强拼搏的精神和持之以恒的做事态度。

（二）知识目标

- 了解健康、安全知识，树立正确的健康观、安全观。
- 了解足球的发展历史，懂得基本技术的概念及基本战术的执行要求。
- 懂得足球规则及裁判法则，能欣赏比赛和组织基层比赛。

（三）技能目标

- 掌握足球基本技术和专项身体素质的练习手段和方法。
- 能够在教学比赛中运用足球基本技术和战术。

三、课程思政整体教学设计思路

（一）课程思政整体设计理念

本课程坚持“健康安全教育、足球技能教育、职业能力教育、思想政治教育”为一体的“四育”教学理念，聚焦立德树人，遵循“教会—勤练—常赛”原则，使学生在学习中能做到“享受乐趣、增强体质、健全人格、锤炼意志”，达成“以球养德、强体育人”的育人目标，如图 12-1 所示。

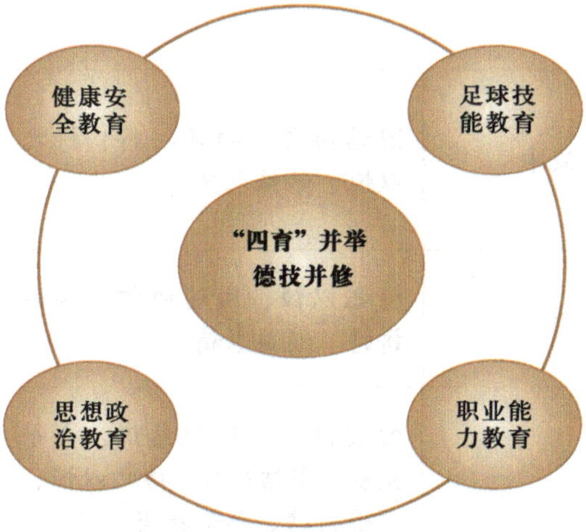

图 12-1　课程思政整体设计理念

（二）课程思政整体设计框架

本课程教学团队梳理足球课程的教学内容，结合足球运动项目的特点，深入挖掘课程思政元素，利用多种形式的教学手段和方法，将思政元素有机融入课程教学中，在潜移默化中实现全过程育人目标，从而达到润物无声的育人效果。如图 12-2 和表 12-1 所示。

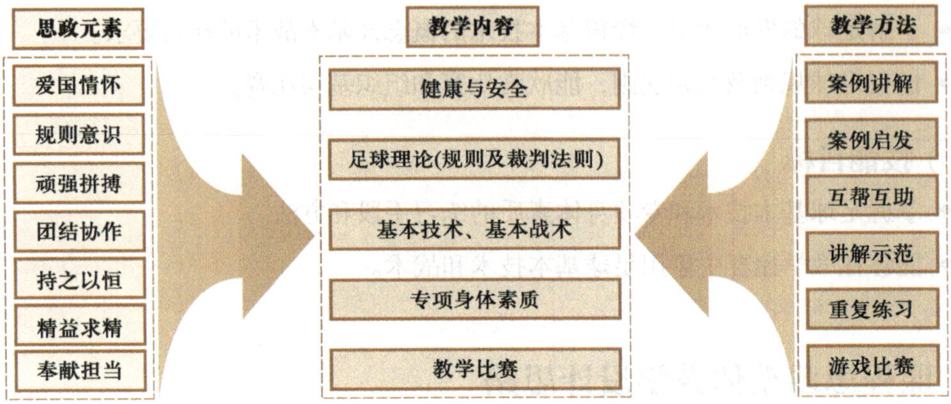

图 12-2　课程思政整体设计框架

表 12-1　课程思政教学内容设计

序号	教学内容	思政育人目标	教学方法
项目一	健康与安全	规则意识、养成习惯	案例讲解、案例启发
项目二	足球理论（规则和裁判法则）	爱国情怀、规则意识	案例讲解、案例启发、视频讲解讨论
项目三	基本技术和战术	团结协作、顽强拼搏、持之以恒、精益求精	讲解示范、案例分析法、重复练习法、游戏法
项目四	专项身体素质	持之以恒、团结协作、顽强拼搏、精益求精	讲解示范法、游戏法
项目五	教学比赛	爱国情怀、规则意识、公平竞赛、团结协作、持之以恒、顽强拼搏、奉献担当	游戏法、比赛竞争法

（三）课程思政教学策略

1. 课程教学模式

本课程结合足球项目的特点，归纳足球课程思政的育人元素，例如爱国情怀、规则意识、团结合作、坚韧不拔、顽强拼搏等思政元素，以知识技能传授为有效载体，将课程思政元素贯穿足球课程教学的全过程，包括课前、课中、课后的各个环节，依托丰富多彩的教学内容、方式、方法，加以有目的的挖掘、引导、教育，在潜移默化中实现全过程育人目标。

课前自主学习，突出问题导向，激发学生兴趣。课前通过网络学习平台发布健康安全知识、足球技战术以及励志的体育人物、事件等教学视频，让学生根据视频提前自学自练，总结体会，提出问题，培养兴趣，为课堂学习技战术做好准备。

课中任务驱动，情境对抗教学，遵循“教会、勤练、常赛”原则。课中教师对足球技术动作、战术以及专项身体素质等练习要领和方法进行讲解示范，学生通过自主练习、集体互帮互助、对比纠错、反复练习等方法勤加练习。最后，教师以游戏、竞赛等方式组织全体学生训练，提高学生练习积极性，提升学生技战术及身体素质水平。教师在练习方法和手段的设计上充分体现思政元素，例如分组教学比赛前安排两队面对五星红旗唱国歌的仪式，在专项身体素质练习中安排俯卧蹬腿练习、绳梯敏捷性练习、模拟红军长征爬雪山和过草地等，在教学过程中培养学生爱国情怀、规则意识以及团结合作、坚韧不拔、顽强拼搏的精神和品质。

课后复习，学以致用。课后布置“每周一练”任务，要求学生课后自主多练，多总结经验，并在智慧教学平台上传练习视频。教师检查，反馈并进行互动讨论，培养学生做任何事要有持之以恒的精神。

课程教学采用“三段五环节”教学模式。“三段”就是“课前学习引导—课中任务实施—课后总结拓展”，“五环节”包括课前一个环节：自学——“导”任务，课中三个环节：教会——“学”动作，勤练——“练”技术，常赛——“拓”能力，课后一个环节：辅助——固“技能”。教学始终以学生为中心，利用智慧教学平台、智能穿戴系统等一系列信息化手段，依托丰富多彩的教学方法和手段，全过程融入思政元素，创新体育课堂教学模式，提升体育课堂教学效果，如图 12-3 所示。

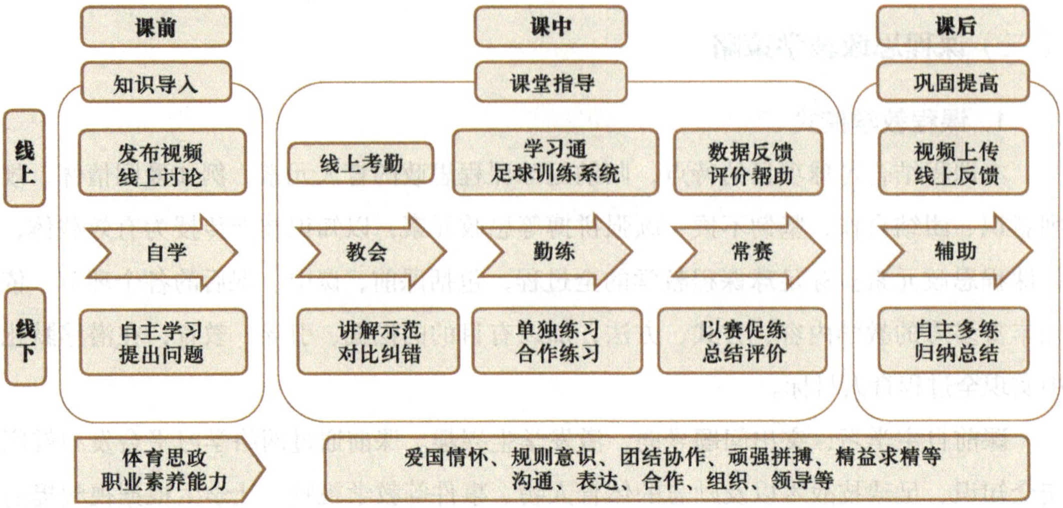

图 12-3　课程教学模式

2. 课程教学资源

教学环境：学校被浙江省教育厅授予百所“浙江省高校省级校园足球俱乐部”之一，拥有标准的十一人制足球场，教学用球等教学器材充足，能满足足球课程教学和比赛要求。同时，中国女足“铿锵玫瑰”的拼搏精神获得全国人民的盛赞，正是开展课程思政教育的最好案例。

教学平台：运动校园世界和智慧教学平台用于发布自学任务资源和课中的教学资源，线上线下师生互动，并记录教学全过程，统计学生学习数据，对其学习进行评价分析。

教学软件：足球智能训练系统，通过 JS3.0 多功能工具箱、智能脚环及足球青训大师软件，智能识别多达 15 种足球运动状态，包括带球、传射、转身、冲刺等，生成涵盖控球、传射、爆发力、速度、耐力、活跃度等 6 大能力值，形成多达 20 维度的人球结合数据，以及 10 维度身体素质数据，可以有效地指导学生精准自评，改进技术；训练报告、系统评分功能辅助教师科学评价学生练习过程及练习效果，实现多维评价，使思政评价结果全面合理。

3. 课程教学评价

本课程结合教学内容，总结了相关的思政元素融入点，采用有效的教学方法加以实施，并以“三维结合”的思政评价体系来评价，即过程评价和效果评价相结合、学生自评和教师评价相结合、定性和定量分析相结合，如表 12-2 所示。

表 12-2　课程教学评价

序号	教学内容	思政元素融入点	教学方法	评价体系
项目一	健康与安全	规则意识、养成习惯	案例讲解、案例启发	过程评价和效果评价
项目二	足球理论（规则和裁判法则）	爱国情怀、规则意识	案例讲解、案例启发、视频讲解讨论	过程评价和效果评价
项目三	基本技术、战术	团结协作、顽强拼搏、持之以恒、精益求精	讲解示范法、案例分析法、重复练习法、游戏法	学生自评和系统软件、教师评价
项目四	专项身体素质	持之以恒、团结协作、顽强拼搏、坚持不懈、精益求精	讲解示范法、游戏法	过程评价和效果评价
项目五	教学比赛	爱国情怀、规则意识、公平竞赛、团结协作、持之以恒、顽强拼搏、奉献担当	游戏法、比赛竞争法	定性和定量分析评价

四、课程思政教学案例

案例一　学习红军精神，培养意志品质——专项身体素质练习

（一）教学任务

通过专项身体素质练习，提高学生的力量、灵敏、速度等足球专项身体素质，为学习足球技术动作奠定基础。同时在练习的过程中培养学生的思政素质能力。

（二）课程思政教学设计

先将学生分组，设置情景对抗练习，要求学生先大强度地做俯卧蹬腿练习，然后进行 20 米的绳梯敏捷性练习，最后进行 50 米团队拉绳抬人运球快速移动至终点的接力游戏比赛，以上练习分别模拟红军长征中爬雪山、过草地、飞夺泸定桥的情景，让

学生领会红军长征中不畏艰险、坚持不懈、团结协作的精神。

（三）教学目标

素养目标：培养学生顽强拼搏、坚持不懈、团结协作的意志品质。

知识目标：了解力量、灵敏、速度等专项身体素质的练习原理，知道情景练习的针对性及目的。

技能目标：掌握力量、灵敏速度等专项身体素质的练习方法和要求。

（四）教学方法

采用模拟情境教学、教师讲解示范、游戏比赛的方法。

（五）教学实施

1. 课前

布置任务，让学生先了解三个红军长征中爬雪山、过草地和飞夺泸定桥的故事，总结三个故事展现出红军的哪些精神。

2. 课中

通过创设模拟情境练习，将思政元素贯穿于整个练习过程中。学生通过亲身练习，深刻体会红军顽强拼搏、坚持不懈和团结协作等精神。

（1）创设情境

情境 1：50 个俯卧蹬腿练习（“爬雪山”），如图 12-4 所示。

图 12-4 “爬雪山”

情境 2：20 米绳梯敏捷性练习（“过草地”），如图 12-5 所示。

图 12-5　“过草地”

情境 3：50 米团队拉绳抬人运球移动（“飞夺泸定桥”），如图 12-6 所示。

图 12-6　“飞夺泸定桥”

思政点睛：50 个俯卧蹬腿练习需要比较大的运动量，并要求有质量地完成，需要有毅力，体现顽强拼搏精神；紧接着是 20 米绳梯敏捷性练习，需要坚持，体现坚持不懈的精神；最后，50 米团队拉绳抬人运球移动，需要团队分工协作完成，体现团队团结协作精神。

（2）明确任务

教学活动 1：教师先布置场地，讲解练习的内容并示范，强调每个情景练习的规则和要求。

教学活动 2：将学生进行分组，选举各组队长，组织各组讨论并汇报练习中体会到哪些红军精神。

（3）执行任务

教学活动 1：队长将本组队员进行分工，再次强调每个情景练习的规则和要求，然后进行试赛一次，及时发现练习过程中出现的问题。

教学活动 2：通过试赛，队长组织本组队讨论在试赛过程中的不足，并进行有针对性的修正，然后在正式开始前先进行搭肩围圈相互高喊加油，或围圈搭手相互高喊加油。

教学活动3：正式开始后，大家相互提醒帮助，绳梯移位了要及时帮助复位，并相互高喊加油鼓励，直至完成所有任务。胜队相互击掌庆祝，负队相互鼓励，正确面对失败。

思政点睛：在各项内容实施过程中，落后的学生在已完成任务的同学鼓励加油下会继续努力，加快步伐咬牙坚持下来，体现了顽强拼搏、坚持不懈的精神。各组在“飞夺泸定桥”任务中分工清晰，为了获胜每个人都努力完成角色任务，充分体现了团结协作的精神。

（4）任务评价

教学活动1：教师宣布比赛结果，并组织各组进行自我总结和相互评价，要求说明各队比赛的表现及优缺点。

教学活动2：各队队长汇报总结评价结果，最后教师做总结发言，再次强调本次练习过程体现的思政元素。

3. 课后

以情境的方式将课程思政元素融入体育锻炼中，学生能够深深地体会到思政元素，起到了较好的效果。但课程思政元素融入体育运动中的形式和深广度还需要进一步的完善和提升。

案例二　唱国歌激昂，增爱国情感——教学比赛开球仪式

（一）教学任务

通过全体学生参加面对国旗激昂唱国歌的仪式，旨在培养学生的爱国主义精神，增强学生民族自豪感。

（二）课程思政教学设计

教师介绍国旗和国歌的历史和象征意义，帮助学生理解国旗和国歌的内涵和重要性。

教师将学生分队，组织学生设置情景，要求学生站位整齐，精神抖擞，随着国歌伴奏曲激昂高唱国歌，让学生通过这样的仪式感和氛围，激发爱国主义情感。

（三）教学目标

素养目标：培养学生爱国主义情感和集体主义精神。

知识目标：使学生了解国旗和国歌的历史和意义，感受国家的尊严和荣誉。

技能目标：重温国歌，学习爱国情感的表达方式。

（四）教学方法

采用模拟情境教学，教师讲解示范。

（五）教学实施

1. 课前

布置任务，提出问题：国际足球大赛上，为何比赛前两队都会进行面向国旗唱国歌仪式？这样的仪式体现了怎样的思政元素？

2. 课中

通过创设模拟情境练习，讲授举行该仪式的目的及要求。

（1）创设情境

情境：赛前举行面向国旗唱国歌仪式，如图 12-7 所示。

图 12-7　唱国歌

思政点睛：让学生面对国旗激昂地唱国歌，以此表达对祖国的热爱和敬意，激发学生的爱国情感，增强他们的民族自豪感和自信心，让爱国情怀感染到每位学生。

（2）明确任务

教学活动 1：教师课前先布置学习任务，使学生了解国旗、国歌的历史和象征意义，帮助学生理解国旗和国歌的内涵和重要性。

教学活动 2：将学生进行分组，组织学生进行情境布置，强调唱国歌的精神面貌和要求，并组织举行仪式。

（3）执行任务

教学活动 1：各队员围绕课前提出的关于国旗、国歌的学习任务进行自学，并在课堂中进行讨论总结。

教学活动 2：各队员参与面对国旗唱国歌的仪式，并交流自己的体会。

（4）任务评价

教学活动 1：教学比赛结束后，组织各队进行讨论，总结各自在仪式中或比赛中的表现情况，并由队长进行汇报。

教学活动 2：教师根据两队队员在仪式和比赛中的具体表现逐一做点评。

3. 课后

通过仪式化的教学手段，学生不仅可以掌握关于国旗和国歌的知识，而且对爱国主义有了更深刻的理解。学生在面对国旗唱国歌时，表现出了极高的热情和敬意，达到了思政教学的目的。

五、课程思政创新与反思

课程思政创新：足球技能教学与爱国情感、团结协作、顽强拼搏等思政元素有机融合，贯穿足球教学的全过程，取得了较好的教学效果。在“三段五环节”的教学中融入思政元素，引导学生在理论学习中有感触，在课堂练习中有感动，在课外比赛中有感悟，达到“知行合一”的教学效果，从而实现“以球养德、强体育人”的教学目标。

课程思政反思：结合足球项目的特点，需要进一步加强课程思政研究，改进教材、教法和手段，提升足球课程思政建设的深度，积累建设成果，形成教学案例。此外，还要进一步拓展丰富足球课程思政资源，不断提升课堂教学效果。

案例编写人：浙江交通职业技术学院郭泉、黄钢、李晓刚、秦玉峰。

13. 立足客舱　安全至上

——『客舱应急处置』课程思政案例

一、课程基本信息

“客舱应急处置”为浙江交通职业技术学院空中乘务专业核心课程，属于岗位核心能力课程，是浙江省职业教育课程思政示范课建设项目，共计64课时。其中，课程模块“机上火灾处置流程”曾获2021年浙江省教师教学能力比赛三等奖、浙江省高校课程思政与思政课程协同育人研讨作品征集评比二等奖。

本课程的目标是全面贯彻党的教育方针，培育和践行社会主义核心价值观，落实立德树人根本任务。课程设计将习近平新时代中国特色社会主义思想与学科内容有机结合，学习要求循序渐进、螺旋式上升。

“客舱应急处置”以前序课程“民航客舱服务”“民航服务礼仪”“民航服务英语”等为基础，从乘务员岗位需求出发，基于真实的工作任务，以职业技能鉴定标准为引领，遵循“教、学、做合一”的教学理念，并借助信息化教学手段，优化教学过程。课程教学既加强“技”的训练，又注重“能”的培养，要求学生在熟练掌握客机上应急处置程序的同时，增强对旅客生命安全高度负责的责任意识，能保障航班安全，做一名坚守初心的中国民航人。

通过课程教学内容的学习，使学生熟悉客舱可能发生的应急处置场景，掌握相关的应急设备操作及应急处置流程，具备在客机上应对各种突发情况的危机处理能力，树立正确的价值观和责任感，为其职业发展、终身学习和服务社会奠定基础。

二、课程教学目标

学校遵循“立德树人，德技并修”的质量方针，坚持“依托交通、服务社会”的办学理念。在此基础上，课程教学结合民航乘务人员的岗位性质和专业人才培养目标，使学生熟悉客舱可能发生的应急处置场景，掌握相关应急设备操作及应急处置流程，能在客机上进行各种突发情况的危机处理操作，培养政治坚定、德技并修、德智体美劳全面发展，适应现代航空运输业发展需要，具有良好的职业道德和敬业精神，掌握民航运输服务专业知识和工作技能，面向航空公司、机场及民航运输企业等服务领域的高素质技能人才，同时使学生树立正确的价值观和责任感，为其职业发展、终身学习和服务社会奠定基础。

（一）素养目标

- 全面贯彻党的教育方针，培育和践行社会主义核心价值观，落实立德树人根本任务。
- 培养具有社会责任担当，能胜任民航岗位的高素质技能人才。
- 具有良好的职业道德和职业素养，具有严谨、认真的工作态度，能严格按照相关工作规范的要求认真开展工作。
- 具有较强的危机处理能力和应变处置能力。
- 具有较强的知识迁移能力和继续学习的能力。
- 具有良好的语言表达能力和沟通能力。
- 具有分析问题和解决问题的能力。
- 具有较好的团队合作、组织领导能力。

（二）知识目标

- 了解客舱内可能发生的紧急情况类型（包括客舱释压、气流颠簸、机上火灾、紧急撤离等）。
- 了解可能造成客舱内各类紧急情况发生的原因。
- 了解客机上相关应急设备的规格和使用方法（包括氧气面罩、氧气瓶、灭火器、救生衣、信号发报器等）。
- 了解客机上相关应急设备的安全检查内容（包括氧气面罩、氧气瓶、灭火器、救生衣、信号发报器等）。
- 了解客机上突发情况的应急处置流程（包括客舱释压、气流颠簸、机上火灾、紧急撤离等）。

（三）技能目标

- 能够熟练掌握客机上相关的应急处置知识并能针对客机上的应急情况做出合理正确的判断。
- 重点掌握客机上应急设备的认知和使用方式，并且能够在相应的紧急情况下熟练使用。
- 重点掌握客机上应急求生设备的认知、安全检查程序和紧急情况下的使用方式。
- 重点掌握紧急情况下乘务员发出的相应口令和手势。

- 具有良好的沟通能力，能在紧急情况下有效安抚乘客，引导其服从乘务员口令。
- 能够用中英文熟练地和机组成员进行沟通，实现团队合作。

三、课程教学内容

根据新时代背景下民航产业发展趋势，将科学严谨、责任担当、忠诚爱国的职业素养和“三个敬畏”、家国情怀、民族自信的思政要素融合进课程，对标民航乘务员国家职业技能标准和“1+X”空中乘务职业技能指导手册，重构客舱安全管理与应急处置中客舱应急设备、客舱颠簸处置、客舱释压处置、客舱失火处置、机上非法干扰、机组失能处置、野外求生、紧急撤离等八个方面的教学内容（如图 13-1 所示），各部分内容遵循从认知操作到熟练贯通的规律设置。

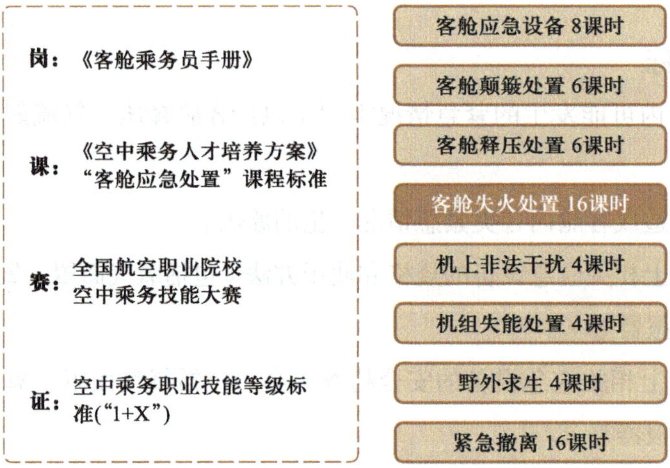

图 13-1　教学内容重构图

四、课程思政整体教学设计思路

（一）课程思政整体设计理念

本课程根据空中乘务专业人才培养方案设计教学内容。课程内容基于空中乘务员岗位工作流程架构，通过与航空公司资深专家多次探讨，对能力单元进行学习任务分析，进而设计、研发本课程的学习任务项目及其知识点、技能点和素养点。

本课程基于 OBE 理念的 TBL 项目学习模式创新应用，以客舱应急处置流程为学习主线，以模块项目为学习载体，依托校企合作共同开发的“客舱安全护卫”微信小程序，形成了学习内容立体化、操作示范直播化、学习行为可视化、学习评价智能化的“四化合一”课程教学体系。在项目实施过程中，按照飞行真实阶段的流程层层递进，客舱应急情况的熟练处置（工）与客舱应急设备规范操作（读）交替进行，实施课前导学、课中探学及课后拓学的“三段五步”模式教学，培养适应新时代民航背景下空中乘务岗位需求的关键能力。以“客舱失火处置”模块为例，如图 13-2 所示。

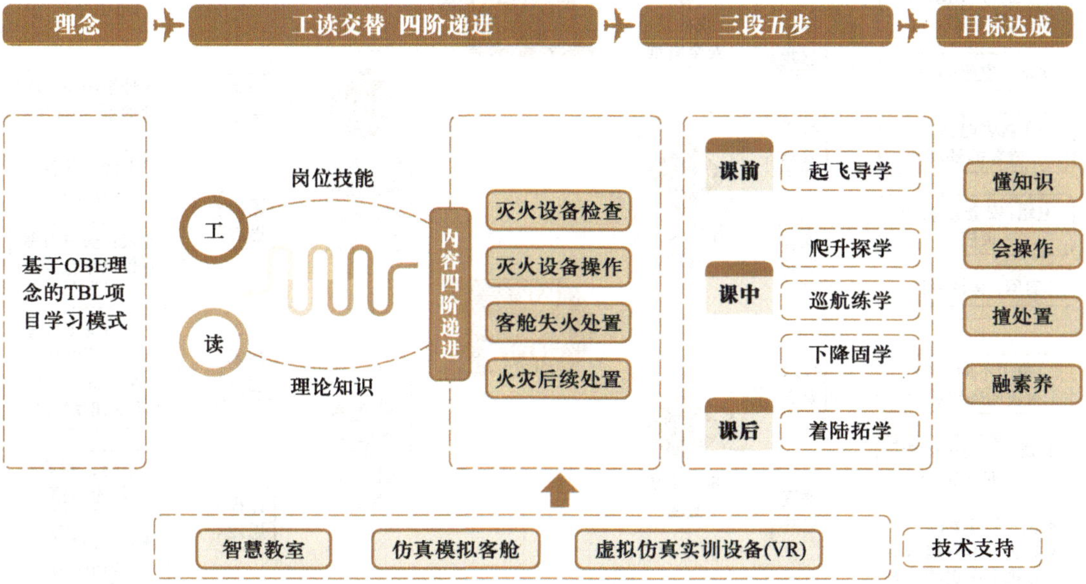

图 13-2　“客舱失火处置”教学整体设计图

本课程以“人民至上、安全至上”的红色民航精神为基点，以习近平新时代中国特色社会主义思想为指导，坚定政治信仰，筑牢思想根基。部分教学模块思政融入点设计如图 13-3 所示。

1. 规范秩序：健全课堂教学管理制度，育人为本

注重师德和形象，做到守时自律，严格考勤制度；注重学生职业素养，做到三打卡：入课堂着制服、带微笑、重礼仪；课中认真做笔记，精心进行实操；课后整理课本，打扫教室，收拾实操用具；正确引导学生的人生观、价值观，让其感悟自觉遵章守纪、规范自身行为的重要性。

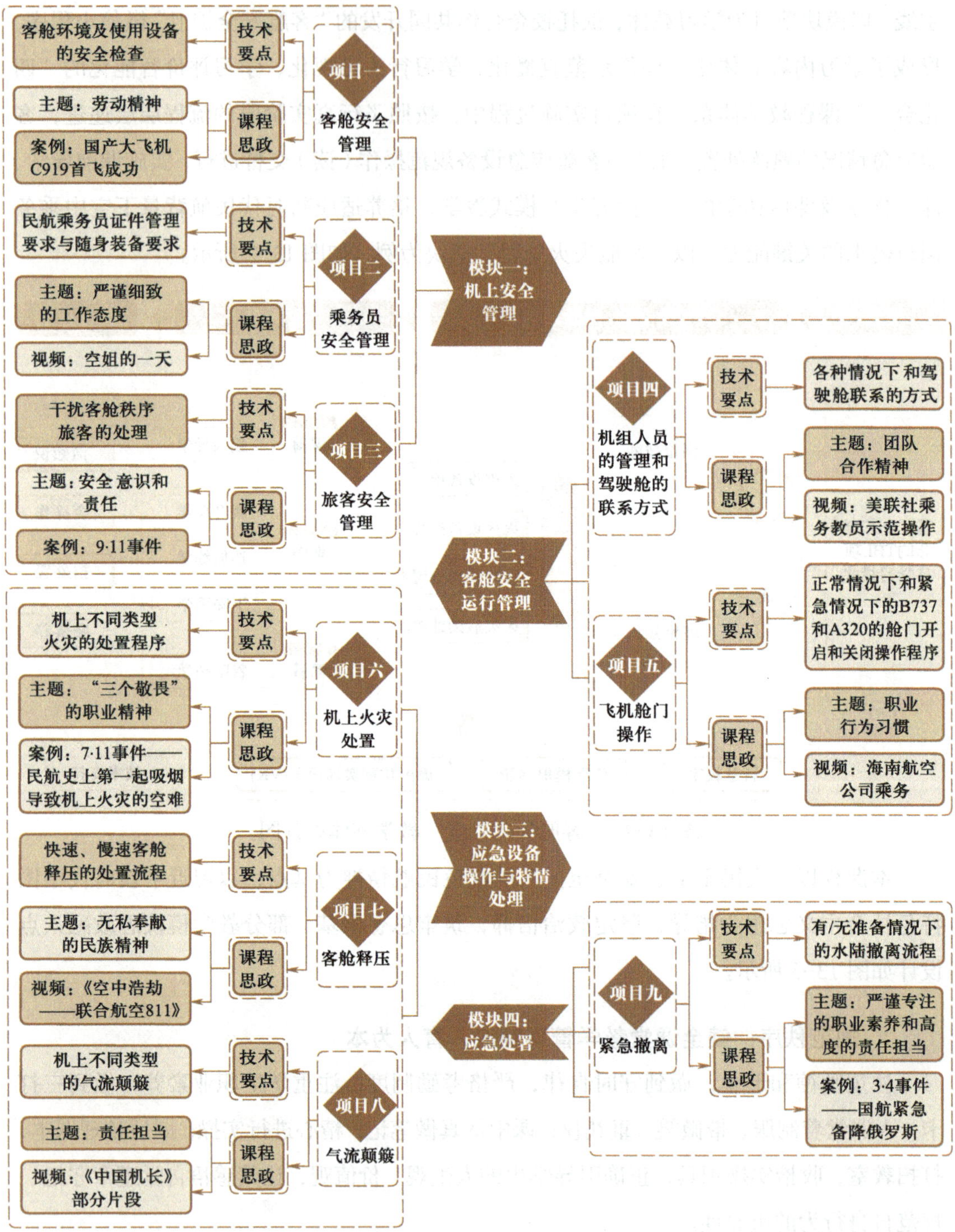

图 13-3　课程思政融入点

2. 时政热点：结合时事热点，引导其树立正确的价值观

切入党的二十大报告中提出的“加快建设交通强国”重要精神，带入数字化赋能

民航安全生产、航空服务，强化民航数字技术创新和筑牢民航数字安全屏障的“两大核心动力和基本保障”，使学生及时了解国家政策及行业发展方向，激发其创新意识、职业自豪感和责任感。坚持人民至上、生命至上，坚守民航安全底线，强化学生责任担当和安全意识。

通过宣讲我国在航空事业上取得的伟大成就，进行爱国主义教育，引入 C919 的顺利研发及投入使用等案例，培养学生的爱国情怀，增强学生的民族自信，激励学生努力学习。

3. 价值观

学习民航工作中的劳模精神，强化社会主义核心价值观。民航安全精神蕴含在千百个日常航班的起落中，平凡的工作岗位上体现着严苛的工作细节。

4. 工匠精神

组织学习航空服务工作中涌现的先进事迹、感人故事，帮助学生树立航空报国信念，肩负起保护国家安全与人民生命安全的神圣使命和社会责任，培养学生严谨求实的科学态度。

（二）课程思政整体设计框架

课程按照空中乘务员的岗位需求进行模块化设计，形成“应急情况判断—应急情况分析—应急情况解决—应急情况后续处置”的整个逻辑结构的规划思维，培养应对客舱环境中突发情况的应急处置能力。课程思政整体设计框架如表 13-1 所示。

表 13-1　课程思政整体设计框架

序号	教学内容概述	课程思政育人目标	教学方法
项目一	任务：客舱环境及使用设备的安全检查	培养学生爱国主义情怀	讲授法、案例分析法、小组讨论法
项目二	任务：民航乘务员证件管理要求与随身装备要求	培养学生严谨细致的工作态度	讲授法、案例分析法、角色扮演法

续表

序号	教学内容概述	课程思政育人目标	教学方法
项目三	任务：干扰客舱秩序旅客的处理	（1）培养学生的安全意识 （2）培养学生的责任担当	讲授法、案例分析法、小组讨论法
项目四	任务：各类情况下与驾驶舱联系的方式	培养学生的团队合作意识	讲授法、案例分析法、小组讨论法
项目五	任务1：正常情况下的B737的舱门操作流程 任务2：紧急情况下的B737的舱门操作流程 任务3：正常情况下的A320的舱门操作流程 任务4：紧急情况下的A320的舱门操作流程	培养学生严谨规范的职业行为习惯	讲授法、案例分析法、小组讨论法
项目六	任务：机上不同类型火灾的处置程序	培养学生“三个敬畏”职业素养	讲授法、案例分析法、小组讨论法
项目七	任务1：慢速客舱释压的处置程序 任务2：快速客舱释压的处置程序	培养学生无私奉献的民航精神	讲授法、案例分析法、小组讨论法
项目八	任务：机上不同程度的气流颠簸处置程序	（1）培养学生的安全意识 （2）培养学生的责任担当意识	讲授法、案例分析法、小组讨论法
项目九	任务1：有准备情况下的水／陆紧急撤离 任务2：无准备情况下的水／陆紧急撤离	（1）培养学生严谨专注的职业素养 （2）培养学生的责任担当意识	讲授法、案例分析法、小组讨论法

五、课程思政教学策略

（一）课程教学模式

1. 对照职业要求，确定“懂、会、擅、融”的教学目标

本课程对照空乘岗位职业要求和相关教学标准，围绕人才培养方案，培养学生紧急情况下客舱应急处置的能力，同时参照空中乘务专业“1+X”证书的要求，确定了三维教学目标和教学重难点，在“三懂”知识目标、“三会”和“三擅”技能目标、“三融”素质目标下，有效实施客舱应急设备使用方法的教学重点以及客舱应急处置流程的教学难点。以“客舱失火处置”为例，教学目标及重难点见图 13-4。

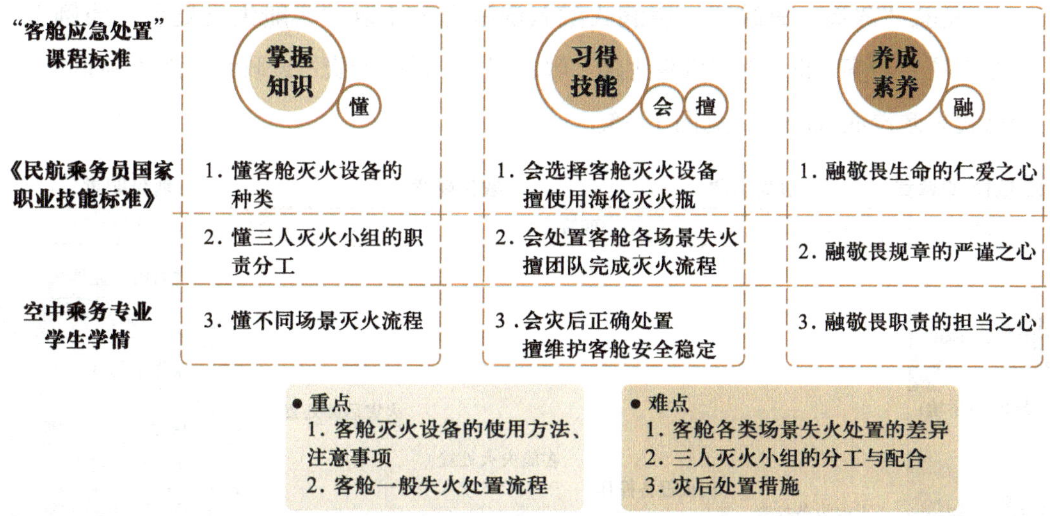

图 13-4　教学目标及重难点（客舱失火处置）

2. 创新项目教学，建构“二境四阶四化”教学策略（以“客舱失火处置”为例）

- 创设“二境”学习场域支持实境化学习，实现工学交替；
- 学习环境：运用智慧教室，完善理论学习过程；
- 职业环境：运用仿真客舱环境，开展实境化学习项目。

基于成果导向开展“四阶”项目式学习，完成真实操作，见表 13-2。

表 13-2　“四阶”项目式学习

教学四阶	一阶	二阶	三阶	四阶
航班真实流程	航前准备阶段	直接准备阶段	飞行实施阶段	航后处置阶段
进阶具体项目	灭火设备检查	灭火设备操作	客舱失火处置	火灾后续处置

3. 技术赋能实现“四化”，突破教学重难点

立体化：通过 VR 虚拟仿真系统模拟客舱服务内容，使抽象工作流程直观可感。

直播化：通过智慧实训系统，直播操作示范，提升学生技能学习效果。

可视化：通过互联网平台，记录学生实操过程，学习情况一目了然。

智能化：通过学生智能画像系统进行分析，实现学习评价智能化。

4. 民航“敬畏”思政线，浸润式融入课程思政（以“客舱失火处置”为例）

基于项目内容，将民航“敬畏生命、敬畏规章、敬畏职责”思政元素融入项目学习，实现课程思政浸润式融入，见图 13-5。

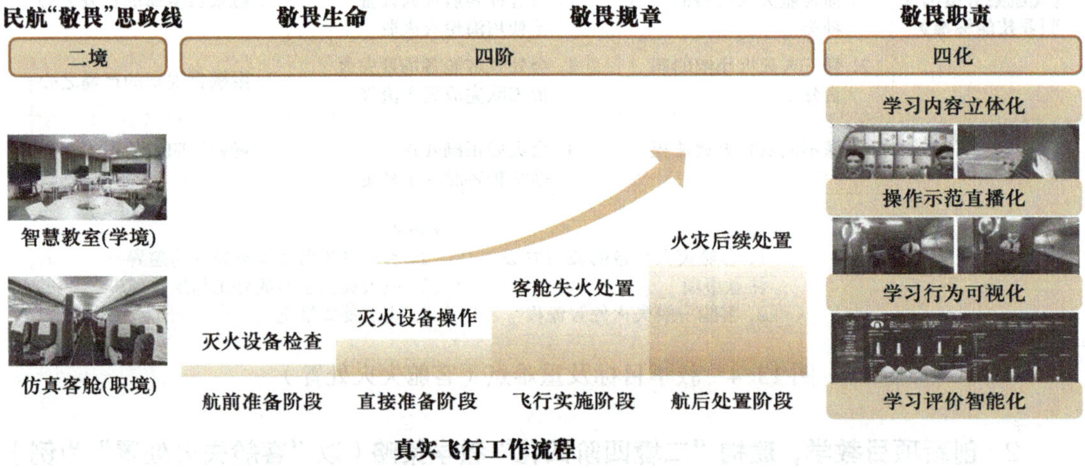

图 13-5　“二境四阶四化”教学策略

（二）课程教学资源

1. 项目化教学新形态教材

主教材：选用国家规划教材《客舱安全》《客舱安全管理与应急处置》，主要供学生系统全面地学习客舱应急处置理论知识。

配套教材：聘请行业、企业中具有资深经验、政治觉悟高的专家作为指导教师，对标相关职业技能标准、人才培养方案、课程标准，并结合航空公司客舱安全手册，共同商讨配套教材的建设和选用。

2. 信息化教学资源

依托智慧教学平台共享资源，校企共建“客舱应急处置”典型案例库，为课程教学提供了丰富的教学资源。

利用信息化教学工具 VR 虚拟仿真系统还原客舱应急场景，帮助学生进一步了解客机上应急情况的处置流程，明确职责分工（见图 13-6）。

图 13-6　VR 虚拟仿真高度还原客舱场景

3. 产教深度融合实训教学基地

项目教学环境为地方政府部门、学校、企业共建的产教融合实训基地——航空技术与服务产教深度融合实训基地，拥有 B737-300 客机、智慧实训室、礼仪实训室、形体实训室、VR 虚拟仿真实训室、仿真模拟客舱、模拟航空港等，为本课程的项目化教学提供了一流的硬件设施。

4. 全景动态教学评价

课程教学采用全景式教学评价，注重多主体、多维度、全过程、立体式评价，包括智慧系统评价、师生互动评价、企业导师评价，如图 13-7 所示。智慧学习系统评价学生学习的活跃度、任务完成度；师生借助活页式工作手册，评价学生的技能点和素养点达成情况；企业导师评价学生综合能力掌握情况。

通过评价激励机制，促成技能习得和素养养成，并为后期开展适应性学习提供数据支撑。学生所有学习项目的技能点、素养点评价达到 6 分以上，并通过成果考核，将获得学校与合作企业共同认证的“1+X”空中乘务专业初级证书“客舱应急处置”模块合格证书，为后续对接国家级“1+X”证书标准做准备。

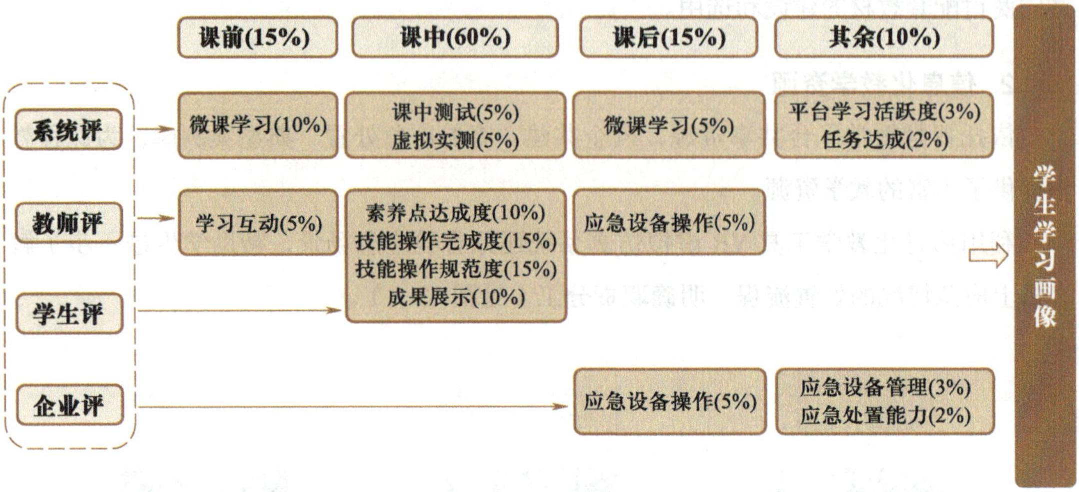

图 13-7　全景动态教学评价体系

六、课程思政教学实施过程

以“客舱灭火设备操作”“客舱洗手间失火处置”两个项目的任务为例。

（一）教学安排

根据客舱失火处置流程，将 16 课时项目安排为四大教学任务，如图 13-8 所示。

（二）任务设计

1. 基于“真实项目 + 任务驱动”，实施“三段五步”教学流程

基于机上真实工作流程，将教学过程划分为“三段五步”。“三段”是指项目准备阶段、项目实施阶段、项目总结阶段；“五步”包括第一步起飞导学、第二步爬升探学、第三步巡航练学、第四步下降固学、第五步着陆拓学，见图 13-9、图 13-10。

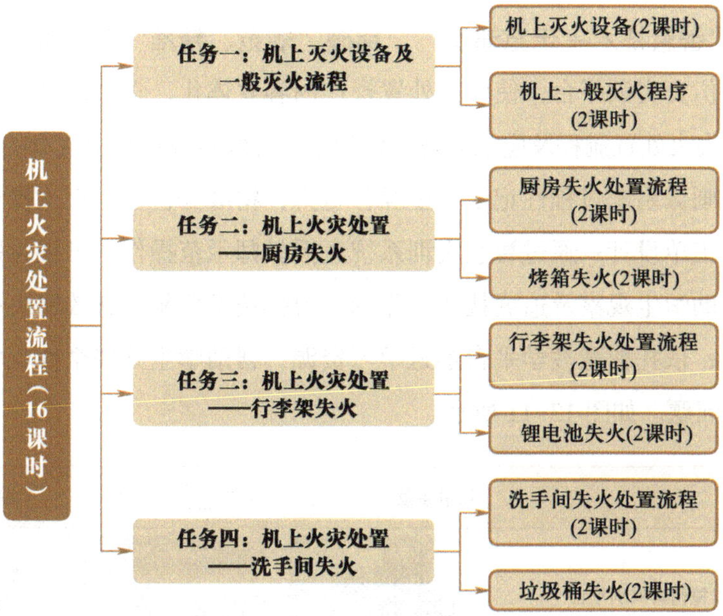

图 13-8　教学安排

三段	项目准备阶段	项目实施阶段			项目总结阶段
	准备调研内容	进行具体实操			进行考核巩固
五步	第一步　起飞导学	第二步　爬升探学	第三步　巡航练学	第四步　下降固学	第五步　着陆拓学
	课前，让学生根据教师布置的先行任务，开展项目调研和问卷调查，确定灭火器的不同种类和应用场景，为课程学习做好相应铺垫	课中，以“客舱洗手间失火处置”为例，爬升探学的教学步骤是让学生知晓项目任务，探究洗手间失火处置流程；巡航练学的教学步骤是让学生通过虚拟仿真、分组讨论，熟悉洗手间失火处置流程，研学共进；下降固学的教学步骤是让学生通过角色扮演、反复操练达到熟练应用			课后，进行着陆拓学阶段，让学生讨论制作工单，参与校内外消防演练志愿服务，将失火处置流程进一步优化，应用到日常生活

图 13-9　“三段五步”教学流程

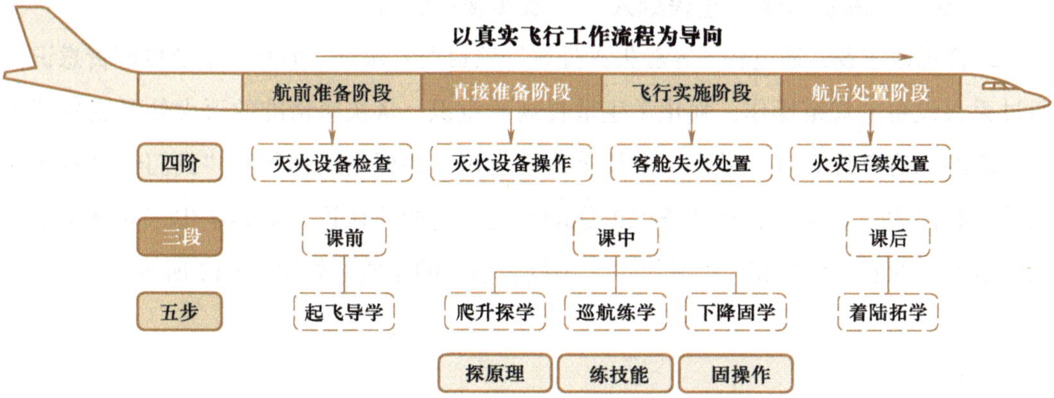

图 13-10　教学组织图

2. 基于“智慧技术 + 示范演练”，突破“规范、精准”重点难点

利用虚拟仿真实训平台，使失火处置操作内容立体化，学生通过虚拟仿真实训掌握飞机客舱的失火处置流程及应急设备操作规范，有效实现对教学重点的把握和突破；依托学生智能画像系统过程性记录学生操作行为，精准分析学生灭火操作流程，帮助学生精准完成工单设计；通过智慧实训系统直播教师示范操作，可视化即时记录学生技能操作，帮助学生观察及追溯技能操作细节习得技术要领，有效解决小班模拟实训教学观测难点；依托智慧教学平台推送学习资源，帮助学生开展个性化学习，解决学生学习差异性问题。如图 13-11 所示。

序号	技术手段			突破教学重难点
1	虚拟仿真实训平台			学习内容立体化 虚拟实训练技能
2	智能画像系统		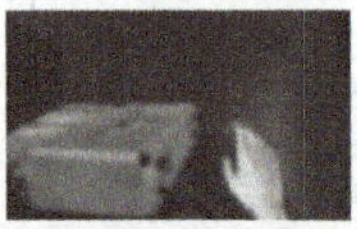	抽象原理可视化 直观可感懂原理
3	智慧实训系统			示范操作直播化 操作过程可追溯
4	智慧教学平台			资源推动助学习 学习评价智能化

图 13-11　多元技术手段列表

3. 基于“体系构建 + 全程融入”，落实课程思政

结合思政主题，通过将“客舱失火处置”项目引入课堂，提升学生敬畏职责意识；通过灭火设备的规范操作，强化学生敬畏规章意识；从快速精准的灭火处置流程到沉着冷静的乘客秩序管理，融入“敬畏生命”意识；课程全过程贯穿“我们经过专业的训练，有能力、有责任、有义务保护您的安全”的职业认识，培养学生“安全至上、人民至上”的爱国情怀和“忠诚担当、民族自信”的品质，如图 13-12 所示。

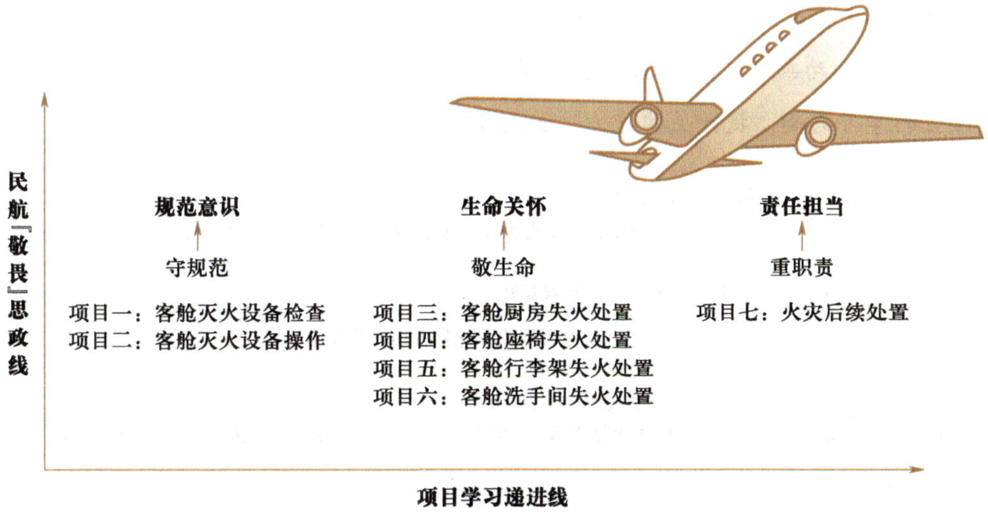

图 13-12 课程思政系统化设计

七、课程思政教学案例

案例一 客舱灭火设备检查

（一）教学任务

本项目是空中乘务专业核心课程“客舱应急处置”教学模块“客舱灭火设备检查”，属于整体教学阶段的第一阶段航前准备阶段。

教学主要围绕三部分内容展开：机上火灾的起因和危害、机上灭火设备种类和航前灭火设备检查实操。本次课为后续灭火设备实操和客舱火情处置奠定基础，是厨房失火处置、座椅失火处置、行李架失火处置、洗手间失火处置的先导教学内容。课程要求学生在掌握客机火灾及灭火设备基本知识的基础上，能进行航班起飞前的客舱设备检查。

（二）课程思政教学设计

教学遵循“以学生为中心”的理念，结合学情特点和岗位工作过程，采用 TBL 项目学习模式教学法，开展线上线下混合式教学。以飞行真实阶段层层递进的模式，将课前导学、课中探学及课后拓学的三阶段分为“一起飞导学、二爬升探学、三巡航练学、四下降固学、五着陆拓学”的“三段五步”式推进教学。同时，使用与某民航企业合作编写的《机上应急处置与安全管理》工作手册式活页教材，将模拟客舱实训室、虚拟仿真系统、动画等信息资源和手段深度融入教学过程，以突出重点，突破难点，激发学生的学习兴趣，提升关键能力。如图 13-13 所示。

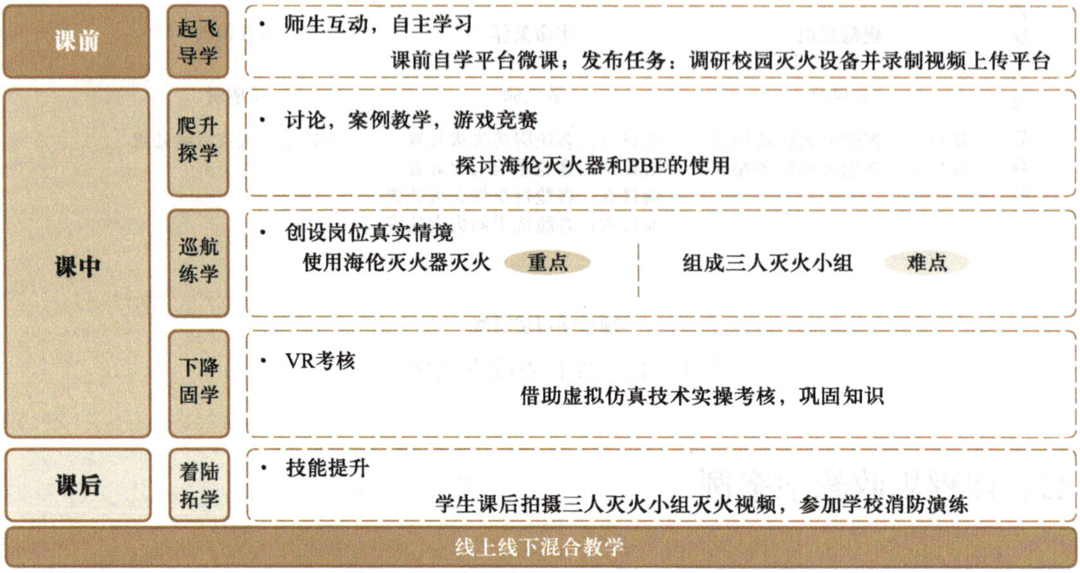

图 13-13 “客舱灭火设备检查”教学设计

1. 知识目标

- 了解客机上灭火设备的特性和适用范围。
- 了解客舱一般灭火流程。
- 了解三人灭火小组职责和转换过程。

2. 技能目标

- 学生会正确操作海伦灭火器。
- 学生会正确操作 PBE。
- 学生会在客舱起火后迅速组成三人灭火小组进行灭火处置。

3. 思政目标

- 通过习得灭火瓶的规范操作，使学生养成敬畏规章的科学严谨之心。
- 通过习得客机上火灾处置流程，使学生养成敬畏生命的严谨细致之心。
- 通过熟悉三人灭火小组岗位职责，使学生养成敬畏职责的担当之心，具备科学规范、严谨细致、沉着应对的职业素养。如图 13-14 所示。

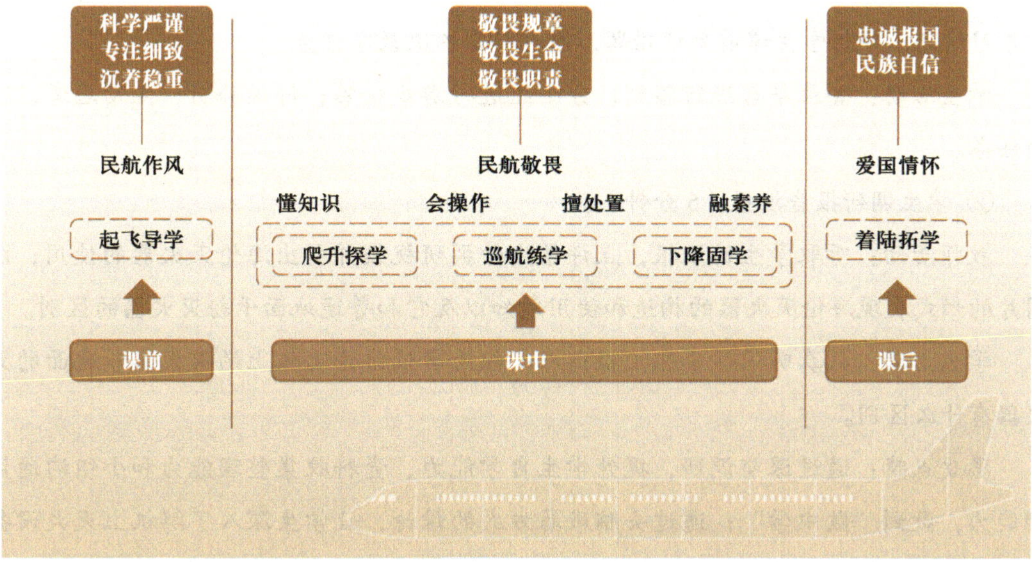

图 13-14　“客舱灭火设备检查”思政目标

（三）教学方法

线上线下混合式教学，分组讨论法、案例分析法、任务驱动法等。

（四）教学实施

1. 课前自学

要点 1：灭火设备。

要点 2：一般灭火流程。

教师活动：发布学习资源，在智慧教学平台发布课前自学 PPT 和视频，提前 3 天提醒学生完成自学任务；发布课前任务，以小组为单位调研校园里的灭火设备，并制作视频和 PPT 准备在课堂中进行汇报。

学生活动：课前自学，在智慧教学平台自学一般灭火程序微课，同时完成课前自测。课前调研，以小组为单位合作完成校园灭火设备的调研，并且制作调研视频和汇报 PPT，上传至智慧教学平台。

2. 课中

（1）爬升探学（7 分钟）

① 对课前自测完成情况进行分析（2 分钟）。

教师活动：组织学生签到；根据课前预习的内容设置互动游戏问答，了解学生自主学习情况；分析学生课前测试错题，同时引出本次教学任务。

学生活动：登录平台进行签到；分小组进行游戏抢答；仔细聆听，主动思考，明确任务。

② 学生调研报告汇报（5 分钟）。

教师活动：听取学生的汇报，点评学生的调研视频并引出海伦灭火器的使用；以图片的形式展现海伦灭火器的构造和使用须知以及它和普通地面干粉灭火器的区别。

学生活动：认真听同学小组汇报；以小组为单位讨论飞机上的灭火器和地面的灭火器有什么区别。

思政点睛：通过课前调研，提升学生自学能力、资料收集整理能力和小组沟通协调能力，做到“做中学”；通过头脑风暴方式的讨论，让学生深入了解机上灭火设备和地面灭火设备的区别，培养学生严谨细致的民航工匠精神和敬畏职责的责任心。

（2）巡航练学（33 分钟）

① 灭火器实操演示（5 分钟）。

教师活动：向学生讲解并演示海伦灭火器的使用方法。

学生活动：认真观看教师演示并在重点环节进行记录。

② 分组进行灭火器的实操（13 分钟）。

教师活动：组织学生学习灭火器使用口诀；以小组为单位，组织学生进行海伦灭火器的实操并做好学生安全的防护工作；巡回指导，纠正错误。

学生活动：学习海伦灭火器使用口诀；以小组为单位进行海伦灭火器的实操；没有轮到的组对实操组的展示进行观看和现场点评。

③ PBE 防烟雾面罩实操演示（10 分钟）。

教师活动：提问式导入：“除了灭火瓶，客舱灭火还需要使用哪些灭火设备？”引出 PBE 的学习内容；用图片或三维动画展示 PBE 结构，同时针对不同类型的 PBE 进行具体介绍，区分 5 种 PBE 结构、供氧方式及使用时间的不同；平台发布 I 型 PBE 的操作视频，要求学生根据视频内容归纳总结 PBE 使用方法并上传到平台；点评总结学生的讨论结果，归纳 PBE 航前检查、使用方法和注意事项，介绍 PBE 考核要点。课堂演示 PBE 的使用流程，布置课后自学其他 4 种 PBE 使用方法的学习任务，完成对比表格的绘制。

学生活动：头脑风暴，集思广益，思考客舱灭火设备；学习 PBE 相关理论知识；积极参与课堂讨论，完成制作使用流程单；认真观看教师演示，明确考核要点；完成课后自学任务。

④ 客舱灭火设备分布（5 分钟）。

教师活动：发布头脑风暴活动。根据课前自学材料和查阅的案例，在平台上发布头脑风暴活动：绘制机上灭火设备的分布图；展示机上灭火设备，以动画的形式展现机上灭火设备分布。

学生活动：以小组为单位开展头脑风暴活动，绘制机上灭火设备分布图并上传至平台。

思政点睛：培养学生积极思考、学以致用的意识，培养民航工匠精神，即“敬业、精益、专注、创新”。重申对“生命”“规章”“职责”的敬畏。

（3）下降固学（40 分钟）

① 一般灭火程序思维导图（6 分钟）。

教师活动：提问式导入：“你们知道客机上灭火和地面灭火的流程有什么区别？”通过 PPT 讲解客机的一般灭火程序，组成三人灭火小组灭火；在教学平台发布一般灭火程序思维导图绘制任务。

学生活动：认真听讲并及时记录知识要点；完成平台上发布的小任务；以小组为单位完成客机上一般灭火程序思维导图。

② 三人灭火小组组成（6 分钟）。

教师活动：使用动画展示客机上火灾发生时三人灭火小组的职责转换。在平台发布分工认领游戏，速问速答，让学生辨别三人灭火小组中每个人的职责。

学生活动：认真听讲并及时记录知识要点；完成平台上发布的小任务。

③ VR 情景模拟（10 分钟）。

教师活动：发布 VR 考核任务，巡回指导学生并完成考核。

学生活动：以小组为单位完成 VR 考核。

④ 双师考评、企业导师加入，进行考核（15 分钟）。

教师活动：公布考核细则；考核期间将由校内两位专任教师进行现场指导点评，并邀请企业导师现场执教，给出接轨行业标准的意见。

学生活动：小组自评；生生互评。

⑤ 问题思考（3 分钟）。

教师活动：提出拓展思考，引导学生关注乘客在火灾中的心理分析，并思考应如何安抚引导乘客情绪。

学生活动：分析乘客心理，按小组进行汇报交流。

思政点睛：强调敬畏生命、敬畏规章、敬畏职责的要义，告知学生要牢记使命担当，牢记安全线就是民航的生命线。

3. 课后：着陆拓学

（1）完成课后作业

教师活动：发布课后测试；发布工单制作任务。

学生活动：完成课后测试；完成工单制作。

（2）模拟客舱视频拍摄

教师活动：发布视频录制任务。

学生活动：完成视频录制。

（3）参加学校月度消防演习

教师活动：要求学生佩戴 PBE 进行灭火实操，并将视频上传至教学平台。

学生活动：以小组为单位进行灭火器的实操，佩戴 PBE 并录制视频上传到平台。

思政总结：① 通过对日常生活中的灭火设备进行调研，提升学生的安全意识；通过灭火器的操作，加深对操作规范标准及安全意识重要性的认识。② 由于课程中采用的灭火设备为模拟器具，对于灭火的精准操作具有一定的影响，因此加入日常消防演练环节，能够进一步加深学生对灭火设备的真实操作体验，提升技能，让学生更具职业认同感。③ 针对部分学生在设备操作时产生的应急处置能力不足等问题，进行单独辅导，并在考核中由企业导师给出接轨行业的意见，在后续课程中更具针对性地去纠正，培养学生严谨专注的民航精神。

案例二　客舱洗手间失火处置

（一）教学任务

本次课选自空中乘务专业核心课程“客舱应急处置”中的教学模式“客舱洗手间

失火处置”，主要围绕洗手间（垃圾桶）失火处置程序的知识点与操作技能展开教学。洗手间失火处置是对前期所学机上灭火设备和一般灭火流程的具体实施，是在烤箱失火处置、锂电池失火处置的基础上进行更为复杂综合的操作应用，着重培养学生四项基本功：扎实的乘务理论功底、精湛的业务操作技能、灵活的应急处置能力、严谨的客舱工作作风，实现学生技能的渐进提升。

（二）课程思政教学设计

教学遵循“以学生为中心”的理念，结合学情特点和岗位工作过程，采用 TBL 项目学习模式，开展线上线下混合式教学。以飞行真实阶段层层递进的模式，将课前导学、课中探学及课后拓学的三阶段分为“一起飞导学、二爬升探学、三巡航练学、四下降固学、五着陆拓学”的“三段五步”式推进教学。同时，使用与某民航企业合作编写的《机上应急处置与安全管理》工作手册式活页教材，将模拟客舱实训室、虚拟仿真系统、动画等信息资源和手段深度融入教学过程，以突出重点、突破难点，激发学生的学习兴趣，提升关键能力。

1. 知识目标

- 了解洗手间起火的主要原因。
- 了解洗手间火灾的处置程序。

2. 技能目标

- 能在 10 秒内迅速组成三人灭火小组，准确判断火情并完成第一轮排查。
- 能在 15 秒内有效疏散失火场所附近的乘客并对其进行安抚。
- 能在 90 秒内规范操作灭火设备，顺利完成洗手间火灾处置。

3. 思政目标

- 具备紧急情况下的团队协作能力、有效沟通能力和应急处置能力。
- 具备科学规范、严谨细致、沉着应对的职业素养。
- 具备“三个敬畏”的纪律意识以及守护生命的民航职责担当。

（三）教学方法

线上线下混合式教学，分组讨论法、案例分析法、任务驱动法等。

（四）教学实施

1. 课前

（1）查阅资料

查阅近年来国内外航空公司客舱洗手间发生火灾的案例。

（2）课前测试

教师活动：教师在智慧教学平台上发布课前学习任务（提前1周）：以小组为单位，查阅资料，搜集近年来发生的客舱洗手间火灾案例，设计洗手间失火处置思维导图；发布测试问卷（提前3天）。

学生活动：自主学习，分析客舱洗手间（以下简称“洗手间”）火灾发生的主要原因。完成洗手间失火处置流程思维导图设计，准备汇报；完成测试问卷。

2. 课中

（1）爬升探学（40分钟）

教师活动：① 发布视频，创设情境。发布《空中浩劫》片段，引导学生进行案例分析：“到底是什么引发了这场火灾？”“视频中的机组人员在这次事故中的哪些做法是错误的？”② 根据课前自学材料和查阅的案例，在平台上发布头脑风暴活动：客舱洗手间哪些部位最容易发生火灾？并说明原因。③ 展示历年来客机发生火灾场所的真实数据。强调定时检查洗手间，排查火灾隐患的重要性。④ 思维导图展示：展示各个小组的洗手间失火处置流程思维导图。⑤ 发布投票：邀请学生投票选出最佳思维导图，点评各个小组汇报的思维导图。⑥ 归纳总结：通过师生点评、生生互评，教师归纳总结出正确的洗手间失火处置流程。⑦ 发布小组讨论：在平台上发布小组讨论，组织学生讨论客舱内发现的禁烟标识分布在哪些部位；发布随堂测试。

学生活动：① 观看视频，小组讨论：就视频片段进行小组讨论，并完成案例分析，将小组讨论结果上传至平台。② 头脑风暴活动：分析洗手间最有可能发生火灾的部位并说明原因。③ 思维导图生生互评：投票评选最优秀的思维导图。④ 最佳小组汇报：评选出最优秀的小组，进行汇报。⑤ 其他小组总结：其他同学对标“1+X”证书和行业标准，反思自己小组设计的思维导图，总结优缺点；小组讨论并发现客机哪些部位有禁烟标识并将结果上传至平台；学生完成测试。

思政点睛：① 通过真实案例分析、头脑风暴等活动让学生深入了解客机火灾发生的原因，培养学生严谨细致的民航工匠精神。② 通过师生点评、生生互评，让学生总结别人的优秀之处，纠正自己的错误，培养学生的自主学习能力。③ 通过小组互动培养学生的团队协作能力和语言沟通能力。④ 通过头脑风暴活动开拓学生的创新意识和自主思考探究的能力。

（2）巡航练学（40 分钟）

教师活动：① 前情回顾；针对小测试进行点评。② 发布案例分析让学生思考：这起火灾给你的启发（飞机上的设施或机组制度该作出哪些改进）；发放工单，教师点评。③ 发布小组任务，以小组为单位，对照“1+X”证书标准和活页式工作手册，在 A320 模拟客舱的洗手间内寻找相应的灭火及预警装置。④ 教师示范：选取其中一个小组，配合老师进行洗手间失火处置流程的规范操作；教师点评。

学生活动：仔细听讲，查漏补缺；小组讨论，完成案例分析，并将讨论结果上传至平台；VR 虚拟仿真演练；对标工单，发现问题，并完成生生互评；完成小组任务；协助教师完成洗手间失火处置流程示范；对照“1+X”证书标准和活页式工作手册，完成小组实操；生生互评。

思政点睛：① 通过案例分析让学生自主探讨机上火灾预防手段和措施，培养学生自主学习的能力。② 在探索的过程中培养学生严谨科学的民航工作作风和职责担当意识。③ 通过小组任务，发动学生自己根据工单寻找灭火设备和预警设施，强化记忆，培养学生自主探究的学习能力。④ 通过讲解，将应急处置流程规范化，培养学生严谨专注的民航工作作风。⑤ 通过讲授融入思政元素，提升“三个敬畏”的民航精神。

（3）下降固学（80 分钟）

教师活动：发布问卷；准备小组实操考核；专任教师、企业导师点评；双师示范，企业导师谈体会。

学生活动：完成问卷，针对教师点评进行查漏补缺；梳理要点，进行小组实操考核；认真听讲点评，仔细观看示范；深入和双师进行交流，加深认知体会。

思政点睛：① 学生通过听讲、示范、观察、互评，在一系列的过程中内化知识，提升自主学习能力，并认识到团队合作、有效沟通、随机应变等一系列的职业素养的重要性。② 通过教师演示，能深化教学内容，突出重点和难点，解决学生易遗漏操作细节、实操灵活度缺乏等问题，从而可以增强安全意识，在细节中体现出严谨科学的工作态度。

③ 反思、提问、解惑的过程，培养学生养成积极思考、学以致用的意识，培养其民航工匠精神，即“敬业、精益、专注、创新”，重申对“生命”“规章”“职责”的敬畏。

3. 课后：着陆拓学

教师活动：发布课后测试；发布视频录制任务；发布微课。

学生活动：完成测试；完成视频录制；自主学习，观看微课。

思政总结：① 融入民航精神，实现民航情怀“全程浸润”。依托项目学习，植入爱岗底色、生命原色及民航特色，共筑安全至上、人民至上的民航情怀。② 完善小组评价机制，激发合作热情。通过进一步完善组内生生互评、组间互评的评价机制，激励学生采用合作学习方式，提升学生团队合作学习能力，从而达到有效学习目标。

八、课程思政创新与反思

（一）学习效果

1. 学习目标达成度高，提升了学习效果

本课程教学任务层层递进，通过小组合作、双师共助等方法弥补了学生个体学习上的不足，在诸多方面都取得较好的效果。

在认知方面：学生在设备、流程、环境及岗位职责认知上，目标达成度均达到80% 以上。

在技能方面：学生在失火处置流程工单设计、方案汇报任务完成率为 100%，技能目标达成度超 80%。

在素养方面：学生树立并强化了岗位责任意识、操作安全意识、流程规范意识和生命安全意识。

2. 学生学习参与度高，持续学习的积极性得到提升

教学流程的合理设置，虚拟仿真实训平台的有效利用，工作手册式活页教材的指导帮助，大大降低了学生的学习难度，激发了学生学习积极性。学生各环节参与度都在 96% 以上，其中大部分环节参与度为 100%。

3. 学习效果满意度高，有助于学生实现自我价值

（1）学生对课程满意度达到 95%

课程采用基于成果导向的教学方法，注重降低学习难度的教学手段运用，激发了学生的学习兴趣，同时提升了学生对课程的满意度。

（2）企业、行业对学生的认可度高

班级有 8 名同学成功被厦门航空公司、春秋航空公司录取。有 19 名同学被输送到省内各大机场进行顶岗实习。实习期间机场给予高度认可，普遍表示学生工作适应能力好，专业知识扎实。学生机场通行证考核通过率均为 100%。有 2 名在机场实习的同学收到了乘客表扬信，并受到了实习单位内部嘉奖。

（3）学生获奖率高

近 5 年来，学校空中乘务专业学生获职业院校学生技能大赛省级三等奖以上奖项 9 项，国家级优胜奖以上奖项 8 项。

（二）教学特色创新

1. 编写活页教材，课程授课“灵活运用”

基于项目学习需求，校企合作编写活页式教材。在授课过程中，对接岗位，灵活选取教材，实时进行教学内容调整。

2. 使用标准手册，实现学习过程“有据可依”

课程教学使用民航标准手册，达到教学管理统一、安全实施统一、考核评价统一。教学安排根据实际情况，适时组织校企共同评估，对学生学习情况进行符合性、有效性、正确性等方面的考核和认定，能做到教学、考核等内容有据可依。

3. 融入民航精神，实现民航情怀“全程浸润”

课程教学项目在实践中构建民航敬畏思政育人体系：蕴含“三个敬畏”思政要素，将“敬业爱国、民族自信”素养贯穿始终。依托项目学习，植入爱岗底色、生命原色及民航特色，共筑安全至上、人民至上的民航情怀。

（三）教学反思与整改

1. 深度挖掘教学案例，激发学生深层思考

课前和学生的交流指导不够深入，五步教学法中起飞导学阶段的部分案例未能完全触动学生。课程教学团队将通过更深入的课前调研和深度的案例挖掘，进一步精选案例，引发学生对课程内容深层次的思考。

2. 完善小组评价机制，提升小组合作实效

课堂小组合作学习过程中，部分学生不积极参与小组活动，而优秀学生又总是“能者多劳”，同时部分学生不关心别组同学的课堂互动和小组展示。课程教学团队将通过进一步完善组内生生互评、组间互评的评价机制，激励学生多采用合作学习方式，提升团队合作学习能力，从而达到预定的学习目标。

案例编写人：浙江交通职业技术学院姚璐春、杨皓皓、吴孙婕、栾海璇、虞小燕。

郑重声明

读者意见反馈

为收集对教材的意见建议，进一步完善教材编写并做好服务工作，读者可将对本教材的意见建议通过如下渠道反馈至我社。

咨询电话　400-810-0598

反馈邮箱　gjdzfwb@pub.hep.cn

通信地址　北京市朝阳区惠新东街4号富盛大厦1座

　　　　　高等教育出版社总编辑办公室

邮政编码　100029

防伪查询说明

用户购书后刮开封底防伪涂层，使用手机微信等软件扫描二维码，会跳转至防伪查询网页，获得所购图书详细信息。

防伪客服电话　(010) 58582300

网络增值服务使用说明

一、注册/登录

访问http://abook.hep.com.cn/，点击“注册”，在注册页面输入用户名、密码及常用的邮箱进行注册。已注册的用户直接输入用户名和密码登录即可进入“我的课程”页面。

二、课程绑定

点击“我的课程”页面右上方“绑定课程”，正确输入教材封底防伪标签上的20位密码，点击“确定”完成课程绑定。

三、访问课程

在“正在学习”列表中选择已绑定的课程，点击“进入课程”即可浏览或下载与本书配套的课程资源。刚绑定的课程请在“申请学习”列表中选择相应课程并点击“进入课程”。

如有账号问题，请发邮件至：abook@hep.com.cn。